本书得到国家自然科学基金（70673011）、上海市哲学社会科学规划课题（2008BJB024）和复旦大学中国经济国际竞争力创新基地国际金融方向子课题的资助

人民币汇率：
现实、理论和政策

陆前进／著

立信会计出版社
LIXIN ACCOUNTING PUBLISHING HOUSE

图书在版编目（CIP）数据

人民币汇率：现实、理论和政策 / 陆前进著. —上海：立信会计出版社，2010.7
ISBN 978-7-5429-2557-2

Ⅰ.①人… Ⅱ.①陆…Ⅲ.①人民币（元）– 汇率–研究 Ⅳ.①F822.1

中国版本图书馆 CIP 数据核字(2010)第 145295 号

责任编辑　方士华
封面设计　周崇文

人民币汇率：现实、理论和政策

出版发行　立信会计出版社
地　　址　上海市中山西路 2230 号　　邮政编码　200235
电　　话　(021)64411389　　　　　　传　真 (021) 64411325
网　　址　www.lixinaph.com　　　　　E-mail　lxaph@sh163.net
网上书店　www.shlx.net　　　　　　　Tel：(021) 64411071
经　　销　各地新华书店

印　　刷　上海申松立信印刷有限责任公司
开　　本　890 毫米 × 1240 毫米　　　1/32
印　　张　6.625
字　　数　180 千字
版　　次　2010 年 7 月　第 1 版
印　　次　2010 年 7 月　第 1 次
书　　号　ISBN 978 - 7 - 5429 - 2557 - 2/F
定　　价　19.00 元

如有印订差错，请与本社联系调换

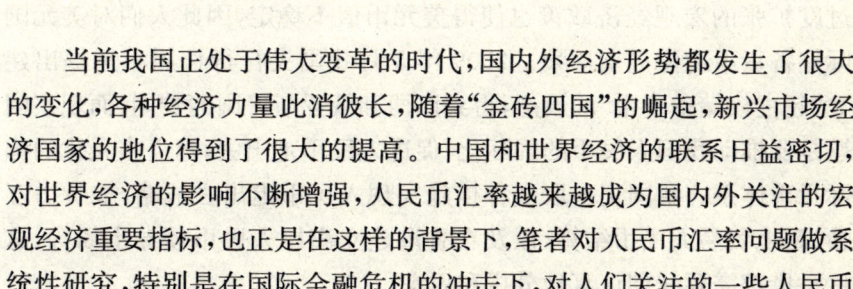

前　言

　　当前我国正处于伟大变革的时代,国内外经济形势都发生了很大的变化,各种经济力量此消彼长,随着"金砖四国"的崛起,新兴市场经济国家的地位得到了很大的提高。中国和世界经济的联系日益密切,对世界经济的影响不断增强,人民币汇率越来越成为国内外关注的宏观经济重要指标,也正是在这样的背景下,笔者对人民币汇率问题做系统性研究,特别是在国际金融危机的冲击下,对人们关注的一些人民币热点问题进行分析。

　　随着中国对外开放日益向深度和广度扩展,人民币汇率变动、人民币汇率的市场化改革和人民币国际化等问题不断凸显出来。目前我国正处于转变经济增长方式,调整经济结构的关键时期,人民币汇率制度和外汇体制改革变得越来越迫切,人民币国际化要继续稳步推进,所有这一切都是我们所面临的前所未有的挑战,也是中国发展的战略选择,我们需要在变革中突破、在突破中发展。

　　2005 年 7 月汇改后,我国开始实行以市场供求为基础、参考一篮子货币进行调节、有管理的浮动汇率制度,人民币对美元持续升值。人民币升值压力和升值预期一直是人民币汇率变动的主要特征,伴随着中国经济增长的过程,人民币升值中面临的问题值得深入思考和研究,特别是"热钱"问题、出口企业如何应对人民币升值、宏观调控等问题更是汇率形成机制改革中困扰我们的难题。

2008 年 9 月国际金融危机爆发，我国人民币对美元汇率由先前的缓慢升值转向基本稳定，后危机时代关于人民币汇率形成机制的改革成为各界讨论的热点。从我国人民币汇率形成机制的角度出发，笔者认为我国人民币汇率市场化改革应分步推进：一是逐步增加人民币对美元汇率弹性；二是人民币钉住美元汇率逐步转向参考一篮子货币的汇率制度，即参考人民币有效汇率目标，以保证人民币总体币值水平的稳定；三是逐步放开人民币汇率的波动幅度，最终人民币汇率将由市场供给和需求来决定。

美国次贷危机导致美元大幅度贬值，以及国际金融危机时期美国过度扩张的宏观经济政策也使得美元币值不稳定，因此人们对美元国际储备货币地位提出质疑。2009 年 3 月我国央行行长周小川提出建立"超主权储备货币"的设想，得到巴西和俄罗斯等国的赞同，而现实问题是要推动我国人民币的国际化，促进人民币走出去，建立多元化的国际货币体系。我国正采取多种措施实现人民币走出去战略，如货币互换、跨境贸易人民币结算，以及在香港建立离岸人民币债券市场等，这些举措都需要我们认真地分析和思考。

人民币汇率问题包罗万象，本书关于人民币汇率问题研究主要侧重对中国现实问题的思考，尤其是 2005 年汇改以后人民币汇率面临的一系列问题，希望能够从现实问题中发现规律和解决问题的方法。人民币汇率一直是作者重点研究的领域，长期以来作者一直关注人民币汇率问题，其中部分观点也见诸于主要媒体如《中国证券报》、《上海证券报》、《证券时报》和《上海商报》等。也正是在长期研究的过程中和对有关现实问题的思考基础之上，作者希望把自己积累一些关于人民币汇率的内容整理成书，呈献给读者。

本书的出版首先要感谢立信会计出版社领导和责任编辑方士华等同志的关心和支持，没有他们默默无闻的奉献，此书难以与读者见面。在本书最后的修改过程中，得到了复旦大学国际金融系学生田芳芳、范琨、柴天仪、麻艳、蔡春根和李萌等同学的帮助，在此表示感谢。在本书即将付梓出版之际，也要感谢我的妻子和儿子，他们的宽容和理解使得我有更多的时间完成此书。书稿完成之日，也是缺憾留下之时，虽如释重负，仍觉许多问题需不断研究和探索。如果此书能够使读者更多了解和深入思考人民币汇率的有关问题，笔者就感到莫大的欣慰。由于作者知识水平有限，对一些现实问题看法难免有一定的局限性，甚至会出现一些错误，希望读者能够批评指正。

陆前进

2010 年 7 月于复旦大学

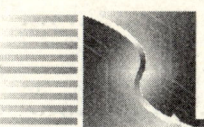

目　录

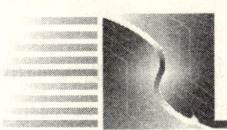

第一章

人民币汇率的形成机制

第一节　人民币汇率制度的演变和特征

我国在 1994 年之前,长期实行的是多重汇率制,官方汇率和外汇调剂市场汇率并存。从 1994 年 1 月 1 日起,我国人民币汇率并轨,实行以市场供求为基础、单一的、有管理的浮动汇率制度,基本上消除了外汇黑市。其主要特征是汇率统一、以结汇制取代留成制、以全国联网的统一的银行间外汇市场取代以前的官价市场和分散割离的调剂市场、以管理浮动汇率制取代以前的官价固定调剂价浮动的双重汇率制、以单一货币流通(人民币)取代以前的多种货币流通和计价。

在实践中,中国人民银行根据我国的宏观经济发展状况及国内外的经济形势自主制定汇率政策,确定人民币的目标汇率,通过对外汇市场的干预,维持人民币汇率稳定,保证了人民币汇率的有管理性。但就人民币汇率制度的浮动性而言,由于人民币汇率的年波动幅度不超过1‰,国际货币基金组织将人民币汇率制度归入了传统的钉住汇率安排。人民币对美元的名义汇率在 1994 年汇率并轨之后基本上没有大的变化,因此,我国 2005 年之前的汇率制度实际上是一种与美元挂钩的固定汇率制。

　　为建立和完善我国市场经济体制，充分发挥市场在资源配置中的基础性作用，建立健全以市场供求为基础的、有管理的浮动汇率制度，2005 年 7 月 21 日起，我国开始实行以市场供求为基础、参考一篮子货币进行调节、有管理的浮动汇率制度。人民币汇率不再钉住单一美元，形成更富弹性的人民币汇率机制。当时人民币汇率一次性贬值 2%，同时中央银行规定每个工作日闭市后公布当日银行间外汇市场美元等交易货币对人民币汇率的收盘价，作为下一个工作日该货币对人民币交易的中间价格，这样起始的人民币汇率确定为 8.11 元/美元，每日银行间外汇市场美元对人民币的交易价在人民银行公布的美元交易中间价上下 3‰的幅度内浮动，因此，此后人民币汇率的变动将受到这个初始汇率和每天人民币汇率的波动幅度的影响，如汇改后的第一天人民币对美元汇率在 8.11 上下 3‰的区间内变动，第二天在第一天收盘价上下 3‰内变动，以此类推。由于人民币升值压力较大，同时中央银行对人民币汇率每天的波动幅度有所限制，人民币汇率呈现持续小幅升值的态势，如自 2005 年 7 月 21 日至 2005 年年底，人民币只升值了约 0.49%，升值幅度并不大。由于对人民币初始汇率和汇率波动幅度限制，人民币汇率制度体现两个特征：一是人民币汇率变动的区间很窄；二是人民币对美元汇率中间价的变动很小。人民币对美元汇率变动很难充分反映外汇市场供给和需求的变化，也就是说，如果汇率变动超出人民币汇率的限制区间，则必须由中央银行的干预来平衡，即如果外汇供给过多，人民币升值将超过所限汇率区间的下限，多余的外汇将由中央银行吸收；如果外汇需求过多，人民币贬值将超过所限区间的上限，则中央银行卖出外汇满足多余的外汇需求。总之，中央银行的干预保证汇率的波动不会超出所限的人民币汇率区间，人民币汇率变动是有限弹性的。同时中央银行规定非美元货币对人民币的交易价在人民银行公布的该货币交易中间价上下 1.5%幅度内浮动，并且前一天非美元货币对人民币汇率的收盘价作为第二天人民币对非美元货币汇率的开盘价，因此人民币对非美元货币的变动也难以反映国际金融市场上美元对非美元货币汇率的影响,人民币对美元汇率、人民币对非美元货币汇率和国际金融市场上美元对非美元货币汇率之间三角稳定关系很难维持,往往存在一定的汇率差价。

2006年1月4日,中国人民银行在银行间外汇市场引入了询价交易方式和做市商制度,中国外汇交易中心于每日银行间外汇市场开盘前向所有银行间外汇市场做市商询价,央行将全部做市商报价作为人民币对美元汇率中间价的计算样本,去掉最高和最低报价后,将剩余做市商报价加权平均,得到当日人民币对美元汇率中间价。这一改革虽然促进了汇率定价机制的进一步完善,但也面临一些新问题。一是询价能否反映市场供求的变化。尽管银行间外汇市场中间价采取询价方式确定,做市商的报价主要是根据美元汇率指数的走势、市场供求情况来报价。而中央银行是根据他们的报价进行加权平均,也就是人民币对美元的中间价的变动幅度被限制了,不管怎样取权重,中间价总是在整个报价范围之内。笔者认为中央银行虽然可以变动权重,人民币汇率也主要是参考美元汇率变动,而非一篮子货币。实际上,由于做市商考虑到人民币汇率最终会有中央银行的干预,并不完全由市场的需求和供给来决定,它的报价往往会偏离自己预期的市场价格。例如,如果是美元的净买入者,美元对人民币汇率会报得较低;如果是美元的净卖出者,美元对人民币汇率会报得较高。另外,为了能够反映外汇市场的供求,随着外汇市场规模的扩大,外汇市场还需要引入更多的做市商参与竞争。二是汇率权重的确定问题。目前人民币对美元汇率中间价的权重由中国外汇交易中心根据报价方在银行间外汇市场的交易量及报价情况等指标综合确定。汇率权重是影响汇率变动的重要因素,它的确定直接影响汇率变动,人民币汇率的权重确定比较复杂,既要考虑到技术因素,又要考虑到市场因素,同时由于我国人民币汇率还承担中央银行宏观经济调控的功能,人民币汇率的变动还要考虑到国内外因素,如通货膨胀、贸易收支、利率、资本流动、美元汇率的变化等因素,因此合理权重的确定是非常困难的,权重确定依赖于中央银行对宏观基本面和市场变动等的判断。笔者认为人民币对美元汇率的确定更多地依赖人民币汇率目标,如果中央银行维持人民币汇率稳定,则人民币对美元汇率将在窄幅内波动;如果中央银行保持人民币对美元升值,则人民币爬行钉住美元汇率。因此中国人民银行将根据国内外经济金融形势,以市场供求为基础,参考一篮子货币汇率变动,对人民币汇率进行管理和调节,维护人民币汇率的正常浮动,保持人民币汇率在合理、均衡水平上的基本稳定,促进国际收支基本平衡,维护宏观经济和金融市场的稳定。

在我国还没有构建人民币汇率指数的情况下,通常我们讲人民币升值和人民币贬值主要是指人民币对美元升值和对美元贬值。实际上,人民币除了对美元汇率以外,还有对非美元货币如欧元、日元和英镑等汇率①,因此考察人民币汇率变化的影响要综合分析,不仅要考虑到人民币对美元汇率变化,还要考虑到人民币对非美元货币的汇率变化。

除了人民币对美元汇率和人民币对非美元货币汇率外,实际上,最能反映人民币币值变化的是人民币有效汇率,因此对人民币币值水平的评估必须要考虑人民币有效汇率。目前随着美元币值的变化,人民币对美元贬值或升值,但人民币对非美元货币的变化往往相反,如人民币对美元贬值,但人民币对欧元、英镑等却升值。这种相反的变化使得我们对人民币币值的变化难以判断,面临的一个现实问题是中央银行的汇率目标是以人民币对美元汇率为主,还是以人民币对一篮子货币为主。如果以人民币对美元汇率为目标,中央银行主要是控制人民币对美元汇率变动;如果以一篮子货币为目标,中央银行通常是控制人民币有效汇率升值的快慢,目前我国更多是控制人民币对美元的汇率目标。这里面临的一个问题是人民币跟着美元走,人民币和美元的汇率波动幅度小,而随着国际金融市场上美元对非美元货币汇率的大幅度波动,人民币对欧元、英镑和日元等货币波动幅度大。反过来如果人民币跟着欧元走,人民币钉住欧元,则人民币对美元的波动幅度将加大,人民币对其他非美元货币的波动幅度将变小。我国汇率改革目标是建

---

① 人民币对非美元货币汇率探讨见第二章。

立以市场供求为基础、参考一篮子货币有管理的浮动汇率制度,因此人民币有效汇率应该成为中央银行关注的一个货币政策目标。世界上一些国家或地区就是把有效汇率作为央行的操作目标或中间目标,维持有效汇率的相对稳定。随着人民币对非美元货币波动幅度增加,甚至与美元汇率变动方向相反,中央银行只控制人民币对美元的双边汇率通常很难实现中央银行货币政策的目标,因此从长期来看,必须更多地关注人民币有效汇率,才能更加准确地控制人民币汇率变动的方向、变动的大小和变动的节奏①。尽管人民币对美元汇率在我国的汇率体系中处于重要地位,但是中央银行对汇率的干预必须兼顾人民币对非美元货币汇率的变动,中央银行要控制人民币有效汇率,而不仅仅是人民币对美元汇率。

第二节　影响人民币汇率变动的因素

一、影响人民币汇率的因素

判断人民币汇率走势,必须要考察影响人民币汇率变动的主要因素。实际上影响人民币汇率变动的因素很多,这些因素的共同作用决定了人民币汇率的走势。

一是经济增长。我国经济长期高速增长,劳动生产率不断提高,产出增加,使得人民币的购买力增强,市场对人民币信心增强,人民币有升值的趋势。

二是国际收支的变化。国际收支变化是决定人民币汇率的重要因素,它反映了外汇市场供给变化对人民币汇率的影响。如果国际收支盈余,外汇市场外币供给将增加,外币将贬值,人民币将升值;如果国际收支恶化,则外汇供给将下降,人民币会面临贬值压力。长期以来我国的贸易项目和资本项目双顺差,人民币也保持升值的趋势。我国贸易

---

① 参考一篮子货币的人民币汇率形成机制研究见第二章。

项目的持续盈余,资本内流也在不断增加,导致外汇供给增加,对人民币的需求增加,人民币有升值压力。如果我国国际收支盈余下降,人民币升值压力将变缓,目前我国也在追求国际收支的平衡,增加出口的同时,也在扩大进口。

三是中央银行的干预影响人民币汇率的变化。外汇市场的参与者除了买卖双方,还有中央银行的干预,它是市场最大的参与者,能够影响汇率的走势。尽管中央银行积极推动人民币汇率的市场化改革,但是人民币汇率仍然是宏观调控的重要工具之一,也是货币政策目标,中央银行需要控制人民币升值的幅度,维持宏观经济对内对外的均衡。由于外汇供给大于外汇需求,中央银行必须买进外汇,抛出本币;为了防止通货膨胀,中央银行必须进行冲销干预,控制物价水平上升,也维持了人民币升值的趋势。一旦汇率的变动超出汇率目标波动的幅度,中央银行就会在外汇市场进行干预,如在银行间外汇市场上买入外汇,投放本币,限制汇率过快升值。买入的外汇形成新增的外汇储备,投放本币,形成新增的外汇占款。从外汇储备的增加额和新增的外汇占款就能够看出中央银行干预的力度,如果买入的外汇越多,干预的力度就越大,新增的外汇占款也就越多,这从公布的外汇占款和外汇储备的数据增长中也能够得到佐证。

四是公众的预期。由于预期人民币将继续升值,居民和企业都不愿意持有外汇,迅速结汇,获取人民币。实际上,如果公众预期人民币汇率继续升值,公众少持有外汇,尽快结汇以减少人民币升值带来的损失,人民币升值的压力会加大,升值步伐也会加快;如果公众预期人民币汇率会贬值,则更愿意持有外汇,形成外汇存款。最近几年在人民币有升值预期的情况下,居民更愿意结汇,而不是愿意存款。

五是通货膨胀的变化。如果中国的通货膨胀率相对美国的通货膨胀率上升,则人民币的相对币值就会下降,也就是说人民币的购买力在相对下降,人民币升值的压力将缓解。相反如果美国的通货膨胀率高于中国的通货膨胀率,则美元的币值就会下降,人民币的币值相对上升,人民币会有升值的压力。因此如果中国的通货膨胀率高于美国的通货膨胀率,人民币的币值相对下降,人民币升值压力也将得到一定缓解。

六是热钱的流动。由于人民币升值预期和国内资产价格上升,投机资本大量流入以获得高额利润。大量的热钱流入将导致外汇供给大幅度增加,人民币升值压力大。国际投机资本流入,人民币升值的压力将增加;投机资本流出,人民币升值的压力将减缓。如果政府强化对热钱流入的控制,同时人民币预期升值幅度减弱,投机资本的获利空间减少,投机资本流出将会增加,人民币升值的步伐将变缓。

七是美元币值的变化。人民币对美元的汇率是人民币币值对美元币值之比,它反映了当期人民币和美元的购买力之比。在一定的名义汇率水平下,如果美元币值下降,人民币币值就相对上升,人民币升值压力就大;如果美元币值上升,人民币币值就相对下降,人民币升值压力将下降。如在美元持续走强的情况下,人民币对美元出现了持续贬值的现象,这是两国货币相对比较的结果,是互为参照物的。汇率是双方货币的比价,不仅由本国货币价值决定,也由其他国家的货币币值来决定。如自2007年9月至2008年9月国际金融危机爆发,美联储连续下调联邦基金利率,美元持续走软,美元贬值使得人民币实际升值的速度加快,人民币升值压力进一步加大。同时美元贬值也强化了市场对人民币升值的预期,投机资本也会进一步流入,也增加了人民币升值的压力。如果国际金融危机以后,美国经济基本面进一步转好,美元进一步走强,则人民币升值压力将不断减缓。

八是人民币对美元汇率的变化趋势要受到人民币对非美元货币汇率的影响。人民币除了对美元汇率以外,还有对欧元、日元和英镑等汇率,人民币对美元升值,并不意味着人民币对欧元、日元和英镑等货币升值,如以前随着美元走软,人民币对美元升值,但人民币对欧元和日元等货币贬值,而随着美元走强,人民币对美元贬值,但人民币对欧元、日元和英镑等货币却快速升值。人民币对美元汇率的变化必须要考虑到对人民币对非美元货币汇率的影响,中央银行必须在这人民币对美元汇率和人民币对非美元汇率两者之间取得平衡,使得人民币对一篮子货币的升值速度不致过快。

　　总之，人民币汇率变动是多种因素共同作用的结果，既要受国内外宏观基本面、国际收支、市场预期等因素的影响，又要受中央银行干预、美元币值和人民币汇率形成机制等因素的影响。它们对人民币汇率影响的方向可能相同，也可能相反，这些因素共同决定了人民币汇率变动的方向、节奏和变动的幅度。国际收支双顺差、美元币值的变化和制度因素等决定了人民币汇率的基本走势，中央银行的干预和市场预期等影响人民币汇率变动的步伐。

二、国际金融危机期间人民币汇率是升值、贬值还是维稳

　　由于国际金融危机的冲击，自 2008 年 7 月中下旬以来，随着美元不断升值，人民币对美元汇率基本保持平稳的态势，没有大的起伏，期间人民币和美元汇率保持小幅双向波动，随着美元升值，人民币对美元微贬；随着美元贬值，人民币对美元微升，但是均在窄幅内变动。

　　实际上，从外汇供给和需求的角度来看，人民币仍有升值趋势，从2009 年的数据来看，我国的外汇占款增加额为 25 530.33 亿元，我国的外汇储备增加额为 4 531.22 亿美元（见图 1-1），这说明外汇市场的干预力度仍然较大，外汇供给仍然大于外汇需求，人民币有升值压力，中央银行对外汇市场干预仍然是稳定汇率的重要因素。

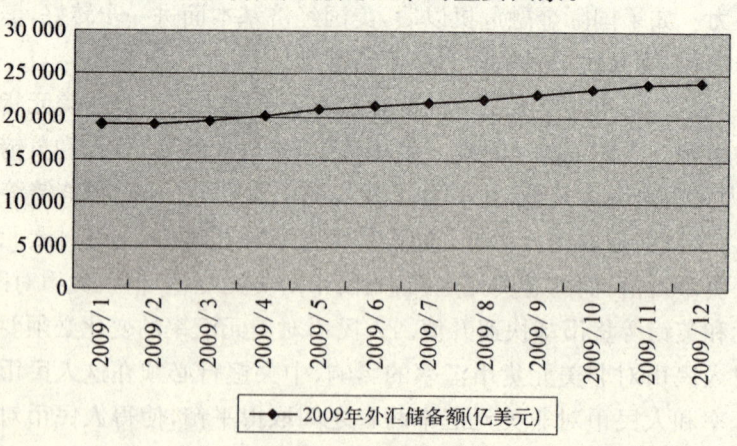

图 1-1　2009 年我国外汇储备余额

　　同时为了抵消外汇占款增加,中央银行在货币市场上回笼资金的力度仍然很大,如 2008 年比 2007 年央行票据存量增加额高达 11 310.7 亿元。人民币是否应该对美元升值呢? 笔者认为这要从人民币有效汇率的角度来寻找答案。从美元币值变化来看,当时美元指数一路攀升,美元对其他主要货币都升值较快。在美元升值的情况下,如果人民币继续对美元升值,则人民币对非美元货币升值的速度就更快,也就是说,人民币有效汇率指数会上升很快。根据国际清算银行数据,人民币有效汇率指数由 2008 年 7 月份的 101.2 上升到 9 月份的 108.68,升值了 7.38%,有效汇率上升说明人民币币值的总体水平在上升(见图 1-2)。

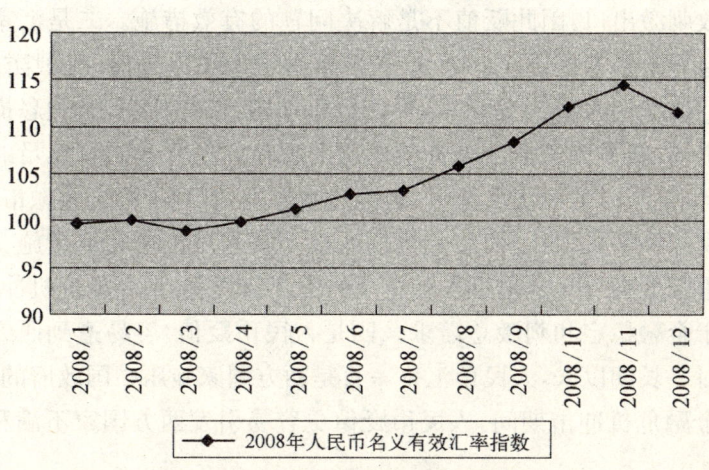

2008 年人民币名义有效汇率指数

图 1-2　2009 年人民币有效汇率指数

　　这一阶段,虽然人民币对美元汇率基本稳定,但由于美元升值,人民币对主要非美元货币如欧元、英镑等货币升值较快,人民币有效汇率上升幅度也较大。由此可以看出,在美元升值的条件下,如果人民币对美元继续保持升值态势,则人民币有效汇率指数上升的幅度将更大。在中国外需面临下降的情况下,如果人民币有效汇率升值过快,将对出口产生较大的不利影响。2008 年下半年后,宏观经济目标主要是"保

增长"，出口下滑将会影响社会就业，因此即使短期内人民币存在一定
升值压力，中央银行也会使其控制在小幅范围内。相反随着美元升值，
如果人民币对美元贬值，则人民币对非美元货币如欧元和英镑等货币
升值速度将放缓，人民币有效汇率指数上升也将放缓，将有利于缓解企
业出口成本压力。人民币对美元是否要贬值必须综合评估：一是看贬
值是否能够有效缓解出口压力。由于国际金融危机，主要资本主义国
家经济不振，面临衰退的风险，消费和投资需求大幅度下降，这必然会
影响到这些发达国家的总需求，相应地，对我国的出口需求也会下降。
实际上，当时我国面临出口下降的威胁主要是来源于外需下降，人民币
汇率并不是主要原因。同时我国出口产品主要是一些劳动密集型的价
值较低的生活必需品，对人民币汇率变动的弹性较小，人民币贬值未必
能有效刺激出口，因此贬值不是解决问题的有效措施。二是汇率贬值
可能会导致资本外逃。2008 年上半年由于人民币升值，我国防止"热
钱"流入，2008 年 9 月份以来，次贷危机加剧，形势突变，金融恐慌笼罩
金融市场，很多国家都出现资本外逃的现象。尽管我国有充足的外汇
储备，但是当时的经济形势下，防范资本外逃，有利于稳定金融市场，保
证宏观经济平稳增长，因此危机期间也不宜采用汇率贬值措施。三是
人民币贬值会恶化金融机构和企业的资产负债表，在金融危机冲击下，
不利于金融稳定和刺激总需求。四是人民币贬值，容易遭到西方国家
的反对。长期以来，人民币汇率一直是西方国家施压中国政府的借口，
而在金融危机冲击期间，人民币贬值更容易引发西方国家不满和贸易
摩擦。

　　从当时经济形势来看，人民币保持稳定是一个占优的政策选择。
全球金融危机期间人民币对美元汇率保持稳定，有利于稳定市场预期，
防止金融市场的大幅度波动，这也是对国际金融市场稳定的贡献。在
国际金融危机的冲击下，投资者信心脆弱，金融市场上的风吹草动都会
引发投资者的恐慌，人民币对美元汇率稳定将有利于增加投资者市场
信心。而且，当时美元升值也不是长期趋势，在全球金融资产价格下跌
的情况下，美元升值主要是由于美元国债是一个较好的避险工具，投资

者纷纷购买美国国债而推高美元,一旦经济平稳或恢复,美元还存在贬值的可能性。人民币汇率变动要考虑到美元的长期走势,避免人民币汇率的大幅度波动,如 2008 年上半年美元对主要非美元货币贬值,而下半年美元对欧元、英镑等货币迅速升值,人民币汇率政策要有一定的预见性。另外,人民币汇率并不完全是市场化汇率,它既是中央银行的一个货币政策工具,又是央行货币政策的一个目标,中央银行通过市场干预维持汇率目标的相对稳定性,这也体现了中央银行在全球金融动荡形势下维稳的政策意图。此外,人民币和美元汇率保持稳定,有利于进出口企业防范汇率风险,因为我国出口和进口的产品大部分是以美元计价的,汇率稳定有利于消除汇率波动的风险。

总之,国际金融危机时期我国宏观经济调控的主要任务转向"保增长",但当时在外部环境恶化的情况下,汇率并不能作为拉动需求的主要工具,而在全球金融危机期间,经济的不确定和不稳定因素增加,人民币汇率维稳将有利于保持汇率政策连续性和灵活性。

三、后危机时代人民币汇率走势

进入 2010 年,关于人民币汇率的调整预期逐渐升温,人们更加关注我国汇率工具的退出问题。2010 年 1 月渣打银行发布的中期汇率预测报告指出,预计人民币将在 2010 年第 2 季度末与美元"脱钩",逐渐恢复对美元的长期升值趋势。全球投资大鳄索罗斯在 2010 年 1 月瑞士达沃斯世界经济论坛上接受记者采访时表示人民币应该升值。

决策层和市场人士观点相反,决策层更加谨慎。中国人民银行副行长朱民在 2010 年 1 月达沃斯世界经济论坛年会表示中国一直强调希望人民币汇率稳定,他认为稳定人民币汇率对中国和全世界都有好处。笔者认为人民币是否重启升值取决于国家外汇储备变动情况,如果经常项目和资本项目继续保持双顺差,外汇储备不断增加,人民币升值压力会相应上升。2009 年第 4 季度我国外贸形势开始好转,预期 2010 年随着全球经济逐步复苏,出口形势将进一步改善,贸易顺差会相应增加。同时资本项目也将继续改善,外商直接投资将稳步回升,随着中国经济回升和加息预期,人民币升值预期也进一步上升,流入国内的短期资本会有所增加,这样外汇供给将不断增加,中央银行干预的压力将不断上升。但是人民币是否会重现国际金融危机前持续升值的现象,笔者认为这仍然要依赖于外需的恢复情况,短期内发达国家的经济复苏依然疲弱,外需恢复将是一个缓慢的过程,我国外贸形势面临严峻挑战,2009 年我国经常项目顺差为 2 841 亿美元,但较上年下降了 35%(见图 1-3)。

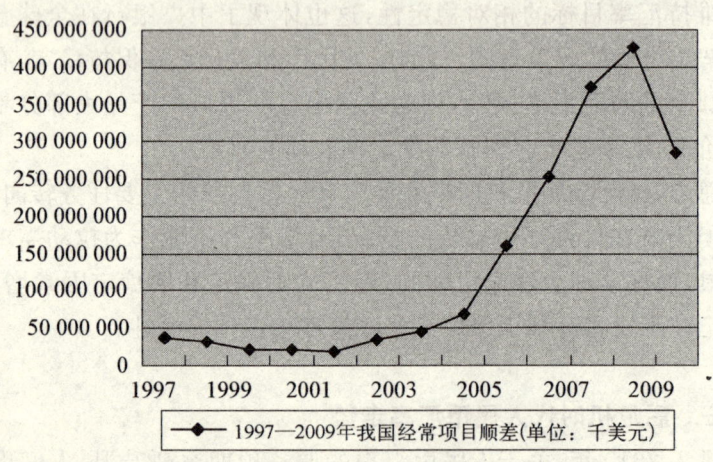

图 1-3　1997—2009 年我国经常项目顺差的变化

　　而 2010 年 2 月 3 日美国总统奥巴马表示,中国和亚洲将会继续是美国出口的庞大市场,但必须处理汇率问题。这意味着奥巴马政府会在人民币汇率问题上可能再次向中国政府施压,贸易摩擦可能会不断加剧。同时为了防止热钱的流入,控制资产价格上涨和通货膨胀预期,保持人民币汇率均衡稳定仍然是有益的。

第三节　中国是否操纵人民币汇率

一、关于"中国操纵人民币汇率"问题

2009 年 1 月 22 日美国新任财政部长盖特纳在美国参议院金融委

员会为其举行的提名听证会上说,美国总统奥巴马相信中国正在"操纵"人民币汇率,并将"积极通过所有能动用的外交途径,寻求让中国在汇率方面做出改变",意味着美国将在人民币汇率问题上继续向中国政府施压。西方国家多次指责中国操纵人民币汇率,其目的是希望限制对中国产品的进口,推行单边的贸易保护主义。关于中国的人民币汇率问题,笔者认为应该客观公正地看待我国人民币汇率市场化改革,应该看到人民币汇率市场化改革的成就,应该结合中国经济改革发展的历史进程来考察人民币汇率,而不是脱离实际、孤立地看待人民币汇率问题,否则会得出错误的结论。

首先是中国政府积极推动人民币汇率的市场化改革,人民币币值水平稳步上升。我国于 2005 年 7 月 21 日进行了新一轮外汇体制改革,当时人民币对美元汇率一次性升值 2%,此后人民币对美元一直保持升值态势。根据我国中央银行的统计数据,2005 年汇改至 2010 年第 1 季度,人民币对美元升值了约 20% 左右。尽管 2010 年第一季度人民币对美元保持相对稳定,但是人民币对非美元货币还是处于升值状态,人民币的总体币值水平上升,即人民币有效汇率指数不断增加。

其次是中国人民币汇率形成机制改革应该和中国的经济以及金融市场发展水平相一致。我国人民币汇率市场化改革是一个渐进的过程,不可能在短时间内完成。人民币汇率市场化改革并不是简单地放开人民币汇率,人民币汇率市场化是一个系统工程。除了增加人民币汇率弹性外,人民币汇率市场化还需要和资本账户开放、外汇市场的深化、人民币汇率形成机制的进一步完善、利率市场化改革等多项措施相配合,这样才能形成一个真正意义上的双向变动的人民币市场化汇率水平。如果不顾现实条件地放开人民币汇率,其结果必然会导致人民币汇率的剧烈波动和金融市场的混乱,尤其在金融危机的情况下,人民币汇率大幅波动的风险会迅速向金融市场传播,影响投资者预期,经济前景不确定性将进一步增加。因此人民币汇率市场化改革将是一个逐步完善的过程,不可能一步到位,它依赖于外汇管理体制完善和金融市场的发展,不能要求人民币汇率迅速像发达国家货币那样自由浮动,我国人民币汇率的市场化改革应继续按照主动性、可控性和渐进性的原则进行改革，这是由我国的现实经济条件所决定的。

　　实际上，中国政府一直在不断努力完善人民币汇率的形成机制，深化人民币汇率体制改革，而不是故意操纵人民币汇率。一些西方政客们指责中国操作人民币汇率，对中国有失公允。第一，在国际金融危机期间，各国都采取竞争性的利率下调和扩张性的宏观经济政策，各国货币先后出现了竞争性的货币贬值现象。由于中国汇率和利率还没有形成完善的联动机制，中国利率下调并不能够传导到人民币汇率，西方国家大幅度降低利率本身就会促使货币的竞争性贬值。如2008年上半年美元就出现大幅度贬值现象，而2009年底至2010年初，欧洲主权债务危机爆发，欧元和英镑都出现大幅度贬值情况。同时主要西方国家向市场大量注入流动性，货币供给增加，货币币值也有进一步下降的趋势，如美联储大量注入流动性，美元存在贬值风险，西方国家更应该关注自己的问题，而不应该指责中国人民币汇率。第二，中美的贸易地位不对等，人民币汇率并不是美国贸易逆差的关键因素。中国出口的主要是劳动密集型产品，附加值比较低，处于贸易结构的低端。中国产品的国际竞争力主要是由于中国的劳动力成本和土地成本较低，并不是主要依赖人民币汇率低估来实现的。我国的贸易收支盈余虽然较多，但是我们获得的利润较少，我们出口的产品和美国产品交换，处于较大的劣势。而美国出口的主要是技术和资本密集型产品，附加值高，赚取的利润也较多。美国消费者能够消费到中国物美价廉的产品，但是中国希望进口高技术产品，美国却设置多重贸易壁垒，限制美国高技术产品向中国的出口，反过来，美国还认为贸易不平衡是由于中国操纵人民币汇率，这对中国是不公平的。

二、人民币汇率争论的背后含义

　　不仅美国政府，2008年诺贝尔经济学奖获得者克鲁格曼也盯上了人民币汇率，克鲁格曼是著名的国际经济学专家，又是2008年的诺贝尔经济学奖获得者，2009年克鲁格曼的中国之行引起媒体和国内经济学者的普遍关注,并就一些当前热点问题和中国经济学家展开了激烈的辩论。克鲁格曼教授认为中美的贸易不均衡主要是由于人民币汇率政策,认为人民币对美元应该升值,消减贸易盈余,并指出中国的贸易盈余让很多国家很生气,世界再也不能容忍中国有这么大的贸易盈余了,认为在危机期间盈余的国家成为麻烦制造者,而不是带给别人好处。克鲁格曼是美国主流经济学派的代表人物,它的观点必然代表了很多美国学者、官员,甚至是一些民众的想法。

实际上从学术角度来看,中美贸易不均衡有几种理论解释。

一是从国际收支的吸收理论来看,如果一国消费少,内需不足,就需要增加出口吸收过剩产能;相反如果一国消费多,储蓄少,就会出现贸易收支逆差。美国的增长方式主要是消费拉动型的增长模式,中国更多地依赖出口和投资,如从中美 GDP 的构成来看,美国的消费占 GDP 的比例约 70%;而中国消费占 GDP 的比重约为 35%,只有美国的一半左右。这样中国高储蓄和美国高消费表现为中国贸易收支盈余,美国为贸易收支赤字。因此克鲁格曼教授提出中国人并不富裕,应留钱自用的观点,而张维迎教授指出美国消费太多,储蓄少。这两种观点各有道理,反映了两国经济相互依存、联系紧密的特点,两国应加强合作,推动经济增长方式的转变。

二是如果从汇率的弹性论来看,消除国际收支的盈余应该通过人民币升值或美元贬值来实现,这就是克鲁格曼要求人民币升值的观点。但从中国实际来看,中国政府一直在积极推动人民币汇率的市场化改革,人民币币值水平稳步上升。尽管人民币对美元汇率保持相对稳定,人民币的总体币值水平上升,即人民币有效汇率指数不断增加。

三是如果从货币论观点来看,货币供给大于货币需求,过度的货币供给追逐外国商品,导致国际收支逆差。由于美元是国际货币,可以获得货币发行的铸币税,美国的贸易赤字可以通过货币发行来融通,美国可以通过货币的过度发行提供消费信贷,大量进口其他国家价廉物美的消费商品,提高消费者的福利水平,这也是美国高消费和贸易赤字形成的原因。美元过度的发放对世界经济不平衡起了重大作用。实际上,美元债务的扩张是一种全球资源的占有,这些美元外汇储备国家在和美国博弈过程中一直处于劣势,这些国家被绑架在美国的利益上。虽然这些国家持有的是美元资产,但是美国的宏观经济政策是这些国家所不能左右的,一旦美国采取滥发货币的形式刺激经济,这些国家无能为力,美国利用美元的国际货币地位可以把风险转移给其他国家,而克鲁格曼认为中国当时积累美元的时候为什么没有想到美元会贬值呢,责任应该在自己身上,这种逻辑是不合理的。

因此从理论的角度来看,中美贸易失衡与多种因素有关:一是消费多储蓄少;二是汇率问题;三是美元滥发问题等。为什么西方国家学者和政府更愿意拿人民币汇率说事?

一是利用中国操纵人民币汇率为贸易保护主义的寻找借口。美国指责中国正在"操纵"人民币汇率,意味着美国可能威胁对中国等国家的进口产品征收特别关税,以惩罚他们所称的"汇率操纵"行为。每当美国经济形势恶化,总会有人拿人民币汇率说事,以此作为贸易保护主义的借口。2009年美国失业率上升,贸易保护主义重新抬头。如美国2009年10月的失业率为10.2%,突破两位数,同时创下1982年来的最高值。11月份,美国失业率虽从10月份的10.2%下降至10%,但仍然处于高位;2009年12月份美国的失业率依然维持在10%左右的较高水平(见图1-4)。实际上,美国的贸易保护主义也愈演愈烈,奥巴马2009年9月11日决定,对从中国进口的所有小轿车和轻型卡车轮胎实施为期3年的惩罚性关税;10月7日美国商务部宣布决定对部分中国无缝管产品启动反倾销反补贴合并调查;10月19日美商务部

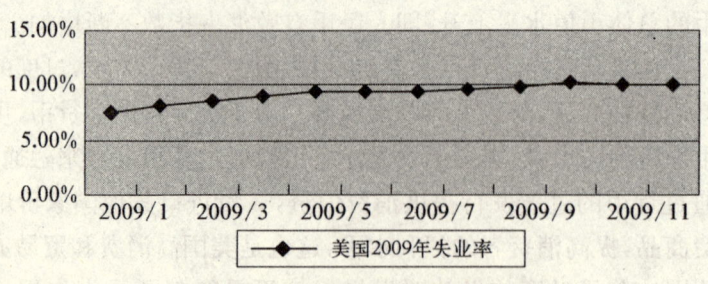

图1-4　2009年美国的失业率

又决定对原产于中国的部分铜版纸与紧固件产品进行反补贴和反倾销合并调查;2010 年 2 月 6 日美国商务部宣布,将对中国生产的礼物盒以及包装丝带征收最高超过 231％的反倾销税等,中美贸易争端将越来越多。

二是美国利用指责中国操纵人民币汇率推卸金融危机责任。美国指责中国操纵人民币汇率,可以把经济危机的责任推给中国,这也是美国一些政客们经常打的一张牌。美国部分官员和学者认为,如果人民币汇率按照市场供求浮动,中国不会有那么多的国际收支盈余,也不会有那么多资金投资美国,而过多的投资导致美国资金供给增加,利率下降,消费增加和房地产泡沫,这是美国推卸金融危机责任的内在逻辑。实际上,中国把资金投资美国,是市场投资行为,本身并没有错,中国购买美国国债,还有利于美国经济的恢复和振兴。关键是资金运用问题,甚至美联储主席伯南克也指出:"美国没有用从中国借来的资金建设'21 世纪铁路',政府用这些钱到伊拉克打仗,消费者利用宽松的资金购买豪华车和大房子",这才是金融危机的问题所在。从贸易失衡的这几种原因来看,拿人民币汇率说事更容易指责中国。关于贸易失衡的原因,甚至是次贷危机的原因,除了拿人民币汇率说事,每一个原因都是美国自己的责任或与美国直接联系,无法推卸给他人,这可能也是一些美国官员和学者不愿意涉及的。因此一些官员和学者总是盯住中国的人民币汇率做文章,认为人民币汇率是贸易失衡的主要因素,甚至是美国次贷危机的原因。

三是持有美元资产的损失应该由中国政府自己负责,克鲁格曼指出美国没有责任拯救储备美元的国家。按照克鲁格曼的逻辑,"没有人要求你以美元方式建立你的外汇储备,还有欧元、日元。为什么中国不这么做呢? 要问中国储备银行的官员,这并不是美国人的决定,这是中国人的决定"。如果将来美元贬值,这与美国没有关系,这是你自己的选择,这反映了处于强势地位的话语权。这是克鲁格曼的双重标准,在对待中国的贸易盈余上面,指责人民币汇率政策;相反在美国量化宽松政策可能导致美元贬值上面,他并没有指责美国,反而认为投资损失是你自己的问题，并且还强调美国印钞不会导致通货膨胀，这也是很多美国人的双重标准。

三、从"汇率制度选择"看"人民币汇率"之争

笔者认为人民币汇率之争不仅仅是人民币是否要升值，还是人民币汇率制度的选择问题。我国于 2005 年 7 月 21 日进行了新一轮外汇体制改革，当时人民币对美元汇率一次性升值 2%，此后人民币对美元一直保持升值态势，增加了人民币对美元汇率的弹性，这是有管理的浮动汇率制度。最近人民币对美元保持相对稳定，也是人民币汇率制度的选择，面对国际金融危机的冲击，保持人民币对美元汇率稳定，将有利于中国经济和世界经济的复苏，这是中国对自身汇率制度的选择。实际上，第二次世界大战以后，资本主义世界建立了以美元为中心的国际货币体系，即布雷顿森林体系，确定了可调整的钉住汇率制度。布雷顿森林体系崩溃以后，主要发达国家步入浮动汇率制度，而 1999 年欧元区国家放弃了本国货币，建立单一货币区——欧元区，这是完全钉住的汇率制度，汇率制度都是各国自己选择的。实际上汇率制度是由各国根据本国情况自主选择，别国是无权干涉的。汇率制度的选择是由一系列客观条件所决定的。不同的汇率安排适合于不同的国家，依赖于它的结构特征、外部环境、宏观经济和政治状况，上述这些因素的变化会对汇率产生调整压力，可能促使原有的汇率制度改变，但这都是由各国根据本国情况自主选择的。从我国的实际情况来看，人民币汇率制度的选择也是中国人自己的事情，是不容别人干预的。

美国现在面临高失业，一直希望通过扩大出口来增加就业，奥巴马也强调美国要多储蓄、少消费和多出口来实现全球经济的再平衡，而现在中国对美贸易盈余较多，美国一直认为人民币汇率低估是主要原因。甚至一些美国经济学家计算出人民币汇率低估 25%，但是这种计算是有缺陷和争论的，如美元指数 1 年内波动幅度很大，你说 1 年内美元什么时候高估，什么时候低估，这涉及不同的汇率制度选择，美国是浮动汇率制度，受市场的影响大，中国是钉住美元的汇率制度。西方国家也

知道这个道理,因此他们不直接说"人民币要升值",而说"美元对人民币汇率要调整"。实际上美国财长盖特纳和美国总统奥巴马提到人民币汇率的时候,总是说希望中国政府增加人民币汇率的弹性,而不是说要人民币升值。因为美国政府没有权利要人民币一定升值或贬值,否则中国政府也可以要你美元升值或贬值,美国政府一直认为中国政府是在操纵人民币汇率,所以美国政府要求中方提高人民币汇率的市场化程度,增加人民币汇率的弹性。当然,在中国国际收支双顺差的情况下,如果放开人民币汇率,人民币应该会升值,这也是美国政府希望和预期的。

关于浮动汇率和固定汇率孰优孰劣一直是国际金融领域中长期争论不休的问题,但这只是学术上的争论,而施压人民币汇率就是另外一回事,它主要是希望别国汇率制度按照自己的意志来选择,往往是损人利己的行为。美国提出要人民币对美元汇率增加弹性,其目的是通过汇率的变化,削弱中国产品的竞争力,增加对中国的出口,减少从中国的进口,也是一种变相的贸易保护主义。

笔者认为人民币汇率制度的选择应该由我们自己决定,别国是无权干涉的。我国人民币汇率市场化改革将是一个逐步完善的过程,它依赖于宏观经济条件变化、外汇管理体制完善和金融市场的发展。尽管中央银行积极推动人民币对美元汇率的市场化改革,但是我国人民币汇率还担负着宏观调控的功能,作为宏观调控的工具和目标又决定了人民币汇率的市场化改革不能过快。实际上人民币对美元汇率和非美元货币汇率背道而驰变化决定了中央银行需要在人民币对美元汇率和人民币对非美元货币汇率之间取得平衡。

四、贸易保护主义和施压人民币升值如影随形

2010年全球经济形势正逐步转好,但经济复苏的基础还不牢固,仍需要国际社会共同努力,应对挑战。在金融危机的冲击下,美欧等国为了本国利益,反其道而行之,推行贸易保护主义,施压人民币汇率,其结果将阻碍全球经济的复苏和增长。

除了美国，欧洲也施压人民币汇率。2009年10月西方七国集团在土耳其城市伊斯坦布尔举行财政部长和中央银行行长会议时，再次要求中国人民币升值。据报道欧洲中央银行行长特里谢还联合欧洲各国财政部长，敦促中国让人民币对欧元升值，不仅仅是美国，欧洲也开始施压人民币汇率。此外，2009年10月6日，欧盟部长理事会发布公告，裁定中国输欧无缝钢管对欧盟产业构成损害威胁，决定征收17.7%～39.2%的最终反倾销税。欧美贸易保护主义和施压人民币升值如影随形，这是金融危机下西方国家转嫁危机，以邻为壑的政策。

目前欧美经济衰退，失业率上升，贸易保护主义重新抬头，并有进一步加剧之势，美欧政府希望多出口，少进口，解决目前自身的经济困境。每当美欧经济形势恶化，总会有人拿人民币汇率说事，以此作为贸易保护主义的借口。最近奥巴马提出全球经济再平衡，也值得高度警惕，可能预示着美方还会向中国等贸易盈余国家施压，为其贸易保护主义寻找借口。从"人民币汇率"到"全球经济的再平衡"，美国的贸易保护主义有上升的趋势。与此同时，欧洲的贸易保护主义也不断升级。笔者认为欧美贸易保护主义将损害中美、中欧贸易关系，影响中国经济乃至全球经济的恢复，不仅不会解决问题，反而会导致经济进一步衰退。如果各国都采取贸易保护主义，全球贸易量会下降，经济形势将进一步恶化，全球经济转好的形势可能会得而复失。

实际上，西方国家的贸易保护主义和施压人民币汇率更多的是要中国为金融危机买单，施压人民币汇率无疑是为贸易保护主义寻找借口罢了。贸易保护主义盛行，中国的出口将面临严峻的考验，人民币升值的空间进一步被压缩，在贸易保护主义不断加码的形势下，如果人民币再升值，则出口的形势将进一步恶化，因此人民币汇率必将稳字当先，这既有利于防止外贸形势的恶化，又有利于阻止热钱的流入。我国要继续坚定不移地推行人民币汇率形成机制的改革，按照可控性、主动性和渐进性原则增加人民币汇率变动的弹性，最终走向市场化的汇率决定机制。

从长远来看，转变经济增长方式，调整经济结构是应对贸易保护主义和实现国际收支平衡的重要手段。转变经济增长方式就是要从依赖外需为主转向依赖内需为主,特别要增加消费对经济增长的拉动作用,实现宏观经济的对外平衡;要促进我国投资、消费和出口三驾马车之间的合理比例平衡,既要抑制国内出现产能过剩,又要避免回到过度依赖外需的老路上,保持经济平稳增长。调整经济结构就是要实现产业的升级换代,由传统的劳动密集型向资本和技术密集型产业转变,提高产品的技术含量,依靠科技创新增加产品的国际竞争力,实现经济的可持续发展。

世界各国应该加强经济合作,共同努力,进行政策协调,应该促进主要储备货币汇率保持相对稳定,而不是推行贸易保护主义,采取以邻为壑的政策。经济一体化和金融全球化促使经济体之间相互依存更加紧密,中国经济的稳定和发展必然会有利于全球经济的增长,也有利于美欧经济的恢复。

第四节　人民币汇率中间价和汇率波动幅度

我国中央银行将继续按照主动性、可控性和渐进性原则,完善人民币汇率形成机制,增强汇率弹性,保持人民币汇率在合理均衡水平上的基本稳定。笔者认为增加汇率的弹性有两种含义:一是增加人民币对美元汇率中间价的弹性;二是增加人民币对美元汇率的波动幅度,这是一个问题的两个方面。由于国际金融危机的冲击,外部需求下降,我国出口形势严峻,很多学者认为应该进一步扩大人民币对美元汇率的波动幅度,让市场引导汇率的走向,允许人民币对美元汇率有更大的波动幅度。但笔者认为增强人民币汇率弹性的两个方面的选择,依赖于中央银行货币政策目标确定和市场机制的完善。

一、人民币对美元汇率中间价的调整

2008 年年底,国际金融危机加剧,外需下降,中国出口形势恶化,

人民币存在一定的贬值压力，许多企业希望人民币贬值刺激出口，此时增加人民币汇率的弹性意味着在市场贬值预期的作用下，促使人民币对美元贬值。但这里面临的问题是增大人民币汇率的波动幅度能否有效解决这一问题呢？笔者认为答案是否定的，因为我国人民币汇率是中央银行货币政策目标，汇率变化往往需要在多个目标之间取得平衡。如人民币对美元贬值一方面有利于出口；另一方面可能加快资本流出和外商直接投资下降，在这样经济条件下，我国中央银行确定维持人民币对美元汇率的基本稳定。如果中央银行的汇率目标是保持人民币对美元汇率中间价的稳定，即使增加人民币汇率的波动幅度，如由 5‰ 上调到 1%，人民币对美元汇率每天的波动幅度变大，但是汇率的区间基本上也是固定的，汇率变动的趋势仍然是限定的，也就是说，在中间价保持相对稳定的情况下，扩大人民币汇率的波动幅度只会使得每天的人民币波动幅度增大，并不能从根本上解决问题。另外，即使人民币对美元汇率贬值，从技术上来讲，中央银行并不一定要通过增加人民币汇率的波动幅度来实现，完全可以通过调整人民币汇率的中间价来实现。我国的中央银行是外汇市场的一个重要参与者，中央银行干预可以对人民币汇率产生很大的影响，因此人民币对美元汇率升值或贬值并不在于增加人民币汇率的波动幅度，通过汇率中间价的调整很快就能够实现。汇率是否升值或贬值更大程度上取决于人民币对美元汇率目标，如果以维稳为目标，汇率波动幅度无需扩大；如果采取升值或贬值措施，通过中间价的调整就可以实现。也就是说，如果汇率是中央银行的货币政策目标，中央银行更倾向于通过中间价的调整来确定汇率水平，这样有利于央行对汇率水平的控制。如果人民币对美元汇率的波动幅度增大，意味着人民币汇率中间价对汇率的牵引作用会越来越弱，也就是中央银行在逐步放弃人民币对美元汇率的控制，放弃人民币对美元汇率作为货币政策的目标。而在目前情况下，汇率仍然是货币政策的目标，如果汇率需要调整，笔者认为应该通过人民币汇率中间价的调整来增加人民币汇率的弹性，而不是通过增加人民币汇率的波动幅度来调整人民币汇率变动。

1. 假定中央银行以经常项目余额和国民收入为目标,调整人民币对美元汇率

假定中央银行以经常项目与目标经常项目的余额、国民收入与目标国民收入的偏差最小作为目标,则中央银行最小化它的损失函数[①]:

$$\min: L = \frac{1}{2}(CA - CA^*)^2 + \frac{\lambda}{2}(y - y^*)$$

假定经常项目余额对人民币汇率的弹性是 η,是不变的,则:

$$\frac{\frac{dCA}{CA}}{\frac{dS}{S}} = \eta, 因此 \frac{d\ln CA}{d\ln S} = \eta, 解此微分方程得到: \ln CA = \eta \ln S + C$$

假定总需求是实际汇率和利率的函数,则 $y = \beta(\ln S + \ln P^* + \ln P) - \alpha r$,因此

$$\min: L = \frac{1}{2}(\ln CA - \ln CA^*)^2 + \frac{\lambda}{2}(y - y^*)^2 =$$

$$\frac{1}{2}(\eta \ln S - \ln CA^*)^2 +$$

$$\frac{\lambda}{2}\{[\beta(\ln S + \ln P^* - \ln P) - \alpha r] - y^*\}^2$$

为了研究问题的方便,假定 P、P^* 不变并标准化为 1,$r = 0$,则:

$$\min: L = \frac{1}{2}(\eta \ln S - ca^*)^2 + \frac{\lambda}{2}(\beta \ln S - y^*)$$

使损失函数最小化,得到:

$$\ln S = \frac{\eta ca^* + \lambda \beta y^*}{\eta^2 + \lambda \beta^2}$$

解得:

$$S^* = e^{\frac{\eta a^* + \lambda \beta y^*}{\eta^2 + \lambda \beta^2}}$$

[①] 为了说明问题,我们的模型中只考虑经常项目余额和国民收入这两个目标。实际上,根据经济形势的变化,损失函数可以修正目标或加入更多的目标。

因此,最优化的汇率水平有以下因素决定:货币政策的目标 ca^* 和 y^*、经常项目的汇率弹性 η、总需求的汇率弹性 β,以及两个目标的相对权重 λ。如果以人民币对美元汇率为目标,央行调整人民币对美元的汇率尽量接近最优化的汇率水平 S^*。

假定当期的汇率水平 S 大于目标水平 S^*,如果 S 以速度 μ 升值,即 $\dfrac{\mathrm{d}S}{S} = -\mu$,则 $S = -\mu t + S_0$,代入上式得到:

$$\ln(-\mu t + S_0) = \frac{\eta ca^* + \lambda\beta y^*}{\eta^2 + \lambda\beta^2}$$,则升值时间为:

$$t = \frac{1}{\mu}(S_0 - e^{\frac{\eta a^* + \lambda\beta y^*}{\eta^2 + \lambda\beta^2}}) = \frac{1}{\mu}(S_0 - S^*)$$

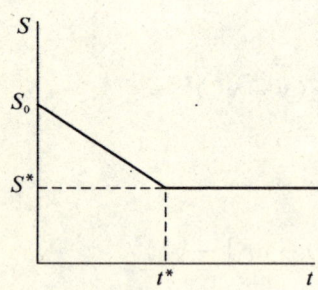

图 1-5　汇率升值到目标水平

在 t^* 达到汇率目标水平(见图 1-5)。

因此,在一定的货币政策目标下,人民币汇率的调整会逐步向均衡汇率靠拢,汇率调整的时间取决于汇率变动的速度。

2. 人民币对美元汇率的调整

目前人民币升值之声再起,中央银行是否调整汇率依赖于政策目标和调整的成本,中央银行维持汇率不变的损失函数为:

$$L^{不变} = \frac{1}{2}(\eta\bar{s} - ca^*)^2 + \frac{\lambda}{2}(\beta\bar{s} - y^*)^2$$

中央银行改变汇率的损失为(s 是变动的):

$$L^{变} = \frac{1}{2}(\eta s - ca^*)^2 + \frac{\lambda}{2}(\beta s - y^*)^2$$

假定固定汇率的调整有一个固定成本 C,则只要维持汇率不变的损失和央行变动汇率的损失之差大于固定成本 C,则调整汇率。因此调整汇率的条件为:

$$L^{不变} - L^{变} = \frac{1}{2}(\eta\bar{s} - ca^*)^2 + \frac{\lambda}{2}(\beta\bar{s} - y^*)^2 -$$
$$\frac{1}{2}(\eta s - ca^*)^2 - \frac{\lambda}{2}(\beta s - y^*)^2 > C$$

对上式化简得到：

$$L^{不变} - L^{变} = \frac{1}{2}\eta^2\bar{s}^2 - \eta\bar{s}ca^* + \frac{\lambda}{2}\beta^2\bar{s}^2 - \lambda\beta\bar{s}y^* -$$
$$\frac{1}{2}\eta^2 s^2 + \eta s ca^* - \frac{\lambda}{2}\beta^2 s^2 + \lambda\beta s y^* =$$
$$\left[\left(\frac{1}{2}\eta^2 + \frac{\lambda}{2}\beta^2\right)(\bar{s}+s) - (\eta ca^* + \lambda\beta y^*)\right](\bar{s}-s) > C$$

因此：

$$(\bar{s}-s) > \frac{C}{\left(\frac{1}{2}\eta^2 + \frac{\lambda}{2}\beta^2\right)(\bar{s}+s) - (\eta ca^* + \lambda\beta y^*)} = M$$

只要汇率的升值幅度大于 M，则 $L^{不变} - L^{变} > C$。如图 1-6 所示，$L^{不变} - L^{变}$ 是一条抛物线，当汇率升值到 $[U_1, U_2]$ 区间时，都是可

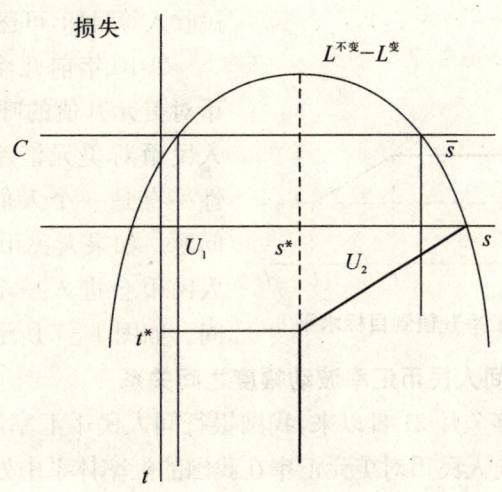

图 1-6　汇率变动的区间

接受的，即 $L^{不变} - L^{变} > C$。最优的汇率水平：$s^* = \mathrm{e}^{\frac{\eta c a^* + \lambda \beta y^*}{\eta^2 + \lambda \beta^2}}$，且

$$L^{不变} - L^{变} = \left[\left(\frac{1}{2}\eta^2 + \frac{\lambda}{2}\beta^2 \right)(\bar{s} + s) - (\eta c a^* + \lambda \beta y^*) \right](\bar{s} - s)，抛物$$

线的两个根分别是 $\bar{s}$，$\dfrac{2(\eta c a^* + \lambda \beta y^*) - (\eta^2 + \lambda \beta^2)\bar{s}}{(\eta^2 + \lambda \beta^2)}$。实际上根据

具体的参数值，可以计算出汇率区间 $[U_1、U_2]$：

$$U_1, U_2 = \left\{ (\eta c a^* + \lambda \beta y^*) \pm \left[(\eta c a^* + \lambda \beta y^*)^2 + \right.\right.$$

$$4\left(\frac{1}{2}\eta^2 + \frac{\lambda}{2}\beta^2 \right)\left(\frac{1}{2}\eta^2 + \frac{1}{2}\beta^2 \right)\bar{s}^2 -$$

$$\left.\left. (\eta c a^2 + \lambda \beta y^*)\bar{s} - C \right]^{\frac{1}{2}} \right\} \Big/ (\eta^2 + \lambda \beta^2)$$

　　如果汇率调整，则汇率升值到最优水平 s^*。实际上，只要升值到 $[U_1, U_2]$ 区间内，都是可以接受的。由此可以看出，中央银行根据自己的损失函数和固定汇率调整的成本可以确定对汇率调整的可接受区间。区间受多种因素影响，如货币政策目标，经常项目和总需求的汇率弹性等，如果中央银行调整人民币对美元汇率，重启升值，根据经常项目、国民收入等目标，可逐步升值至 s^*。

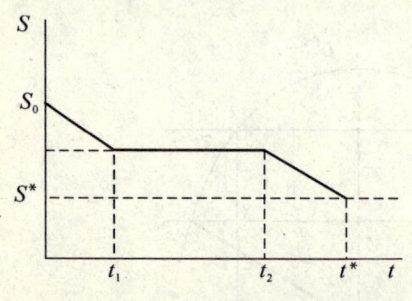

图 1-7　汇率升值到目标水平

　　2010 年前几个月要求人民币对美元升值的呼声越来越高，人民币对美元汇率如何增加弹性一直是一个人们关注的重要问题。如果人民币继续升值，则人民币会进入一个新的升值区间。如图 1-7 所示。

二、银行间人民币汇率波动幅度之间关系

　　自 2005 年 7 月 21 日以来，我国银行间人民币汇率制度进行了一系列改革，目前人民币对美元汇率在我国的汇率体系中处于主导地位，人民币对非美元货币汇率要依赖于这一汇率套算决定（见表 1-1）。

表 1-1　　　　　　　　　　银行间人民币汇率浮动幅度

日　　　期	银行间人民币汇率中间价和浮动幅度调整
2005 年 7 月 21 日	我国改革了人民币汇率体制,央行规定每个工作日闭市后公布当日银行间外汇市场美元等交易货币对人民币汇率的收盘价,作为下一个工作日该货币对人民币交易的中间价格。人民币对美元交易价仍在人民银行公布的美元交易中间价上下 3‰的幅度内浮动;非美元货币对人民币的交易价在人民银行公布的该货币交易中间价上下 1.5％内浮动
2005 年 9 月 23 日	非美元货币对人民币交易价的浮动幅度作了调整,由原来的上下 1.5％扩大到上下 3％
2006 年 1 月 4 日	央行在银行间外汇市场引入了询价交易方式和做市商制度来确定当日人民币对美元汇率中间价;同时人民币对欧元、日元和港币汇率中间价由中国外汇交易中心分别根据当日人民币对美元汇率中间价与上午 9 时国际外汇市场欧元、日元和港币对美元汇率套算确定。
2007 年 5 月 21 日	人民币对美元交易价浮动幅度由 3‰扩大至 5‰

实际上,即期外汇市场非美元货币对人民币交易价的浮动幅度、人民币对美元货币波动幅度,以及美元对非美元货币的波动幅度存在相互制约的关系。也就是说,中央银行锁定了人民币对美元汇率和非美元货币汇率的变动幅度,也就间接地锁定了美元和非美元货币汇率的变动幅度,但是国际金融市场上美元对非美元货币汇率的变动幅度是由市场自动调节决定的,中央银行对此不能够控制。

笔者认为人民币汇率的弹性包括人民币对美元汇率中间价的变动和人民币对美元汇率波动幅度的变动两个方面。中央银行确定人民币对美元汇率中间价作为货币政策目标,单纯增加人民币对美元汇率波动幅度不仅不能解决问题,反而加剧了人民币汇率每天的波动幅度,而且使中央银行对汇率的可控性下降。扩大人民币汇率的波动幅度需要不断完善市场机制,逐步放弃人民币汇率目标,更多地让市场供给和需求决定人民币汇率水平。

三、挂牌汇率和银行间汇率波动幅度之间的关系

实际上,7 月 21 日后,中央银行规定银行对客户挂牌的美元对人民币现汇买卖价不得超过中央银行公布的美元交易中间价上下 0.2%,而银行间外汇市场美元对人民币的交易价在中央银行公布的美元交易中间价上下 0.3% 的幅度内浮动(见表 1-2)。这样柜台市场的区间幅度小于银行间市场的区间幅度,会出现银行柜台市场买入美元的价格可能低于银行间市场卖出美元的价格,银行存在经营亏损的可能。因此银行为规避经营风险,不得不把每天挂牌汇率确定在规定浮动幅度的两端,客观上导致了银行对美元挂牌汇率只能是每天价格不变。

表 1-2　　　　　　　　商业银行挂牌汇率的浮动幅度

日　期	银行挂牌汇率浮动幅度调整
2005 年 7 月 21 日	银行对客户挂牌的美元对人民币现汇买卖价不得超过央行公布的美元交易中间价上下 0.2%,现钞买卖价不得超过现汇买卖中间价上下 1%。外汇指定银行对客户挂牌的非美元货币对人民币现汇买卖中间价,由外汇指定银行以中国人民银行公布的美元交易中间价为基础参照外汇市场行情自行套算和调整。非美元货币对人民币现汇卖出价与买入价之差不得超过现汇买卖中间价的 0.8%[(现汇卖出价－现汇买入价)/现汇买卖中间价×100%≤0.8%],现钞卖出价与买入价之差不得超过现汇买卖中间价的 4%[(现钞卖出价－现钞买入价)/现汇买卖中间价×100%≤4%]。
2005 年 9 月 23 日	银行对客户美元挂牌汇价实行价差幅度管理,美元现汇卖出价与买入价之差不得超过交易中间价的 1%;现钞卖出价与买入价之差不得超过交易中间价的 4%,银行可在规定价差幅度内自行调整当日美元挂牌价格。另外,还取消了银行对客户挂牌的非美元货币的价差幅度限制,银行可自行制定非美元对人民币价格,可与客户议定所有挂牌货币的现汇和现钞买卖价格。

　　而美元现汇卖出价与买入价之差不得超过交易中间价的1％,而银行间外汇市场美元对人民币的交易价在央行公布的美元交易中间价上下0.5％的幅度内浮动,柜台市场区间幅度基本等于银行间市场区间幅度,且是不对称管理,更具有灵活性。如果中央银行进一步放开银行对客户挂牌的美元对人民币汇率的浮动幅度,笔者认为必须得同时调整银行间外汇市场人民币对美元汇率的浮动幅度,如果只放宽柜台市场的人民币对美元汇率的浮动幅度,柜台市场区间幅度大于银行间市场区间幅度,同样银行可以套取汇差。如果柜台市场美元买入汇率越低,则银行在银行间市场卖出美元,获得的差价也就越大,商业银行可能会把美元价格压得很低。因此如果柜台市场的区间幅度小于银行间市场的区间幅度,银行存在经营亏损的可能;同样如果柜台市场的区间幅度大于银行间市场的区间幅度,银行可以套取汇价之差,中央银行需要协调柜台市场和银行间市场的人民币对美元汇率变动幅度。

第五节　新汇改后人民币对美元升值将主动可控

　　2010年6月19日,中国人民银行新闻发言人表示中央银行将根据国内外经济金融形势和我国国际收支状况,进一步推进人民币汇率形成机制改革,增强人民币汇率弹性;6月20日,中国人民银行新闻发言人还就进一步推进人民币汇率形成机制改革回答了记者的提问,就有关问题进行了详细阐述。中央银行强调继续按照已公布的外汇市场汇率浮动区间,对人民币汇率浮动进行动态管理和调节,意味着此次人民币汇率增加弹性主要是人民币中间价增加弹性,人民币汇率每天的浮动区间仍将保持不变。

　　2008年9月,美国次贷危机不断恶化,迅速演变为波及全球的金融风暴。在当时形势下,我国宏观经济政策目标迅速转向保增长,政府及时调整宏观经济政策取向,实施适度宽松的货币政策,人民币对美元汇率中间价由先前的持续小幅升值转向保持基本稳定。而此次汇改意味着人民币将脱钩美元，人民币中间价将逐步增加弹性。根据中央银行汇改精神，此次人民币汇率中间价调整将遵循以下规则：人民币对美元汇率中间价不会像 2005 年那样一次性重估调整；坚持以市场供求为基础，参考一篮子货币进行调节，因此人民币对美元汇率中间价双向变动弹性将增强。

笔者认为，人民币对美元汇率中间价的变动将主要表现为：

一是人民币对美元汇率中间价不再保持基本稳定，波动幅度将明显增加。2008 年 9 月以后人民币对美元汇率基本保持稳定，维持在 6.83 左右。此次汇改以后，人民币对美元汇率的中间价的弹性将不断增加，如 6 月 22 日人民币对美元汇率的中间价由 6 月 21 日的 6.827 5 下调到 6.798 0，当天人民币对美元就升值了 0.43%，人民币对美元汇率的弹性显著增加。

二是人民币对美元汇率不再保持单向升值的态势，增加人民币对美元汇率双向变动的频率。中央银行强调要坚持以市场供求为基础，参考一篮子货币进行调节。随着贸易投资货币多元化，双边汇率难以反映汇率的实际水平，因此人民币对美元汇率中间价的调整必须要考虑一篮子货币的变化，也就是要考虑人民币对一些非美货币汇率的变化，如人民币对欧元、日元、英镑等货币汇率的变动趋势。如美元对欧元、英镑等货币升值，参考一篮子货币人民币对美元汇率中间价调整可能要贬值；相反如果美元对欧元、英镑等货币贬值，则人民币对美元可能会升值，这样人民币对一篮子货币的币值就相对平稳。因此参考一篮子货币意味着如果以后美元对欧元、英镑等货币走强，人民币对美元汇率可能会贬值，而不是升值。

三是人民币对美元汇率中间价不会大幅度波动。中央银行指出将保持人民币汇率在合理、均衡水平上的基本稳定。由于 2010 年国际经济复苏缓慢，主权债务风险蔓延，主要发达国家失业率高，因此中国的外贸形势不容乐观。2010 年前 5 个月我国贸易顺差为 353.9 亿美元，下降 59.9%，随着欧洲主权债务危机的影响逐步显现，中国的出口仍然面临较大的挑战,因此人民币对美元汇率中间价不会大幅度波动。

实际上,由于欧洲主权债务危机的冲击,最近欧元对美元大幅度贬值,在人民币对美元保持稳定的情况下,人民币名义和实际有效汇率升值幅度都较大,2010 年 5 月份人民币名义和实际有效汇率分别升值2.4％和 3.37％,一定程度上也缓解了市场对人民币升值的预期,但这只是短期市场的一种反应。从基本面来看,目前人民币对美元汇率仍存在一定的升值压力和升值预期。2010 年以来,对人民币升值的预期仍然较强。引发人民币对美元升值的因素主要有以下几点:一是外汇储备增加,外汇供给增加。到 2010 年 3 月底,我国外汇储备达到24 471 亿美元,外汇储备和外汇占款持续增加,外汇市场干预压力仍然较大,人民币有升值趋势。二是"热钱"流入。市场对人民币有升值预期,"热钱"流入增加,"热钱"流入也会增加人民币升值的压力。三是经济恢复,直接投资增加。随着中国经济逐步恢复,外商直接投资增加,2010 年 1 季度我国经济增长 11.9％,全国新批设立外商投资企业5 459 家,同比增长 19.87％;实际使用外资金额 234.43 亿美元,同比增长 7.65％,从 2009 年 8 月以来,我国外商直接投资连续 8 个月保持正增长。四是政治压力和贸易摩擦上升。目前美国的失业率较高,美国拿人民币汇率说事,不断向中国施压。同时美国的贸易保护愈演愈烈,美国多次对出口美国产品进行反倾销和反补贴调查,限制中国对美国的出口。2009 年以来,美国对中国产品共发起 10 多起反倾销和反补贴合并调查,1 起特保调查,美国不断施压人民币汇率。

因此笔者认为,汇改以后短期内人民币对美元汇率变动可能仍将保持升值趋势,但是人民币对美元汇率中间价双向变动的幅度和频率将明显增加,人民币对美元汇率将更多地参考一篮子货币进行调节。

第六节　人民币汇率市场化改革

人民币汇率的市场化改革不仅仅是对美元汇率的市场化,也涉及对非美元货币的市场化改革，这两者之间是相辅相成的。现在人民币对非美元货币的汇率是由人民币对美元汇率和美元对该货币国际金融市场汇率共同决定的，人民币对美元汇率影响人民币和该货币的汇率，是单向影响的，还没有形成人民币和非美元货币的市场化汇率。因此随着美元市场化汇率改革的不断推进，逐步扩大人民币对非美元货币汇率上下波动的幅度，直到人民币对非美元货币汇率的市场化，形成完善的人民币汇率定价体系，不同汇率之间的变动将由市场供给和需求自动调节。随着人民币对美元汇率以及对其他非美元货币汇率的逐步放开，我们要构建类似于美元汇率指数的人民币汇率指数，这样我们就可以更加准确地分析人民币汇率的走势。

实际上人民币汇率的市场化是一个综合的过程，除了人民币汇率水平本身变动以外，人民币汇率市场化和外汇市场的深化、人民币汇率形成机制的完善、利率市场化改革等都是紧密联系在一起的。人民币汇率的市场化是一个系统的工程，需要多项措施配合、逐步完善。目前人民币汇率中间价的确定在人民币汇率形成机制中发挥重要作用，如果中央银行放宽人民币汇率的波动幅度，意味着人民币汇率波动将更加频繁，波动幅度也将增加，中央银行对人民币汇率的控制能力下降，但这要建立在市场不断完善的基础之上。

一是外汇管理体制的改革。目前我国经常项目已实现完全可兑换，2008年我国外汇管理条例取消了对企业强制结汇，企业可自行保留经常项目外汇收入，个人的外汇需求基本得到满足，但是我国外汇管制放松更多的是体现在持有外汇上，对外汇使用和投资的放松仍需要进一步提高。因此我国应继续深化外汇管理体制改革，放宽企业和个人对外投资的汇兑限制和业务限制，促进境内居民充分利用国际金融市场优化资产配置、分散投资风险、提高资金收益。这样外汇市场的供给和需求的变动才能真正反映市场汇率的变化，外汇体制的改革将有利于进一步提高外汇市场的广度和深度，促进人民币汇率的市场化。

二是完善人民币汇率的形成机制。人民币对美元汇率在我国汇率体系中处于核心地位，随着我国金融市场对外开放不断扩大，外汇市场供给和需求变动将更加频繁,中央银行应不断扩大人民币对美元汇率的波动幅度,深化人民币对美元汇率的市场化改革,这样才有利于确定合理的人民币汇率水平。同时人民币对非美元货币的汇率主要受人民币对美元汇率和国际金融市场上美元对其他非美货币汇率的影响,市场化程度也有待进一步提高。随着人民币对美元市场化汇率改革的不断推进,要逐步扩大人民币对非美元货币汇率上下波动的幅度,直到人民币对非美元货币市场化汇率的形成,逐步完善人民币汇率定价体系,最终实现人民币不同汇率之间的变动由市场供给和需求自动调节。

三是协调人民币汇率和利率的市场化的改革。目前人民币汇率和人民币利率的变动基本上是相互分离的,联动机制较弱,没有形成汇率和利率之间的有机联系,而在发达金融市场国家,中央银行通过调控利率直接影响汇率,汇率对利率的变化相当敏感。目前我国利率和汇率都充当着中央银行的宏观调控工具,每一种货币政策工具都是为一定的货币政策目标服务,中央银行对利率和汇率都有一定程度的管制。因此为了完善外汇市场和货币市场的定价机制,充分发挥市场机制的功能,中央银行也应该逐步放松利率管制,推动利率市场化改革,逐步转变到依赖利率变动来调控人民币汇率上来。汇率的市场化需要利率市场化改革来推动,这样人民币汇率和利率的变动将更多地由本币资金市场和外币资金市场供给和需求来决定。

四是减少中央银行对外汇市场的干预。影响人民币汇率的因素除了市场的供求因素外,中央银行的干预也是影响人民币汇率的走势的重要因素。除了外汇市场的买方和卖方,中央银行是外汇市场的参与者之一,也是一个最大的参与者。中央银行通过在外汇市场上买卖外汇,影响外汇市场的供给和需求,进一步影响汇率的走势,起到稳定外汇市场的作用。通常中央银行干预的目的是为了保持外汇市场有序健康地运行,防止汇率大幅度波动,消除短期冲击的影响,使得市场汇率回到相对稳定的均衡水平。但是如果保持长期的单一趋势干预,将难以发现真正的市场汇率,公众对汇率变动往往也会产生错误的预期,汇率变动将不能够准确反映市场的变化。因此应该逐步减少中央银行对外汇市场的干预,使得人民币汇率更多地由市场机制来调节。

五是逐步扩大人民币对美元及非美元货币汇率的浮动幅度。人民币对美元汇率在我国汇率体系中处于核心地位,随着我国金融市场对外开放不断扩大,外汇市场供给和需求变动将更加频繁,中央银行应不断扩大人民币对美元汇率的波动幅度,深化人民币对美元汇率的市场化改革,这样才有利于确定合理的人民币汇率水平。同时人民币对非美元货币的汇率主要受人民币对美元汇率和国际金融市场上美元对其他非美货币汇率的影响,市场化程度也有待进一步提高。随着人民币对美元市场化汇率改革的不断推进,要逐步扩大人民币对非美元货币汇率上下波动的幅度,直到人民币对非美元货币市场化汇率的形成,逐步完善人民币汇率定价体系,最终实现人民币不同汇率之间的变动由市场供给和需求自动调节。

六是摆脱人民币对某一国货币的依赖,建立反映人民币币值变动的人民币汇率指数。尽管 2005 年 7 月 21 日人民币汇改提出完善人民币汇率的形成机制,建立参考一篮子货币的人民币汇率,但这一任务远未完成。目前人民币经常是对美元升值,而对欧元等货币贬值,或是对美元贬值,而对欧元等升值,单一的人民币对美元汇率并不能够真正反映人民币币值的变化和走势,因此应尽快建立反映人民币币值变动的人民币汇率指数,并根据我国经济的实际情况,科学地确定一篮子货币的种类以及每一种货币的权重。

七是外汇衍生工具市场的发展。人民币汇率的市场化意味着人民币汇率波动将更加频繁,人民币汇率的不确定性将增加,企业和居民面临汇率波动的风险将进一步增大。为了规避汇率变动的风险,必须积极推动外汇衍生品市场的发展,推出更多的规避风险的外汇市场的工具如远期交易、期货交易和期权交易等,这样才有利于推进人民币汇率的市场化,也有利于保证外汇市场的平稳发展,促进国际贸易、国际投资等的顺利发展。外汇衍生工具市场的发展将有利于进一步推动人民币汇率形成机制改革的深化,汇率的市场化和外汇衍生工具市场的发展是相互影响、相互促进的。

　　总之,人民币汇率的双向浮动和人民币汇率的市场化改革是紧密联系的,我国人民币汇率水平的市场化改革是一个系统工程,需要多方面的协调配合,这样才能形成一个真正意义上的双向变动的市场化人民币汇率水平。

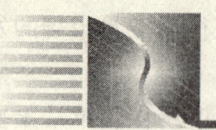

第二章
人民币有效汇率指数和
人民币汇率变动

第一节 人民币有效汇率指数

一、人民币有效汇率指数

通常在浮动汇率体制下,很难确定一种货币的价值,常常会遇到货币 A 对于货币 B 是升值的,但对于货币 C 却是贬值的情况。这种情况下,有必要建立一个加权平均系数,使一国货币币值包含多种货币的决定力量,这种加权汇率就称为有效汇率。有效汇率(effective exchange rate)是一国货币对若干外币汇率的综合反映指标,它包括名义有效汇率和实际有效汇率。仅通过人民币对美元的双边汇率很难准确反映人民币汇率的总体水平,而人民币有效汇率则克服了这一缺点,它是人民币对多种货币汇率的加权平均。通常有效汇率的基础值是 100,在间接标价法下,高于 100 表示升值,低于 100 表示贬值。

人民币有效汇率包括人民币名义有效汇率和人民币实际有效汇率,有效汇率是人民币对有关国家货币汇率的贸易加权平均,也是对人民币总体变化趋势的一种反映。但名义和实际有效汇率是期间数据,并不是时点数据,它的权重是经过月度、季度或年度中国与样本货币相关国家之间的贸易数据进行调整的,而汇率指数是瞬时数据,是根据本国货币对样本货币汇率的即时变化在外汇市场上随时公布的,有利于对本国货币汇率走势的及时判断,如美元指数就是根据国际金融市场上美元对6种样本货币汇率变化全天候24小时及时公布的。目前国际货币基金组织和国际清算银行(BIS)都公布人民币有效汇率,权重是以各贸易伙伴国在我国进出口总额中所占的比重作为权数,它反映了人民币名义有效汇率和实际有效汇率都升值,且人民币实际有效汇率升值更快。与双边汇率相比,人民币有效汇率更能反映我国宏观经济运行和对外经济往来的状况,是一项重要的宏观经济指标。

对人民币汇率走势的判定,不仅仅应该关注人民币对美元汇率,更应该关注人民币有效汇率的变化。人民币有效汇率有其重要意义:

一是人民币有效汇率反映了一国货币的竞争力总体水平。人民币有效汇率是对多边汇率的综合反映,也是全面反映一国货币竞争力的重要指标,如果人民币有效汇率升值,则本国产品的总体竞争力将下降;如果有效汇率贬值,则本国产品的总体竞争力将上升。而双边汇率只反映本国产品在另一国市场上的竞争情况,有效汇率是对本国产品综合竞争力的评估。

二是人民币有效汇率反映了一国的金融和经济状况。人民币有效汇率既受对外贸易的影响,也受资本流动的影响,它更是贸易状况和资本流动变化的反映。人民币有效汇率升值反映本国国际收支盈余,外汇供给大于外汇需求,同时也是对一国劳动生产率和经济增长的反映,通常一国经济增长和劳动生产率提高,一国货币有走强的趋势。人民币有效汇率变化和我国的经济发展和金融状况是联系在一起的。

三是人民币有效汇率反映了外部冲击的影响。汇率是联系国内经济和国外经济重要经济变量,汇率渠道是外部冲击传导到国内的重要途径。人民币有效汇率的变动反映世界经济冲击对国内经济影响的程度,如全球通货膨胀会通过汇率渠道传播到国内,国内也可以通过人民币升值控制通货膨胀向国内传导。人民币有效汇率变动往往既能够隔离冲击，又能够吸收冲击，更是对外部冲击的一种反应。

四是人民币汇率的市场化改革更需要关注人民币有效汇率。随着我国金融市场对外开放不断扩大，外汇市场供给和需求变动将更加频繁，中央银行会不断扩大人民币对美元汇率的波动幅度，不断深化人民币对美元汇率的市场化改革。同时人民币对非美元货币的汇率主要受人民币对美元汇率和国际金融市场上美元对其他非美货币汇率的影响，这样随着人民币对美元市场化汇率改革的不断推进，人民币对非美元货币汇率上下波动的幅度也会进一步扩大，直到人民币对非美元货币市场化汇率的形成。国家会不断放松对人民币汇率的管制，人民币汇率将更多地由市场供给和需求来调节，人民币汇率波动将更加频繁，波动幅度也会扩大，因此要准确判断人民币汇率的走势，更需要人民币有效汇率指标。在人民币汇率市场化改革的过程中，人民币有效汇率会越来越受到关注，将成为宏观经济变化的一个重要指标。

五是人民币有效汇率也是构建人民币汇率指数的基础。人民币有效汇率的权重的选取既有固定的，又有随时间变动的权重。构建人民币汇率指数需要确定一个相对不变的权重，需要选取合适的一篮子货币，这样人民币汇率指数将可以在银行间外汇市场上随时公布。实际上，根据有效指数覆盖币种数量的多少我们可以建立人民币对主要货币如美元、欧元、日元、港币和英镑等核心有效汇率指数，还可以建立人民币有效汇率广义指数和人民币有效汇率狭义指数，这也是下一步需要做的工作。

二、应推出人民币汇率指数

通常确定人民币汇率指数主要涉及两个问题：一是样本货币的选取问题；二是样本货币权重的选取问题。样本货币通常是选取和我国贸易往来密切的国家，如国际货币基金组织（IMF）选取了和我国贸易量较大的 16 个国家和地区，也可以选取我国银行间外汇市场主要交易并公布汇率的 5 种货币，如包括美元、欧元、日元、港币和英镑等主要货币。样本货币权重的选取涉及是采用不变权重，还是可变的权重。如果是不变权重,通常是选取一定期间内与相关国家贸易额的比例作为样本货币的权重;如果是可变权重,通常选取银行间外汇市场样本货币交易量的比例作为该货币的权重,因为这种数据是能够及时得到和更新的。

为了更加全面正确地考察人民币汇率变动,必须要建立人民币汇率指数,即对人民币和其他主要国家货币的汇率进行加权平均,得到一个综合的人民币汇率指数。人民币汇率指数和股票指数、物价指数等具有类似的道理,它是对人民币汇率变动的全面综合考察,能够反映人民币汇率总体走势的变化。

总之,随着我国汇率市场化改革的不断推进,人民币汇率变动会更加频繁,汇率指数的公布将具有重要意义:

一是有利于市场和公众对人民币汇率变动做出综合的判断。由于人民币汇率对不同货币汇率的变动是不同的,甚至是相反的关系,因此人民币汇率指数的公布,有利于纠正人们对汇率变动的错误判断,通常我们判断人民币汇率走势主要是根据人民币对美元汇率的变动,但随着我国改革开放的日益扩大,我国同许多非美元国家的贸易往来日益密切,除了美元以外,欧元、英镑和日元等也在两国贸易往来中充当计价和结算货币,因此人民币汇率的变动必须要考虑到非美元货币对人民币汇率的影响。

二是有利于引导市场预期。人民币汇率指数的公布有利于投资者或市场参与者对外汇市场的变动做出判断,有利于引导投资者的市场预期,促进合理的市场操作和外汇市场的供求平衡。另外,人民币汇率指数不仅仅是对人民币汇率本身的反映,它也是整个宏观经济运行的重要指标,有利于投资者对整个宏观经济形势的判断,及时调整投资和贸易策略。

三是有利于推动外汇衍生品市场的发展。自 2005 年人民币汇改以来,中央银行不断推动人民币汇率的市场化进程,逐步放宽汇率的波动幅度,如 2005 年 9 月 23 日,银行间即期外汇市场非美元货币对人民币交易价的浮动由原来的上下 1.5% 扩大到上下 3%,同时从 2007 年 5 月 21 日起人民币对美元交易价浮动幅度从 3‰扩大至 5‰,人民币对美元货币和非美元货币的浮动幅度不断增加，因此企业和金融机构等面临的汇率风险在不断上升。怎样规避外汇风险将是面临的一个重要问题，而人民币汇率指数的推出，将有利于建立以汇率指数为标的的外汇衍生产品如汇率指数的期货、期权等，这都有利于市场参与者通过套期保值来规避汇率风险。

　　四是为中央银行货币政策的决策提供依据。目前我们谈到人民币汇率主要是人民币对美元的汇率，人民币对美元的升值幅度或贬值幅度必须要考虑到人民币汇率的总体走势，如 2010 年第 1 季度美元升值，若人民币对美元也保持升值，则人民币对非美元货币升值的幅度就会更大，人民币汇率总体将升值更快。人民币汇率指数推出将有利于判断汇率的一般走势，对中央银行的汇率决策具有重要的参考意义。同时中央银行的利率政策也需要和汇率政策协调，人民币汇率指数的变化也是利率政策重要的参考指标，同时也是干预外汇市场的重要决策依据。

　　五是有利于提高人民币的国际地位和国际影响。随着我国经济规模的日益扩大，人民币的影响不断增加，虽然人民币不是自由兑换货币，但由于我国国际贸易和国际资本流动的不断增加，以及人民币在台港澳等地区的自由兑换，人民币汇率的走势将越来越受到更多的关注。人民币汇率指数的公布将为国外投资者和决策者提供更直接的信息，也有利于对人民币汇率变动的全面了解及把握，提高人民币的国际影响力，也为尽快把人民币推向国际化创造了良好的氛围。

第二节　中央银行对人民币汇率的控制

一、人民币对美元汇率

　　我国人民币对美元汇率一直是中央银行的货币政策目标之一，也是人民币汇率体系中的主导汇率。1994 年我国进行了外汇体制改革，1 月 1 日后，人民币汇率经历了缓慢升值的过程，到 1995 年 6 月底人民币对美元汇率升值到 8.301 1，人民币累计升值 4.8%。随后人民币进入相对稳定的时期,进入 1997 年以后,尽管在亚洲金融危机的冲击下,中国政府仍然坚持人民币不贬值,维持人民币的基本稳定,人民币对美元汇率基本在 8.27～8.28 之间的水平上。2005 年 7 月 21 日我国再一次进行了外汇体制改革,人民币对美元汇率一次性升值 2%,初始的人民币对美元汇率中间价确定为 8.11 元/美元。实际上,由于国际收支的双顺差,自 2005 年汇改以来,人民币对美元一直保持升值态势。到 2008 年 7 月底,人民币对美元累计升值 20%左右,人民币基本上是爬行钉住美元。自 2007 年 7 月美国爆发次贷危机以来,美国采取扩张性的宏观经济政策刺激经济,美元利率连续下调,美元币值下降,美元持续走软,相对应地,人民币币值上扬,人民币对美元保持升值态势。但随着美国次贷危机的蔓延和加剧,美元走势发生逆转,美元国债作为避险资产工具日益明显,对美元需求反而增加,导致美元由贬值转向升值,人民币升值压力减轻;同时主要发达国家经济体先后陷入经济衰退,世界总需求下降,我国出口形势变得日益严峻。另外,全球经济形势恶化,我国还面临外资撤出和外商直接投资下降的风险。因此 2008 年 8 月以后,由于国际金融危机的冲击,人民币对美元汇率保持了相对稳定,汇率基本稳定在 6.83 左右(见图 2-1),没有大的起伏,期间人民币和美元汇率保持小幅双向波动,随着美元升值,人民币对美元微贬;随着美元贬值,人民币对美元微升,但是均在窄幅内变动。因此人民币对美元汇率先后经历了升值和相对稳定的两个过程。

二、人民币对非美货币汇率的决定

由于人民币汇率并不是完全市场化的汇率,三角套汇原理在人民币汇率的形成机制中起着至关重要的作用。三角套汇是指利用三种或多种不同货币之间交叉汇率或套算汇率的不一致,以赚取价差的一种套汇交易。假定美元和人民币之间的汇率为 S_1 元/美元,欧元和美元之间的汇率为 S_2 美元/欧元,人民币和欧元之间的汇率为 S_3 欧元/元,只有当满足:S_1 元/美元×S_2 美元/欧元×S_3 欧元/元＝1 时(不考虑交易成本),投机者才不能够获得汇差,如果不满足这种关系,投机者就

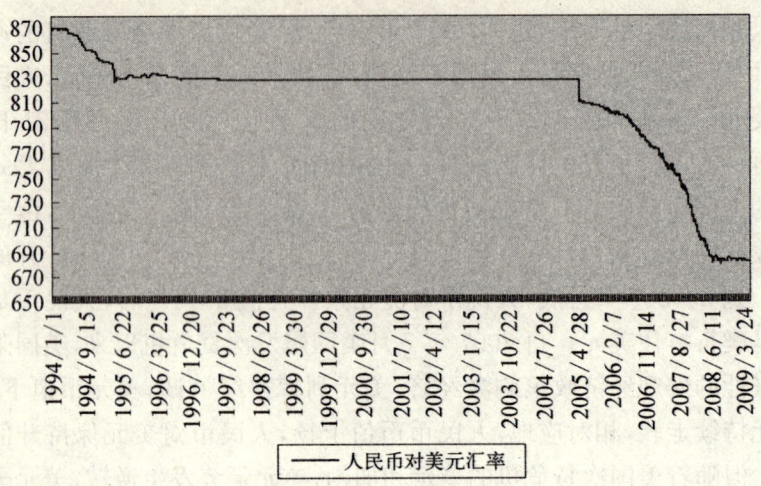

数据来源：www. safe. gov. cn。

图 2-1　人民币对美元汇率

能够获得套汇利润。也就是说，在一个投机兑换过程中：人民币→美元→欧元→人民币，开始投资一单位人民币（也可以是美元或欧元），经过一个兑换循环，最终还是回到一单位人民币，投机者不能够获利。"三角套汇机制"在人民币汇率变动中发挥重要作用。

　　2006 年 1 月 4 日，我国在银行间外汇市场引入了询价交易方式，人民币对美元汇率中间价改由中外资银行做市商报价产生，人民币对欧元、日元和港币汇率中间价由中国外汇交易中心分别根据当日人民币对美元汇率中间价与上午 9 时国际外汇市场欧元、日元和港币对美元汇率套算确定。因此人民币对非美元货币的汇率主要受人民币对美元汇率和国际金融市场上美元对其他非美货币汇率的影响，是由这两个汇率共同决定的。从三角套汇的角度来看，如果三种货币三个汇率之间关系不满足三角套汇原理，则投机者总是能够套取到汇差。在我国目前的人民币汇率体制下，人民币汇率的决定并不是高度市场化，为了防止人民币对美元汇率和人民币对非美元货币汇率之间的投机套汇，维持外汇市场和人民币汇率的稳定，必须通过汇率套算确定人民币和非美元货币的汇率，投机者才难以套取到汇率差价，这决定了我国人民币对非美元货币汇率的形成机制。

　　实际上,目前我国人民币对非美元货币汇率并不跟随人民币对美元汇率的方向变化,即人民币对美元升值(或贬值),并不意味着人民币对欧元、日元和英镑等货币升值(或贬值)。如以前随着美元走软,人民币对美元升值,但人民币对欧元和日元等货币贬值,而2010年年初,在主权债务危机冲击下,美元走强,人民币对美元稳定,但人民币对欧元、日元和英镑等货币却快速升值。之所以会出现这种现象主要是由于人民币和非美货币之间的汇率是由人民币和美元之间汇率以及美元和这些货币在国际金融市场上的汇率套算决定的。具体来说,如果美元对欧元、日元和英镑等汇率相对稳定,则人民币对美元升值(或贬值),也就对其他货币也升值(或贬值)了。如果美元对欧元、日元和英镑等货币升值,同时人民币对美元升值,则人民币对其他货币升值的幅度就更大;若人民币对美元贬值,同时美元对欧元、日元和英镑等货币升值幅度大于人民币对美元的贬值幅度,则人民币对欧元、日元和英镑等货币升值;如果美元对欧元、日元和英镑等货币升值幅度小于人民币对美元的贬值幅度,则人民币对欧元、日元和英镑等货币贬值。如果美元对欧元、日元和英镑等货币贬值,而人民币对美元升值,且升值幅度大于美元对欧元、日元和英镑等货币贬值幅度,则人民币对非美元货币升值,但升值幅度变小;若人民币升值幅度小于美元对欧元、日元和英镑等货币贬值幅度,则对其他货币贬值。正因为如此,往往是人民币对美元升值,却对欧元贬值;对美元贬值,却对欧元升值,欧元区是中国的第一大贸易伙伴,美国是中国的第二大贸易伙伴,人民币汇率的走势往往需要在这两者之间取得平衡。

　　目前人民币对美元汇率在我国的汇率体系中处于主导地位,人民币对非美元货币汇率要依赖于这一汇率的决定,尽管在2005年9月23日,中国人民银行对银行间即期外汇市场非美元货币对人民币交易价的浮动幅度由原来的上下1.5%扩大到上下3%,但是人民币对非美元货币中间价的水平决定了汇率区间的位置。笔者认为考虑人民币对美元汇率的走势,必须兼顾到人民币对非美元货币的汇率,因为我国人民币对美元汇率并不完全是市场化的汇率,中央银行公布的对美元汇率必须考虑到对人民币有效汇率的走势的影响,而不只是单一的人民币对美元汇率。

根据多点套汇原理,假定 0 表示人民币、1 表示美元,2～n 表示其他 $n-1$ 种非美货币,其中 S_1^0 表示 1 单位人民币等于 S_1^0 美元,X_2^1 表示 1 单位美元等于 X_2^1 单位第 2 种货币,以此类推,S_n^0 表示 1 单位第 n 种货币等于 S_n^0 单位人民币,只有当满足:$S_1^0 \times X_2^1 \times X_3^2 \times \cdots \times X_{i+1}^i \times \cdots X_n^{n-1} \times S_0^n = 1$ 时 ($0 \leqslant i \leqslant n$),投机者才不能够获得汇差。从多点套汇的公式可以看出,X_2^1, X_3^2, $\cdots$, X_{i+1}^i, $\cdots$, X_n^{n-1} 是非人民币货币之间的汇率,它是由国际金融市场来决定的,我国中央银行是不能够控制的,因此在 S_1^0 和 S_0^n 之间,中央银行只能够控制其中之一($n-1$ 表示其他非美货币)。以上是多点套汇的情况,如果以三角套汇为例,假定 2 为欧元,S_1^0 表示美元和人民币之间的汇率为 S_1^0 美元/元,欧元和美元之间的汇率可表示为 X_2^1 欧元/美元,人民币和欧元之间的汇率为 S_0^2 元/欧元,只有当满足:S_1^0 美元/元 $\times X_2^1$ 欧元/美元 $\times S_0^2$ 元/欧元 $= 1$ 时,投机者才不能够获得汇差。美元和欧元之间的汇率 X_2^1 是由国际金融市场来决定的,S_1^0 和 S_0^2 之间中央银行只能够控制一个。

命题 1: 人民币对美元汇率和人民币对非美货币汇率,这两者之间中央银行只能控制一个:要么控制人民币对美元汇率,让人民币对非美货币汇率浮动;要么控制人民币对非美货币,让人民币对美元汇率浮动。

因此从三角套汇的角度来看,人民币对非美元货币的汇率主要受人民币对美元汇率和国际金融市场上美元对其他非美货币汇率的影响,是由这两个汇率共同决定的,如果三种货币三个汇率之间关系不满足三角套汇原理①,则投机者总是能够套取到汇差。在我国目前的人民币汇率体制下,人民币汇率的决定并不是高度市场化,为了防止人民

---

① 三角套汇原理主要是指在三个或多个不同地点的外汇市场中,利用三种或多种不同货币之间交叉汇率或套算汇率的不一致,同时在这三个或多个外汇市场上进行外汇买卖,以赚取汇率差额收益的交易行为。

币对美元汇率和人民币对非美元货币汇率之间的投机套汇,维持外汇市场和人民币汇率的稳定,必须通过汇率套算确定人民币和非美元货币的汇率,投机者才难以套取到汇率差价,这决定了我国人民币对非美元货币汇率中间价的形成机制。因此我国人民币对欧元、日元、港币和英镑等汇率中间价由中国外汇交易中心分别根据当日人民币对美元汇率中间价与上午 9 时国际外汇市场欧元、日元和港币对美元汇率套算确定。反过来,如果人民币钉住欧元,则人民币对美元汇率就由人民币对欧元汇率和国际金融市场上欧元对美元汇率来决定的。

三、有效汇率

为了更加全面判断人民币汇率变动,必须要考察人民币有效汇率。与双边汇率相比,人民币有效汇率更能反映我国宏观经济运行和对外经济往来的状况,是一项重要的宏观经济指标。参考一篮子货币也可以考虑人民币有效汇率[1],以保持人民币总体币值的稳定。

有效汇率(effective exchange rate)是一国货币对若干外币汇率的综合反映指标。本书主要是从几何平均和算术平均的有效汇率的角度来考察人民币参考一篮子货币汇率的形成机制。

1. 算术平均的人民币有效汇率

首先我们来看选取贸易权重的算术加权的有效汇率指数:

$$NEER_t = 100 \frac{\sum_{i=1}^{n} w_{i,t} S_{i,t}}{\sum_{i=1}^{n} w_{i,t} S_{i,0}}$$

其中:$NEER_t$ 为 t 期的人民币名义有效汇率,$S_{i,t}$ 为 t 期人民币对 i 国货币的汇率(间接标价法),$w_{i,t}$ 为 t 期人民币对 i 国货币的贸易权重。根据三角套汇原理,$S_{i,t} = S_{1,t} \times X_{i,t}$,其中 $S_{1,t}$ 是 t 期人民币对美元货币的汇率,$X_{i,t}$ 是 t 期美元对非美货币的汇率。根据三角套汇原理,

---

[1]　实际上,人民币有效汇率就是一种篮子货币。

$$NEER_t = 100 \frac{\sum_{i=1}^{n} w_{i,t} S_{i,t}}{\sum_{i=1}^{n} w_{i,t} S_{i,0}} =$$

$$100\left[\frac{w_{1,t} S_{1,t} + w_{2,t}(S_{1,t} \times X_{2,t}) + w_{3,t}(S_{1,t} \times X_{3,t}) + \cdots + w_{n,t}(S_{1,t} \times X_{n,t})}{w_{1,t} S_{1,0} + w_{2,t} S_{2,0} + w_{3,t} S_{3,0} + \cdots + w_{n,t} S_{n,0}}\right] =$$

$$100(S_{1,t})\left[\frac{w_{1,t} + w_{2,t} X_{2,t} + w_{3,t} X_{3,t} + \cdots + w_{n,t} X_{n,t}}{w_{1,t} S_{1,0} + w_{2,t} S_{2,0} + w_{3,t} S_{3,0} + \cdots + w_{n,t} S_{n,0}}\right] =$$

$$100(S_{1,t})\left[\frac{w_{1,t} + w_{2,t} X_{2,t} + w_{3,t} X_{3,t} + \cdots + w_{n,t} X_{n,t}}{M_0}\right] =$$

$$100\left(\frac{S_{1,t}}{M_0}\right)[w_{1,t} X_{1,t} + w_{2,t} X_{2,t} + w_{3,t} X_{3,t} + \cdots + w_{n,t} X_{n,t}]$$

（其中 $X_{1,t} = 1$ 美元 / 美元）

注意：$S_{1,t}$，$S_{1,0}$ 分别表示 1 单位人民币在 t 期和基期折合多少美元；$X_{i,t}$，$X_{i,0}$ 分别表示 1 单位美元在 t 期和基期兑换第 i 种非美货币的数量。其中：

$$w_{1,t} + w_{2,t} + w_{3,t} + \cdots + w_{n,t} = 1$$

$$[w_{1,t} S_{1,0} + w_{2,t} S_{2,0} + w_{3,t} S_{3,0} + \cdots + w_{n,t} S_{n,0}] = M_0$$

（M_0 是一个初始条件下的固定值）

M_0 是固定的，$[w_{1,t} X_{1,t} + w_{2,t} X_{2,t} + w_{3,t} X_{3,t} + \cdots + w_{n,t} X_{n,t}]$ 是外生的，是不可控的，因此从上式可以看出，$NEER_t$，$S_{1,t}$，中央银行只能控制其中之一。

2. 几何平均的人民币有效汇率

假如我们选取贸易权重的几何加权的有效汇率指数作为人民币有效汇率计算公式[1]，即：

---

① 美联储、国际清算银行的有效汇率指数都是采取几何加权的有效汇率指数。见 Loretan，M（2005）；Marc Klau，San Sau Fung，(2006)。

$$NEER_t = NEER_{t-1} \prod_{i=1}^{n} (S_{i,t}/S_{i,t-1})^{w_{i,t}}$$

其中：$NEER_t$ 为 t 期的人民币名义有效汇率，$NEER_{t-1}$ 为 $t-1$ 期的人民币名义有效汇率，$S_{i,t}$ 为 t 期人民币对 i 国货币的汇率，$S_{i,t-1}$ 为 $t-1$ 期人民币对 i 国货币的汇率，$w_{i,t}$ 为 t 期人民币对 i 国货币的贸易权重。同样根据三角套汇原理，

$$NEER_t = NEER_{t-1} \prod_{i=1}^{n} (S_{i,t}/S_{i,t-1})^{w_{i,t}} = 100 \prod_{i=1}^{n} (S_{i,t}/S_{i,0})^{w_{i,t}} =$$

$$100 \left[\frac{S_{1,t}^{w_{1,t}} \times (S_{1,t} \times X_{2,t})^{w_{2,t}} \times (S_{1,t} \times X_{3,t})^{w_{3,t}} \times \cdots \times (S_{1,t} \times X_{n,t})^{w_{n,t}}}{S_{1,0}^{w_{1,t}} \times S_{2,0}^{w_{2,t}} \times S_{3,0}^{w_{3,t}} \times \cdots \times S_{n,0}^{w_{n,t}}} \right] =$$

$$100 (S_{1,t})^{w_{1,t}+w_{2,t}+w_{3,t}+\cdots+w_{n,t}} \left[\frac{X_{2,t}^{w_{2,t}} \times X_{3,t}^{w_{3,t}} \times \cdots \times X_{n,t}^{w_{n,t}}}{M_0} \right] =$$

$$100 \left(\frac{S_{1,t}}{M_0} \right) \times \left[X_{2,t}^{w_{2,t}} \times X_{3,t}^{w_{3,t}} \times \cdots \times X_{n,t}^{w_{n,t}} \right]$$

其中：

$$w_{1,t} + w_{2,t} + w_{3,t} + \cdots + w_{n,t} = 1$$

$$\left[S_{1,0}^{w_{1,t}} \times S_{2,0}^{w_{2,t}} \times S_{3,0}^{w_{3,t}} \times \cdots \times S_{n,0}^{w_{n,t}} \right] = M_0$$

（M_0 是一个初始条件下的固定值）

同样地，M_0 是固定的，$\left[S_{1,0}^{w_{1,t}} \times S_{2,0}^{w_{2,t}} \times S_{3,0}^{w_{3,t}} \times \cdots \times S_{n,0}^{w_{n,t}} \right]$ 是外生的，是不可控的，因此 $NEER_t$，$S_{1,t}$，只能控制其中之一。

命题2：在人民币对美元汇率和人民币有效汇率之间，中央银行只能控制其中之一。

也就是说，中央银行要么控制人民币对美元汇率，让人民币有效汇率浮动；要么控制人民币有效汇率，让人民币对美元汇率浮动。根据命题1和命题2，可以看出人民币对美元汇率、人民币有效汇率，中央银行也只能控制一个，因此可以得到：

命题 3：在人民币对美元汇率、人民币对非美元货币（如欧元）汇率和人民币有效汇率三者之间，中央银行只能控制其中之一。

第三节　人民币汇率变动的分析

一、人民币对美元汇率和非美元货币汇率变动的关系分析

根据前面分析，假定美元和人民币之间的汇率为 S_1 元/美元，欧元和美元之间的汇率为 S_2 美元/欧元，人民币和欧元之间的汇率为 S_3 欧元/元，只有当满足：S_1 元/美元 × S_2 美元/欧元 × S_3 欧元/元 ＝1 时，投机者才不能够获得汇差。对此式两边取对数并微分得：

$$\frac{\mathrm{d}S_1}{S_1} + \frac{\mathrm{d}S_2}{S_2} + \frac{\mathrm{d}S_3}{S_3} = 0$$

也就是说，美元和人民币汇率的变动率、欧元和美元汇率的变动率和人民币与欧元汇率的变动率之和为 0，这样投机者就不能够套取利润。变换上式得：

$$\frac{\mathrm{d}S_3}{S_3} = -\frac{\mathrm{d}S_1}{S_1} - \frac{\mathrm{d}S_2}{S_2}$$

如果假定美元对人民币以速度 μ 升值（或贬值），欧元对美元以 θ 速度升值（或贬值），则：$\frac{\mathrm{d}S_1}{S_1} = \mu$，$\frac{\mathrm{d}S_2}{S_2} = \theta$，其中 $\mu > 0$ 表示美元对人民币升值，$\mu < 0$ 表示美元对人民币贬值，$\theta > 0$ 欧元对美元升值，$\theta < 0$ 表示欧元对美元贬值。因此：$\frac{\mathrm{d}S_3}{S_3} = -\mu - \theta$，进一步可以得到表 1-1。如果 $\frac{\mathrm{d}S_3}{S_3} = -\mu - \theta > 0$，表示人民币对欧元升值；如果 $\frac{\mathrm{d}S_3}{S_3} = -\mu - \theta < 0$，表示人民币对欧元贬值（见表 2-1）。

表 2-1　　　　　　　　　　人民币对非美元货币汇率的变动率

	$|\mu|>|\theta|$	$|\mu|<|\theta|$	$|\mu|=|\theta|$
$\mu>0,$ $\theta>0$	$\dfrac{\mathrm{d}S_3}{S_3}=-(|\mu|+|\theta|)<0$	$\dfrac{\mathrm{d}S_3}{S_3}=-(|\mu|+|\theta|)<0$	$\dfrac{\mathrm{d}S_3}{S_3}=-(|\mu|+|\theta|)<0$
$\mu>0,$ $\theta<0$	$\dfrac{\mathrm{d}S_3}{S_3}=-(|\mu|-|\theta|)<0$	$\dfrac{\mathrm{d}S_3}{S_3}=|\theta|-|\mu|>0$	0
$\mu<0,$ $\theta>0$	$\dfrac{\mathrm{d}S_3}{S_3}=|\mu|-|\theta|>0$	$\dfrac{\mathrm{d}S_3}{S_3}=-(|\theta|-|\mu|)<0$	0
$\mu<0,$ $\theta<0$	$\dfrac{\mathrm{d}S_3}{S_3}=|\mu|+|\theta|>0$	$\dfrac{\mathrm{d}S_3}{S_3}=|\mu|+|\theta|>0$	$\dfrac{\mathrm{d}S_3}{S_3}=|\mu|+|\theta|>0$

由此可以看出：

命题 1： 人民币对非美元货币的汇率的变动率是由美元对人民币汇率的变动率和非美元货币对美元货币汇率的变动率共同决定的，从表 2-1 可知，人民币对美元和人民币对非美元货币汇率变动的方向可能一致，也可能相反，这给判断人民币汇率的总体走势带来了困难。

二、人民币汇率、美元对非美元货币汇率的浮动幅度之间关系分析

2005 年汇改时规定银行间外汇市场美元对人民币的交易价在人民银行公布的美元交易中间价上下 3‰的幅度内浮动，非美元货币对人民币的交易价在人民银行公布的该货币交易中间价上下一定幅度内浮动。2005 年 9 月 23 日，中国人民银行对银行间外汇市场交易汇价作进一步调整，对银行间即期外汇市场非美元货币对人民币交易价的浮动幅度作了调整，由原来的上下 1.5%扩大到上下 3%。2007 年 5 月 21 日，中央银行把银行间即期外汇市场人民币对美元交易价浮动幅度由 3‰扩大至 5‰，即每日银行间即期外汇市场人民币对美元的交易价可在中国外汇交易中心对外公布的当日人民币对美元中间价上下 5‰的幅度内浮动。实际上，即期外汇市场非美元货币对人民币交易价的浮动幅度、人民币对美元货币波动幅度，以及美元对非美元货币的波动幅度存在相互制约的关系。下面讨论汇率变动幅度之间的关系。

由前面 $S_1 \times S_2 \times S_3 = 1$，则 $S_2 = \dfrac{1}{S_1 \times S_3}$，这里的汇率都是指中间价，假定 S_2 波动幅度的上限为 x，则为了防止投机者套汇：

$$S_2(1+x) = \frac{(1+0.03)}{S_1(1-0.005) \times S_3}，\text{则 } x = 0.035\ 1$$

S_2 波动幅度的下限为 y，则：

$$S_2(1-y) = \frac{(1-0.03)}{S_1(1+0.005) \times S_3}，\text{则 } y = 0.034\ 9$$

因此，S_1 的变动幅度为 $[S_1(1-0.005)，S_1(1+0.005)]$，$S_3$ 的变动幅度为 $[S_3(1-0.03)，S_3(1+0.03)]$，则 S_2 的变动幅度就为 $[S_2(1-0.034\ 9)，S_2(1+0.035\ 1)]$，也就是说，中央银行锁定了人民币对美元汇率和非美元货币汇率的变动幅度，也就间接地锁定了美元和非美元货币汇率的变动幅度，但是国际金融市场上美元对非美元货币汇率的变动幅度是由市场自动调节决定的，中央银行对此不能够控制。因此有：

命题 2：一旦国际金融市场的汇率 S_2 变动幅度超出 $[-0.034\ 9，0.035\ 1]$，人民币对美元汇率和人民币对非美元货币的变动幅度就不能够满足这一变化，就存在套利机会，必须通过第二天人民币汇率中间价变化来调整。

三、人民币有效汇率变动分析

我们选取贸易权重的几何加权的有效汇率指数作为人民币有效汇率计算公式[1]，即：

$$NEER_t = NEER_{t-1} \prod_{i=1}^{n}(S_{i,\,t}/S_{i,\,t-1})^{w_{i,\,t}}$$

------

[1]　美联储、国际清算银行和欧元区的有效汇率指数都是采取几何加权的有效汇率指数。见 Loretan, M (2005)；Marc Klau, San Sau Fung, (2006)；ECB(2004a)。

其中：$NEER_t$ 为 t 期的人民币名义有效汇率，$NEER_{t-1}$ 为 $t-1$ 期的人民币名义有效汇率，$S_{i,t}$ 为 t 期人民币对 i 国货币的汇率，$S_{i,t-1}$ 为 $t-1$ 期人民币对 i 国货币的汇率，$w_{i,t}$ 为 t 期人民币对 i 国货币的贸易权重。再根据前面的假定可知人民币对这 n 个货币汇率分别为：

$S_{1,t} = \dfrac{1}{e^{\bar{S}_1 + \mu t}}$，$S_{2,t} = e^{\bar{S}_2 - (\mu + \theta)t}$，$\cdots$，$S_{n,t} = e^{\bar{S}_n - (\mu + \theta)t}$，这里 $S_{1,t}$ 是 t 期人民币对美元汇率，$S_{2,t}$，$\cdots$，$S_{n,t}$ 分别表示人民币对其他 $n-1$ 种非美元货币汇率。

因此[①]：

$$NEER_t = NEER_{t-1}(e^{\bar{S}_1 + \mu(t-1)}/e^{\bar{S}_1 + \mu t})^{w_{1,t}}(e^{\bar{S}_2 - (\mu + \theta_2)t}/e^{\bar{S}_1 - (\mu + \theta_2)(t-1)})^{w_{2,t}} \cdots$$

$$(e^{\bar{S}_n - (\mu + \theta_n)t}/e^{\bar{S}_n - (\mu + \theta_n)(t-1)})^{w_{n,t}} =$$

$$NEER_{t-1}e^{-\mu - (\theta_2 w_{2,t} + \cdots + \theta_n w_{n,t})} =$$

$$NEER_{t-1}e^{-\mu - \theta}$$

令 $\theta' = (\theta_2 w_{2,t} + \cdots + \theta_n w_{n,t})$ 表示美元对其他非美货币的加权平均。

上述公式构成一阶差分方程，得到：

$$NEER_t = NEER_0(e^{\bar{\theta}})^t$$

其中：令 $\bar{\theta} = -\mu - \theta'$

两边取对数得：

---

① 可推导得到：

$$NEER_t = NEER_{t-1}(e^{\bar{S}_1 + \mu(t-1)}/e^{\bar{S}_1 + \mu t})^{w_{1,t}}(e^{\bar{S}_2 - (\mu + \theta_2)t}/e^{\bar{S}_1 - (\mu + \theta_2)(t-1)})^{w_{2,t}} \cdots$$

$$(e^{\bar{S}_n - (\mu + \theta_n)t}/e^{\bar{S}_n - (\mu + \theta_n)(t-1)})^{w_{n,t}} =$$

$$NEER_{t-1}(e^{-\mu})^{w_{1,t}}(e^{-(\mu + \theta_2)})^{w_{2,t}} \cdots (e^{-(\mu + \theta_n)})^{w_{n,t}} =$$

$$NEER_{t-1}(e^{-\mu})^{w_{1,t}}(e^{-(\mu + \theta_2)})^{w_{2,t}} \cdots (e^{-(\mu + \theta_n)})^{w_{n,t}} =$$

$$NEER_{t-1}e^{-\mu}e^{-\theta_2 w_{2,t}} \cdots e^{-\theta_n w_{n,t}} =$$

$$NEER_{t-1}e^{-\mu}e^{-\theta_2 w_{2,t}} \cdots e^{-\theta_n w_{n,t}} =$$

$$NEER_{t-1}e^{-\mu - (\theta_2 w_{2,t} + \cdots + \theta_n w_{n,t})} =$$

$$NEER_{t-1}e^{-\mu - \theta'}$$

$$\ln NEER_t = \ln NEER_0 + \ln(e^{\bar{\theta}})^t = \ln NEER_0 + t\bar{\theta}$$

因此：

$$\text{dln} NEER_t = \text{dln} NEER_0 + \text{d}(t\bar{\theta})$$

$$\frac{\text{d}NEER_t}{NEER_t} = \bar{\theta} = -\mu - \theta'$$

如果$\dfrac{\text{d}NEER_t}{NEER_t} = -\mu - \theta' > 0$，表示人民币币值总体水平上升；如果$\dfrac{\text{d}NEER_t}{NEER_t} = -\mu - \theta' < 0$，表示人民币币值总体水平下降。

因此有：

命题3：名义有效汇率的变动率为$\bar{\theta}$，它取决于美元对人民币汇率的变动率μ和美元对其他非美元货币变动率的加权平均θ'（见表2-2）。

这是从理论上对人民币有效汇率变动的一种诠释。目前国际货币基金组织和国际清算银行（BIS）的人民币有效汇率权重是以各贸易伙伴国在我国进出口总额中所占的比重作为权数，它反映了人民币名义有效汇率升值，它也是人民币汇率的变动率和美元对其他非美元货币变动率的加权平均相对变化的反映。2009年1月—2010年1月人民币数据有效汇率指数见图2-2。

表2-2　　　　　　　名义有效汇率的变动率

	$\|\mu\| > \|\theta'\|$	$\|\mu\| < \|\theta\|$	$\|\mu\| = \|\theta\|$
$\mu>0,$ $\theta'>0$	$\dfrac{\text{d}NEER_t}{NEER_t} = -(\|\mu\|-\|\theta\|)<0$	$\dfrac{\text{d}r_3}{r_3} = -(\|\mu\|+\|\theta\|)<0$	$\dfrac{\text{d}r_3}{r_3} = -(\|\mu\|+\|\theta\|)<0$
$\mu>0,$ $\theta'<0$	$\dfrac{\text{d}r_3}{r_3} = -(\|\mu\|-\|\theta\|)<0$	$\dfrac{\text{d}r_3}{r_3} = \|\theta\|-\|\mu\|>0$	0
$\mu<0,$ $\theta'>0$	$\dfrac{\text{d}r_3}{r_3} = \|\mu\|-\|\theta\|>0$	$\dfrac{\text{d}r_3}{r_3} = -(\|\theta\|-\|\mu\|)<0$	0
$\mu<0,$ $\theta'<0$	$\dfrac{\text{d}r_3}{r_3} = \|\mu\|+\|\theta\|>0$	$\dfrac{\text{d}r_3}{r_3} = \|\mu\|+\|\theta\|>0$	$\dfrac{\text{d}r_3}{r_3} = \|\mu\|+\|\theta\|>0$

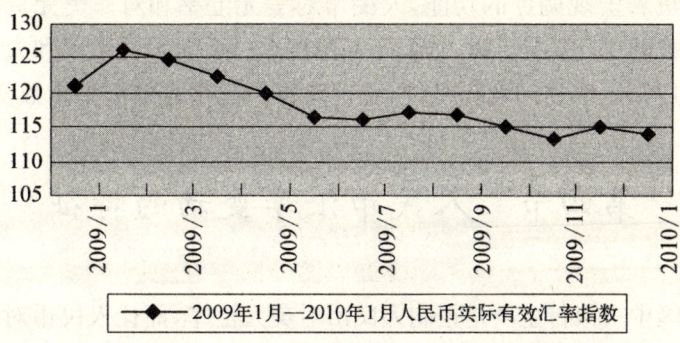

图 2-2　2009 年 1 月—2010 年 1 月人民币数据有效汇率指数

　　总之,人民币对非美元货币的汇率的变动率是由美元对人民币汇率的变动率和非美元货币对美元货币汇率的变动率共同决定的,人民币对美元和人民币对非美元货币汇率变动的方向可能一致,也可能相反。因此我们必须通过研究人民币有效汇率指数来判断人民币币值的总体走势。

　　目前中央银行锁定了人民币对美元汇率和非美元货币汇率的变动幅度,也就间接地锁定了美元和非美元货币汇率的变动幅度,但是国际金融市场上美元对非美元货币汇率的变动幅度是由市场自动调节决定的,中央银行对此不能够控制。一旦国际金融市场的汇率美元对非美元货币变动幅度超出$[S_2(1-0.034\,9),\ S_2(1+0.035\,1)]$,人民币对美元汇率和人民币对非美元货币的变动幅度就不能够满足这一变化,就存在套利机会,必须通过第二天人民币汇率中间价变化来调整。因此人民币汇率的市场化改革不仅仅是对美元汇率的市场化,也涉及对非美元货币的市场化改革,这两者之间是相辅相成的。因此随着对美元市场化汇率改革的不断推进,逐步扩大人民币对非美元货币汇率上下波动的幅度,直到人民币对非美元货币汇率的市场化,形成完善的人民币汇率定价体系,不同汇率之间的变动将由市场供给和需求自动调节。

　　人民币名义有效汇率的变动率为$\bar{\theta}$,它取决于美元对人民币汇率的变动率μ和人民币对其他非美元货币变动率的加权平均θ'。尽管中央银行积极推动人民币对美元汇率的市场化改革,但是我国人民币汇率还担负着宏观调控的功能,人民币对美元汇率和对非美元货币汇率背道而驰的变化决定了中央银行需要在人民币对美元汇率和人民币对非美元货币汇率之间取得平衡,必须重视人民币有效汇率指数变动。

第四节　人民币汇率变动的特征

我国中央银行主要是控制人民币对美元汇率,而让人民币对非美元货币和人民币有效汇率浮动。如果人民币钉住美元,则人民币对欧元、人民币有效汇率变动幅度都较大。2008 年 8 月以后,人民币对美元稳定,人民币对欧元汇率波动幅度较大,根据三角套汇原理,如果人民币对美元汇率稳定,则人民币对欧元汇率和美元对欧元汇率的走势基本相同(见图 2-3),人民币对欧元汇率反映了美元对欧元汇率的变化。

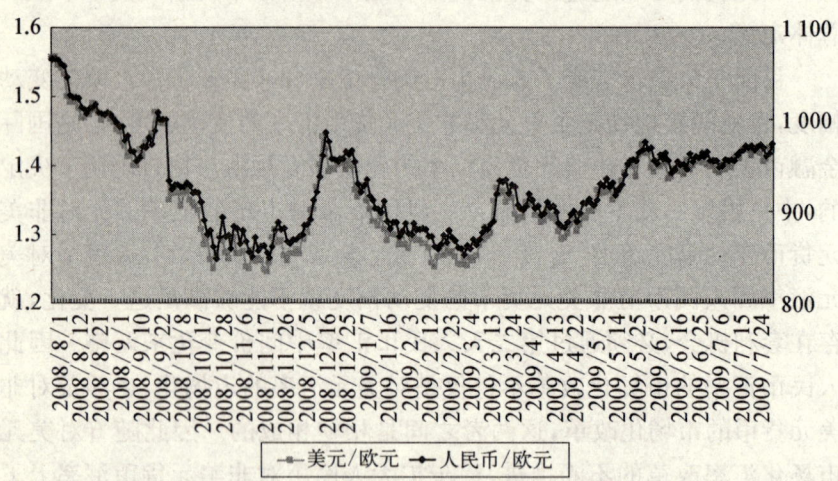

资料来源：www. bloomberg. com；www. safe. gov. cn。

图 2-3　人民币对欧元汇率和美元对欧元汇率走势图

人民币有效汇率是人民币对美元汇率和人民币对非美元货币汇率的加权平均,而人民币对非美元货币是由人民币对美元汇率和美元对非美元货币汇率套算出来的,因此人民币有效汇率也主要是由人民币对美元汇率和美元对非美元货币汇率加权平均得到的，因此从美元有效汇率变化和人民币对美元汇率变动就能够基本判断人民币有效汇率的变化。

$$NEER_t = NEER_{t-1} \prod_{i=1}^{n} (S_{i,\,t}/S_{i,\,t-1})^{w_{i,\,t}} = 100 \prod_{i=1}^{n} (S_{i,\,t}/S_{i,\,0})^{w_{i,\,t}} =$$

$$100 \left[\frac{S_{1,\,t}^{w_{1,\,t}} \times (S_{1,\,t} \times X_{2,\,t})^{w_{2,\,t}} \times (S_{1,\,t} \times X_{3,\,t})^{w_{3,\,t}} \times \cdots \times (S_{1,\,t} \times X_{n,\,t})^{w_{n,\,t}}}{S_{1,\,0}^{w_{1,\,t}} \times (S_{1,\,0} \times X_{2,\,0})^{w_{2,\,t}} \times (S_{1,\,0} \times X_{3,\,0})^{w_{3,\,t}} \times \cdots \times (S_{1,\,0} \times X_{n,\,0})^{w_{n,\,t}}} \right] =$$

$$100 \left(\frac{S_{1,\,t}}{S_{1,\,0}} \right)^{w_{1,\,t}+w_{2,\,t}+w_{3,\,t}+\cdots+w_{n,\,t}} \left[\frac{X_{2,\,t}^{w_{2,\,t}} \times X_{3,\,t}^{w_{3,\,t}} \times \cdots \times X_{n,\,t}^{w_{n,\,t}}}{X_{2,\,0}^{w_{1,\,t}} \times X_{3,\,0}^{w_{3,\,t}} \times \cdots \times X_{n,\,0}^{w_{n,\,t}}} \right] =$$

$$100 \left(\frac{S_{1,\,t}}{S_{1,\,0}} \right) \times M_t$$

其中：

$$\left[\frac{X_{2,\,t}^{w_{2,\,t}} \times X_{3,\,t}^{w_{3,\,t}} \times \cdots \times X_{n,\,t}^{w_{n,\,t}}}{X_{2,\,0}^{w_{1,\,t}} \times X_{3,\,0}^{w_{3,\,t}} \times \cdots \times X_{n,\,0}^{w_{n,\,t}}} \right] = M_t$$

M_t 表示美元货币对这 $n-1$ 种非美货币升值或贬值幅度，也是一个指数化的数值，尽管 M_t 和美元有效汇率指数的权重不同，但是由于包含多种相同的货币，同时又由于两个数值都是指数化形式，因此 M_t 和美元有效汇率指数走势比较接近。而 $S_{1,\,0}$ 是一个固定值，$S_{1,\,t}$ 将影响 $NEER_t$ 的走势。

尽管统计上人民币和美元的有效汇率的权重不同，但这不影响我们对有效汇率总体趋势的判断。随着 M_t 和人民币对美元汇率变化，人民币有效汇率会发生相应的变化。如人民币对美元升值，则人民币有效汇率将超过美元有效汇率；人民币对美元稳定，则人民币有效汇率和美元有效汇率接近或走势相似。如 1994—1996 年，人民币对美元缓慢升值并趋于稳定，由于 2005 年是有效汇率基期（根据 BIS 统计数据），因此人民币有效汇率和美元有效汇率越来越接近。1996—2005 年人民币对美元汇率保持了相对稳定,因此人民币和美元的有效汇率基本趋同(见图 2-4)。

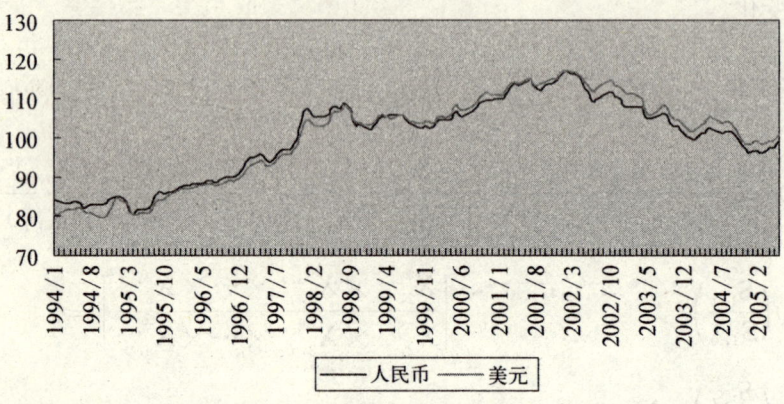

数据来源:www. bis. org(2005=100)。

图 2-4 人民币和美元的名义有效汇率

2005 年 7 月以后,人民币对美元持续升值,人民币有效汇率超过美元有效汇率,随着人民币升值延续,人民币和美元有效汇率之间的缺口也越来越大(见图 2-5)。

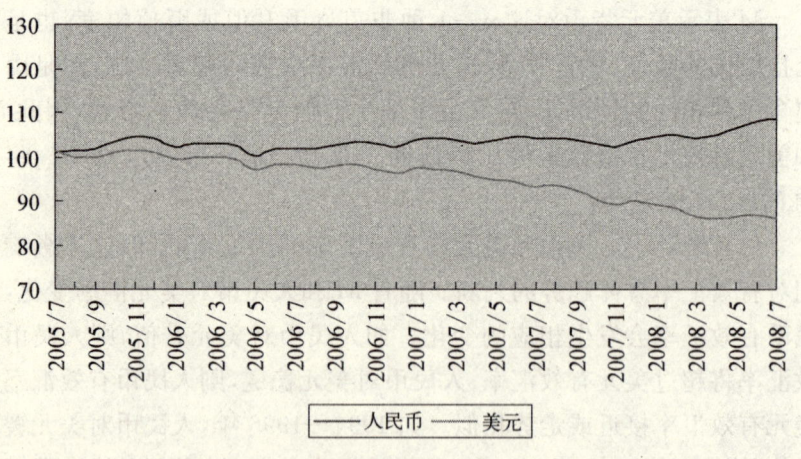

数据来源:www. bis. org(2005=100)。

图 2-5 人民币和美元的名义有效汇率

　　2008 年 8 月以后,人民币对美元稳定,人民币有效汇率走势和美元有效汇率走势基本保持相同(见图 2-6)。如果人民币钉住美元,人民币有效汇率和美元有效汇率的走势也基本接近。

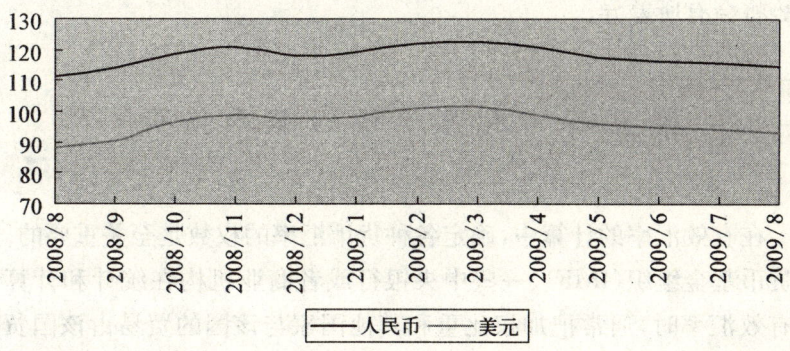

数据来源:www. bis. org(2005=100)。

图 2-6　人民币和美元的名义有效汇率

　　根据上述原理,我们可以得到:

　　命题 4:如果人民币钉住美元,则人民币的有效汇率也基本上跟着美元的有效汇率走;如果人民币对美元持续升值,则人民币有效汇率和美元有效汇率之间的缺口越来越大。

　　从实际有效汇率的角度来看,情况有所不同,实际有效汇率要从名义有效汇率中剔除两国物价水平对汇率的影响,通常两国的物价指数走势可能不一致,所以实际有效汇率走势就会有差异。人民币名义有效汇率下降,实际有效汇率上升,说明总体上其他国家的物价指数上升或跌幅较中国小。如 2009 年 8 月份,我国居民消费价格同比下降 1.2%,而其他国家物价指数都有所上升或跌幅收窄。根据欧盟统计局,欧元区 8 月份消费物价指数按年跌 0.2%,跌幅收窄;韩国统计厅 2009 年 9 月 1 日数据显示,8 月份韩国消费者物价指数同比增长 2.2%。从 2009 年 8 月份人民币实际有效汇率上升来看,表明其他国家的物价指数总体上是上升的或跌幅收窄较大。

　　总之,在人民币对美元汇率保持相对稳定的情况下,人民币对非美货币的汇率和美元对这些非美货币汇率的走势基本相同,因此人民币名义有效汇率和美元名义有效汇率的走势也基本相同;而由于中国和各国物价走势有所不同,人民币名义实际有效汇率和实际有效汇率的走势将会有所差异。

第五节　人民币核心汇率指数[①]

在有效汇率的计算中,确定各种货币汇率的权数是至关重要的,国际货币基金组织(IMF)、一些中央银行或者商业机构在统计和计算一国有效汇率时,通常把加权比重和其他国家与该国的贸易占该国贸易总量的比重联系起来。目前世界上主要有三种设置权数的方法:一种是以一国出口贸易的国别比重作为权数;第二种是以一国进口贸易的国别比重作为权数;第三种是以各国在世界贸易中的比重作为权数,实际上,大多数权重计算都是采取第三种方法。通常有效汇率权重可分为进口权重、出口权重和总贸易权重。关于货币的选择问题,主要是考虑双边进口或出口占整个进口或出口的百分比,如美联储1998年选取美元有效汇率指数的货币时规定双边进口或出口在1997年要超过美国总进口或总出口的0.5%,在此条件下,美联储选取了26种货币;日本央行选取货币的标准是双边出口额必须不少于日本总出口的1%。我们可以根据有效汇率构建汇率指数,下面引入人民币核心汇率指数,并确定核心汇率指数的货币和权重。

实际上,根据有效指数覆盖币种数量的多少我们可以建立人民币对主要货币如美元、欧元、日元、港币和英镑等汇率指数。我们选取2006年8月为基期[②],100美元=797.41458人民币元;100欧元=

　　① 实际上,在美国,美元汇率指数有三种,广义指数(the broad index),主要货币指数(the major currencies index)和其他重要贸易伙伴指数(the other important trading partners, OITP)。见 Loretan, M (2005)。
　　② 中央银行从2006年8月1日起才公布英镑对人民币汇率。

1 020.928 人民币元；100 日元＝6.882 175 人民币元；100 港币＝
102.545 5 人民币元；100 英镑＝1 508.507 人民币元。根据 BIS 公布
的人民币有效汇率指数[①]，这五种货币的权重分别为：美元：18.5；欧
元：16.2；日元：17.4；港币 3.3；英镑：2.6[②]。如果考虑到这五种货币
作为人民币核心汇率指数货币，重新分配权重，满足权重和为 1，因此
核心汇率指数的权重为：0.318 9；0.279 3；0.3；0.056 8；0.044 8。

$$NEER_t = NEER_{t-1} \prod_{i=1}^{n} (S_{i,t}/S_{i,t-1})^{w_{i,t}} =$$

$$NEER_0 \prod_{i=1}^{n} (S_{i,t}/S_{i,0})^{w_{i,t}} =$$

$$100 \prod_{i=1}^{n} (S_{i,t}/S_{i,0})^{w_{i,t}}$$

因此：

$$NEER_t = 100 \prod_{i=1}^{n} (S_{i,t}/S_{i,0})^{w_{i,t}} =$$

$$\frac{100(S_{1,t})^{0.318\,9}(S_{2,t})^{0.279\,3}(S_{3,t})^{0.3}(S_{4,t})^{0.056\,8}(S_{5,t})^{0.044\,8}}{0.125\,4^{0.318\,9}0.097\,9^{0.279\,3}14.530\,2^{0.3}0.975\,1^{0.056\,8}0.066\,2^{0.044\,8}}$$

根据此公式，我们可以得到 2006 年 8 月 1 日以后的人民币美元汇率变
化指数（见图 4）。得到

　　命题 5： 根据人民币对 5 种货币的权重，我们可以得到每天的人民
币汇率指数，甚至可以得到每一时刻的人民币汇率指数。

----

　　① BIS 在计算宽口径有效汇率时，分别用 1993—1995 年、1996—1998 年、1999—2001
年和 2002—2004 年的 3 年平均贸易量来计算相应时期的汇率适用的权重，然后再构建出连
续的有效汇率指数。对于最近的尚未满 3 年的年份，计算有效汇率时其权重将延续使用上一
个 3 年的适用权重，直至下一个 3 年数据全部可得为止。也就是说，2005、2006 和 2007 年公
布的有效汇率，其权重仍然使用 2002—2004 期的权重。本书中使用的就是 2002—2004 期的
权重。

　　② BIS 的权重计算方法见 Turner, P 和 J Van't dack（1993）。

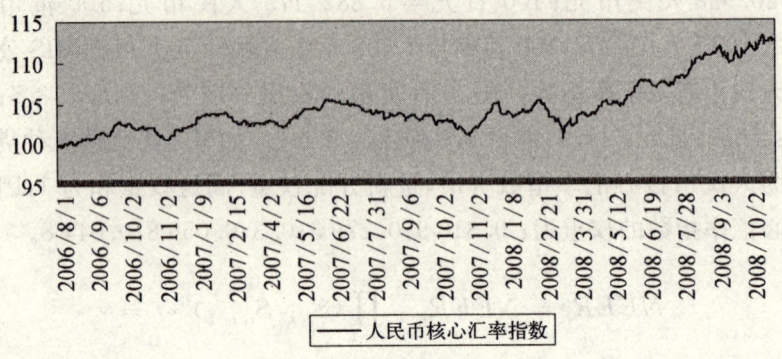

数据来源：www. safe. gov. cn。

图 2-7　人民币核心汇率指数

由图 2-7 可以看出，2008 年以来，人民币对这 5 种货币币值的总体水平在上升。随着人民币对美元汇率以及对其他非美元货币汇率的逐步放开，人民币汇率变动会更加频繁，核心汇率指数将具有一定的理论和实践意义。根据人民币对 5 种货币的权重，我们可以得到每天的人民币核心汇率指数，甚至可以得到每一时刻的人民币汇率指数。

第六节　参考一篮子货币的人民币汇率形成机制研究[①]

2005 年 7 月 21 日我国进行了外汇体制改革，建立了以市场供求为基础的，参考一篮子货币的有管理的浮动汇率制度，人民币汇率变动的弹性有所增加。但笔者认为目前人民币对美元汇率仍然是我国货币政策的目标之一，人民币汇率主要是跟着美元走，还没有建立真正参考一篮子货币的汇率机制，汇率的市场化改革仍有待进一步完善。建立参考一篮子货币的汇率制度涉及篮子货币和货币权重的选择，以及政策目标

---

① 这里的主要分析参考人民币有效汇率目标。

选择对篮子货币权重的影响。

一、从人民币钉住美元汇率目标向人民币钉住篮子货币汇率目标的过度

从上面的分析可知,在人民币对美元汇率、人民币对非美元货币(如欧元)汇率和人民币有效汇率三者之间,中央银行只能控制其中之一。每一种汇率制度的选择都各有优缺点(见表2-3)。

表 2-3　　　　　　　　　　人民币钉住货币的选择

主导汇率	优　点	缺　点
人民币钉住美元	有利于以美元计价和结算的贸易和资本往来	对非美货币波动幅度大,人民币有效汇率不稳定
人民币钉住非美货币(如欧元)	有利于以欧元计价和结算的贸易和资本往来	对美元和其他非美货币汇率波动幅度大,人民币有效汇率不稳定
人民币钉住一篮子货币	有利于多元化货币计价和结算的贸易和资本往来	对美元和非美货币汇率波动幅度大,人民币总体币值比较稳定,即人民币有效汇率稳定

从以上三个主要汇率来看,人民币钉住非美货币可以不考虑,因为美元是主要储备货币,又是主要计价货币和结算货币,而且美国也是中国主要的贸易对象国和投资国,而且长期以来人民币一直是跟着美元走。因此钉住美元优于钉住其他任意一种非美货币,中央银行主要在人民币钉住美元和人民币钉住一篮子货币之间进行选择。笔者认为随着中国对外开放不断扩大,和各国的贸易、资本往来更加频繁,计价货币的多元化,外汇储备货币的多元化,人民币计价的跨境贸易规模也越来越大,参考一篮子货币更有利于贸易和投资往来。此外,由于最近的国际金融危机,美元国际货币地位受到严重挑战,欧元的崛起也对美元产生了挑战,因此人民币钉住美元要逐步向人民币钉住一篮子货币过渡,并稳定人民币的总体币值,即人民币有效汇率。因此我们得到:

命题6： 随着中国对外开放的不断扩大，人民币钉住美元要逐步向人民币钉住一篮子货币过渡。

我国汇率改革目标是建立以市场供求为基础、参考一篮子货币有管理的浮动汇率制度，因此人民币有效汇率应该成为央行关注的一个货币政策目标[1]。

从算术平均的方法来看：

由前面公式可得：

$$E_{1,t} = \frac{1}{S_{1,t}} = \left[100\left(\frac{1}{M_0 NEER_t}\right) \times w_{1,t}\right]X_{1,t} +$$

$$\left[100\left(\frac{1}{M_0 NEER_t}\right) \times w_{2,t}\right]X_{2,t} +$$

$$\left[100\left(\frac{1}{M_0 NEER_t}\right) \times w_{3,t}\right]X_{3,t} + \cdots +$$

$$\left[100\left(\frac{1}{M_0 NEER_t}\right) \times w_{n,t}\right]X_{n,t} =$$

$$\lambda_1 X_{1,t} + \lambda_2 X_{2,t} + \lambda_3 X_{3,t} + \cdots + \lambda_n X_{n,t} =$$

$$\sum_{i=1}^{n} \lambda_i X_{i,t}$$

此处 $E_{1,t}$ 是直接标价的汇率，其中[2]：

$$\lambda_i = 100\left(\frac{1}{M_0 NEER_t}\right) \times w_{i,t} \ (1 \leqslant i \leqslant n)$$

命题7： 从算术平均的方法来看，如果名义有效汇率固定，则人民币对美元汇率中间价是 n 种非美货币汇率的加权平均。注意这里的汇率权重是固定的。

从几何平均的算法来看，同样由前面的公式可得：

----

① 从人民币汇率的走势来看，中央银行汇率目标更多的是看重人民币对美元汇率，而不是人民币有效汇率目标。

② 这给直接计算人民币对美元汇率带来方便，但是必须注意这里 $\sum_{i=1}^{n} \lambda_i \neq 1$。

$$E_{1,t} = \frac{1}{S_{1,t}} = \frac{100}{M_0 NEER_t} \times [X_{2,t}^{w_2,t} \times X_{3,t}^{w_3,t} \times \cdots \times X_{n,t}^{w_n,t}] =$$

$$\frac{100}{M_0 NEER_t} \times \prod_{i=1}^{n} X_{i,t}^{w_i,t}$$

为了表达更为标准和简洁：

$$E_{1,t} = \frac{1}{S_{1,t}} = X_{1,t}^{w_1,t + \log_{X_1,t}\left(\frac{100}{M_0 NEER_t}\right)^{\frac{1}{n}}} \times X_{2,t}^{w_2,t + \log_{X_1,t}\left(\frac{100}{M_0 NEER_t}\right)^{\frac{1}{n}}} \times$$

$$X_{3,t}^{w_3,t + \log_{X_1,t}\left(\frac{100}{M_0 NEER_t}\right)^{\frac{1}{n}}} \times \cdots \times X_{n,t}^{w_n,t + \log_{X_1,t}\left(\frac{100}{M_0 NEER_t}\right)^{\frac{1}{n}}} =$$

$$\prod_{i=1}^{n} X_{i,t}^{v_i,t}$$

其中[1]：

$$v_{i,t} = w_{i,t} + \log_{X_{i,t}}\left(\frac{100}{M_0 NEER_t}\right)^{\frac{1}{n}}$$

命题8：从几何平均的方法来看，如果名义有效汇率固定，则人民币对美元汇率中间价是 n 种非美货币汇率的几何平均。注意和算术平均方法不同的是，这里的汇率权重并不是固定的。

二、模拟分析

实际上，根据人民币有效指数覆盖币种数量的多少我们可以建立参考一篮子货币的人民币对美元中间价的汇率。我们仍然选取中央银行公布汇率的 5 种主要货币作为我们的货币篮子，再选取 2006 年 8 月为基期[2]。

从算术平均的方法来看，人民币对美元汇率中间价：

$$E_{1,t} = \lambda_1 X_{1,t} + \lambda_2 X_{2,t} + \lambda_3 X_{3,t} + \cdots + \lambda_n X_{n,t} = \sum_{i=1}^{n} \lambda_i X_{i,t}$$

---

[1]　同样，这里 $\sum_{i}^{n} v_{i,t} \neq 1$。

[2]　2006 年 8 月中央银行才公布人民币对英镑的汇率，具体数据见本章第五节。

其中：

$$\lambda_i = 100\left(\frac{1}{M_0 NEER_t}\right) \times w_{i,t} \quad (1 \leqslant i \leqslant n)$$

我们取人民币有效汇率指数目标为：$NEER_t = 110$，可计算得到：

$$M_0 = \sum_{i=1}^{5} w_{i,t} S_{i,0} =$$

$$(0.349\ 4 \div 794.414\ 58 + 0.306\ 1 \div 1\ 020.928 +$$

$$0.279\ 5 \div 6.882\ 125 + 0.013\ 3 \div 102.545\ 5 +$$

$$0.051\ 5 \div 1\ 508.507)100 =$$

$$4.151\ 6$$

因此得到：

$$\lambda_1 = 100\left(\frac{1}{4.151\ 6 \times 110}\right) \times 0.349\ 4 = 0.076\ 5;$$

$$\lambda_1 = 100\left(\frac{1}{4.151\ 6 \times 110}\right) \times 0.306\ 1 = 0.067\ 0;$$

$$\lambda_1 = 100\left(\frac{1}{4.151\ 6 \times 110}\right) \times 0.279\ 5 = 0.061\ 2;$$

$$\lambda_1 = 100\left(\frac{1}{4.151\ 6 \times 110}\right) \times 0.013\ 3 = 0.002\ 9$$

$$\lambda_1 = 100\left(\frac{1}{4.151\ 6 \times 110}\right) \times 0.051\ 5 = 0.011\ 3$$

根据上述公式可以计算出美元对人民币的汇率的中间价为（见图 2-8）。

由图 2-8 可以看出，如果以人民币有效汇率作为货币政策目标，则人民币对美元汇率波动幅度将更大，也更加频繁。

从几何平均的算法来看：

$$E_{1,t} = \prod_{i=1}^{n} X_{i,t}^{v_{i,t}}$$

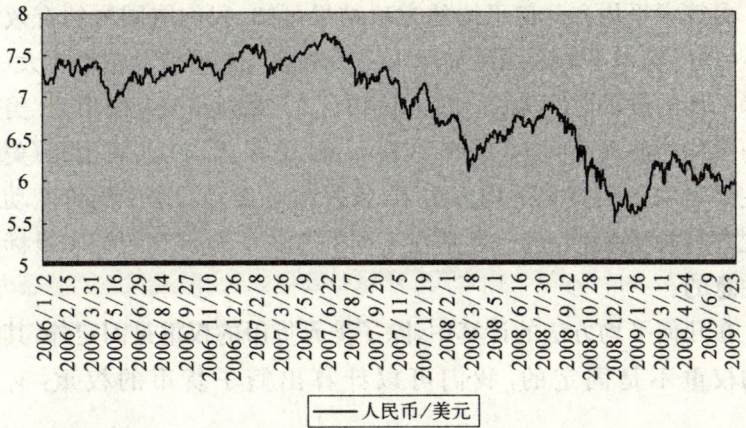

数据来源：www. safe. gov. cn；www. bloomberg. com。

图 2-8　以人民币有效汇率为目标的人民币对美元汇率

其中：

$$\nu_{i,\,t} = w_{i,\,t} + \log_{X_{i,\,t}} \left(\frac{100}{M_0 NEER_t} \right)^{\frac{1}{n}}$$

同样地，我们取人民币有效汇率指数目标为：$NEER_t = 110$，根据上述公式可以计算出美元对人民币的汇率的中间价为（见图 2-9）：

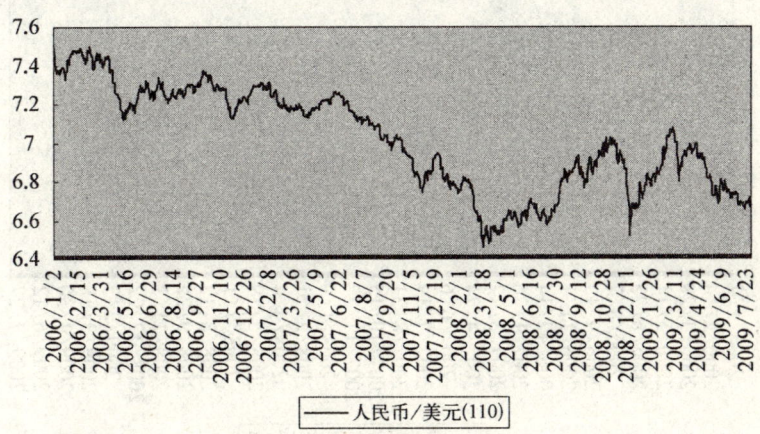

数据来源：www. safe. gov. cn；www. bloomberg. com。

图 2-9　以人民币有效汇率为目标的人民币对美元汇率

由算术平均和几何平均的方法结果可知，我们取同样的有效汇率指数目标，算术平均的结果显示人民币对美元汇率波动幅度更大一些，算术平均的波动区间为[5.49 人民币元/美元，7.74 人民币元/美元]，几何平均的波动区间为[6.46 人民币元/美元，7.50 人民币元/美元]，这主要是由于在算术平均方法下，人民币对美元汇率中间价变动对有效汇率目标更敏感，这一点是在不同的方法下确定有效汇率目标必须要注意的。

在几何平均方法的计算中，除了美元货币的权重是固定外，其他货币的权重不是固定的，我们可以计算出篮子货币的权重：$\nu_{1,t} = 0.3494$；$\nu_{i,t} = w_{i,t} + \log_{x_{i,t}}\left(\dfrac{100}{M_0 110}\right)^{\frac{1}{5}}$（$i = 2, 3, 4, 5$）（见图 2 - 10、图 2 - 11、图 2 - 12、图 2 - 13）。

除了权重 $\nu_{1,t}$ 是固定的外，其他四个权重 $\nu_{i,t}$（$i = 2$，3，4，5）都不是固定的，这是和算术平均计算的权重的显著区别，这也是中央银行在确定人民币有效汇率目标时，若采用不同的方法，其权重也是不同的。

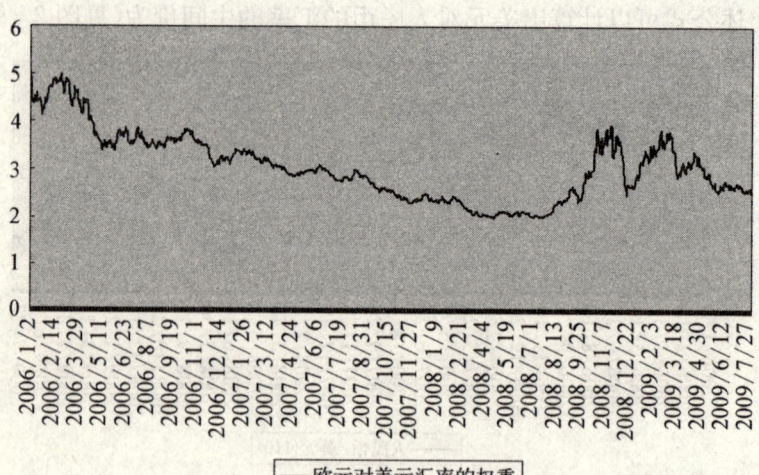

图 2-10   权重 $\nu_{2,t}$ 的变动

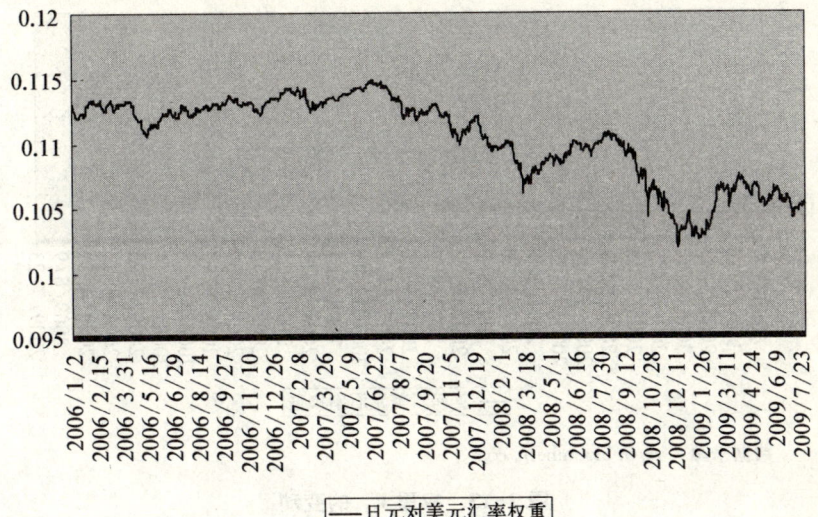

图 2-11 权重 $v_{3,t}$ 的变动

人民币汇率基于对美国人民币汇率基准与复合汇率指数调控
加强的基准调控汇率的操作调控，打破中央汇率汇率及政策条件

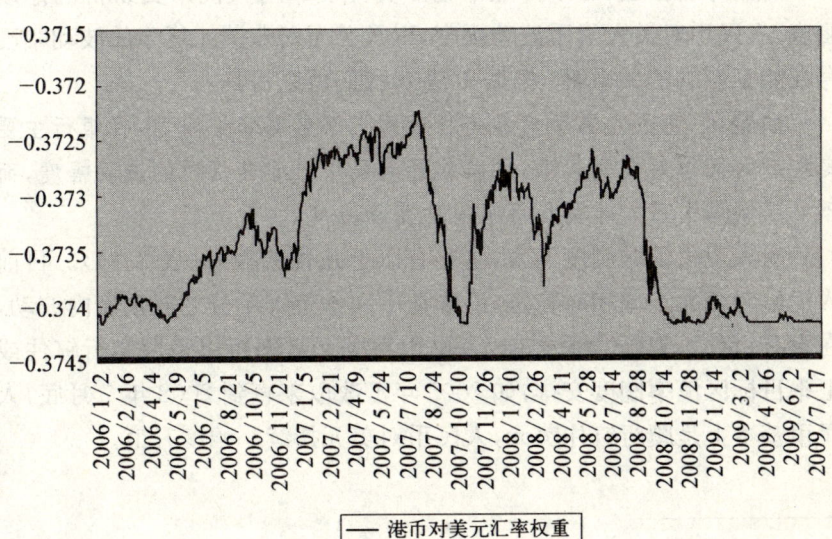

图 2-12 权重 $v_{4,t}$ 的变动

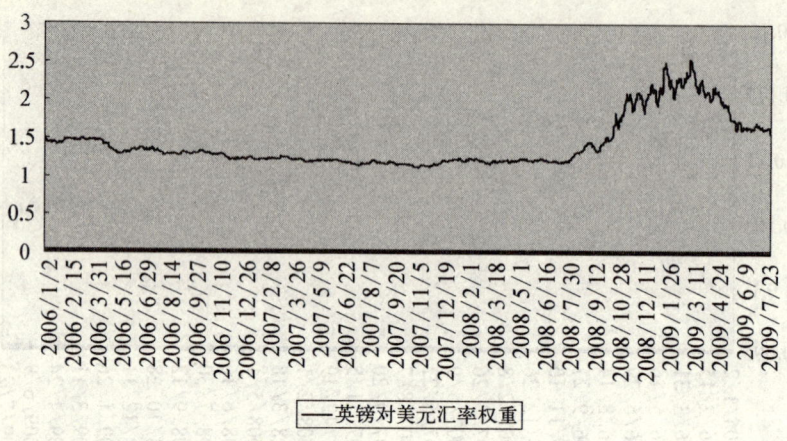

数据来源：www. bloomberg. com。

图 2-13   权重 $v_{S,t}$ 的变动

三、人民币对美元汇率和人民币对非美货币汇率的波动幅度

前面分析指出，即期外汇市场非美元货币对人民币交易价的浮动幅度、人民币对美元货币波动幅度，以及美元对非美元货币的波动幅度存在相互制约的关系[①]。根据命题 1，我们可以得到：

命题 9： 由于人民币对非美货币的汇率是套算汇率，中央银行主要是控制人民币对美元汇率，可以放开人民币对非美货币的波动幅度，而不必限制人民币对非美货币汇率的变动幅度。

对人民币汇率制度而言，主要有以下几种选择（见表 2-4）。目前人民币对美元汇率相对稳定，汇率在中间价上下千分之五幅度内波动，在没有钉住一篮子货币之前，人民币对美元汇率可以采取爬行钉住或汇率目标区汇率制度安排，如 2005 年汇改以来直到 2008 年 7 月底，人民币基本上是爬行钉住美元，人民币对美元持续小幅度升值。

[①]   也可见陆前进："人民币汇率波动幅度的两点探讨"，《上海证券报》，2009 年 6 月 5 日。

表 2-4　　　　　　　　**人民币汇率制度的几种选择**

汇率制度	主　要　特　点
钉住单一货币	在这种安排下,本国货币与某种外国货币的兑换比率被固定在一定值,称为中心汇率,汇率可以在中心汇率的±1%的范围内波动,货币当局有义务随时通过直接干预或间接干预维持汇率在这一范围内波动。中央银行的货币政策独立性奖受到一定程度的限制
爬行钉住	钉住是指一国货币与某一种或多种货币固定挂钩,并随这些货币的汇率变化而变化。爬行钉住汇率可以做经常的小幅度的调整。经常被钉住的货币有美元,英镑等,以及一篮子货币 SDRs。爬行钉住是指一国货币当局以固定的、事先宣布的值,对汇率不时进行小幅调整;或根据多指标(如通货膨胀率)对汇率进行经常性的调整
汇率目标区	汇率目标区只是将汇率浮动限制在一定区域内的汇率制度。货币当局在一定时期内对汇率波动的浮动幅度做出明确的界定,如±10%,当汇率在该幅度内波动时,货币当局不进行干预,只有当汇率自由波动的幅度超过了这个界限,货币当局才运用货币政策进行干预
钉住一篮子货币	这种制度安排的政策含义与钉住单一货币是一样的。货币篮子的构成及各种货币的权重反映了该国贸易和金融伙伴国在贸易、服务和资本流动方面的几何分布

　　2009 年 7 月以来,我国经济出现企稳回升的迹象,外汇储备继续增加,人民币存在升值压力,一旦世界经济复苏,外需增加,人民币升值压力会进一步上升。同时由于美国财政赤字较高,美联储资产负债表迅速扩张,中长期来看,美元存在贬值压力,一旦美元贬值,将进一步推动人民币升值。后危机时代人民币可能会继续爬行钉住美元,但随着我国金融开放的程度不断提高,人民币升值压力的逐步降低,人民币钉住美元应该转向钉住一篮子货币,人民币可参考有效汇率指标来作为一篮子货币。

　　如果人民币钉住有效汇率目标,则根据人民币钉住一篮子货币的波动幅度,可以确定人民币对美元汇率的波动幅度。首先确定一篮子货币的波动幅度为有效汇率中间价上下 $\alpha\%$ 幅度内,则 $NEER_t$ 每天变动的区间为 $[NEER_t(1+\alpha\%), NEER_t(1-\alpha\%)]$,因此根据计算公式可计算出人民币对美元汇率波动的上下限：

$$E_{1,t}^{\max} = \frac{1}{S_{1,t}} = 100\left(\frac{1}{M_0 NEER_t(1-\alpha\%)}\right) \times$$

$$[w_{1,t}X_{1,t} + w_{2,t}X_{2,t} + w_{3,t}X_{3,t} + \cdots + w_{n,t}X_{n,t}]$$

$$E_{1,t}^{\min} = \frac{1}{S_{1,t}} = 100\left(\frac{1}{M_0 NEER_t(1+\alpha\%)}\right) \times$$

$$[w_{1,t}X_{1,t} + w_{2,t}X_{2,t} + w_{3,t}X_{3,t} + \cdots + w_{n,t}X_{n,t}]$$

　　类似地，我们可以计算出几何平均参考一篮子货币的人民币对美元汇率的波动区间。而根据人民币对美元汇率的波动区间和国际金融市场美元对非美货币汇率，就可以套算人民币对非美货币的汇率的波动区间。

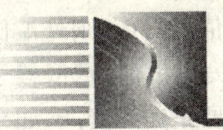

第三章

人民币升值中的几个问题

第一节　人民币升值中的一些问题

　　人民币汇率自 2005 年 7 月汇改以来，人民币保持持续升值的态势，2008 年 4 月 10 日，人民币对美元的汇率首度破 7，人民币汇率一时又成为舆论的焦点，甚至在一些街头巷尾，普通老百姓也会热议人民币升值问题。实际上，自人民币升值以来，一些话题经常出现在一些媒体和挂在老百姓的嘴边，如"人民币升值，我国的外汇储备缩水了，人民币变得更值钱了"等。怎样看待人民币升值过程中的一些经济问题呢？尽管有些问题看上去简单，但事实并非如此，笔者想对此进行探讨和分析。

　　一是关于人民币升值和外汇储备的缩水问题①。有一种观点认为，人民币对美元升值了，我国的外汇储备就缩水，因为美元兑换人民币的数量少了，外汇储备的存量如果用人民币计价就下降了。这种理解正确吗？笔者认为这种理解不妥。外汇储备是否缩水，不能仅仅用

　　① 关于外汇储备缩水问题，也可见第五章第一节。

你选择的计价货币来衡量，如果你要选择对美元贬值的货币，则外汇储备还增加了。外汇储备存量的变动并不依赖于人民币币值，它依赖于外汇储备本身的货币和数量，如我国的外汇储备主要是美元资产，如果美元的购买力和美元资产的价格没有下降，则外汇储备就没有缩水；如果美元的购买力和美元资产的价格下降了，则外汇储备就缩水了。从国家管理外汇储备的角度来看，外汇储备是否缩水的衡量主要依赖于它的对外价值，而不是对内价值。而对国内居民就不一样了，人民币升值导致买外汇合算，卖外汇不合算。对中央银行来说，人民币升值后买外汇，放出的人民币相对较少，缓解了央行冲销干预的压力。

二是美元贬值和外汇储备缩水之间的关系。美元贬值了，外汇储备缩水了，这似乎是一个顺理成章的结论。如果仅仅停留在这个层次的理解是不够的，因为美元贬值，外汇储备的美元资产数量并没有改变，外汇储备怎么缩水了呢？如美元对欧元贬值，我们只能说我国的外汇储备用欧元表示缩水了，因为用同样的美元兑换欧元的数量就少了。如果美元只是对欧元等贬值，对内没有贬值，我们就不能说美元的外汇储备一定缩水了，因为美元资产的购买力在美国没有下降。进一步地，通常美元贬值是由于美元的购买力下降了，即美元的对内价值和对外价值都下降了，因此外汇储备真的缩水了。

三是人民币对美元升值，人民币变得值钱了。这也是一个似是而非的结论。2007年，我国人民币呈现出"外升内贬"的特征，人民币对美元升值，人民币变得更值钱了，是指人民币对外的购买力上升了，对内的购买力实际上是下降了。也就是说，你只有把人民币兑换成美元到国外消费和投资，人民币才体现出"真的值钱了"，而对于大多数普通老百姓而言，没有对外交易，由于通货膨胀，人民币不是变得值钱了，而是变得更不值钱了。

四是人民币对美元升值有利于抑制物价。这个问题也不能片面地看待，而是要全面地分析。通常认为人民币对美元升值，从美国进口同样的用美元计价的产品所需的人民币数量减少了，因此进口产品用人民币定价就会下降，这排除了进口商是垄断厂商。如果进口商是垄断厂商,则进口产品的价格未必会下降。另外,人民币对欧元贬值,如果从欧洲进口,用欧元标价,则进口商品的人民币定价不仅不会下降,反而会上升。如果从欧洲进口,用美元计价对结论有影响吗? 没有影响,因为欧洲产品是用欧元标价,如果换成美元计价,则美元标价的欧洲产品价格也上升了,进口商支付的美元也相应增加了。另外,中国进口以美元定价的产品,进口商支付的美元数并没有减少,进口商要用人民币购买美元,由于人民币对美元升值,购买同样数量的美元所支付的人民币会减少。虽然进口商获得人民币升值的收益,但是国家卖外汇给出口商,损失落在政府的头上。因为人民币不是自由兑换货币,它不能够直接对外支付。当前国际油价等上涨,人民币升值并不能够像欧元、日元等货币对美元升值那样对冲油价上涨,因为人民币不是国际货币,国内进口商获得的汇兑好处实际上相当于国家给予补贴了,因为国家卖外汇给你便宜了。

五是人民币对美元升值是吸引投机资本内流,还是防止投机资本内流。由于美国的次贷危机,2007 年 9 月开始,美联储不断下调利率,美元持续走软,人民币对美元升值。如果每年人民币对美元升值10%,则投机资本流入呆一年,即使什么也不做,也可获得超过 10%的收益,对投机资本的吸引力是很大的。实际上吸引投机资本流入的是人民币不断升值的趋势和预期,如果人民币还持续不断的升值,肯定会吸引投机资本的流入。有人认为人民币应该一次性大幅度升值消除人民币升值预期,缓解人民币升值压力。但一次性大幅度升值会导致国内投机资本迅速获利,是否能够防止投机资本继续流入,要依赖于人民币大幅度升值能否消除人民币升值的预期,如果能够消除预期,则有利于缓解人民币升值。

六是有人主张依赖热钱流入恢复股市信心。2008 年上半年,人民币升值加快,投机资本都蠢蠢欲动,觊觎中国市场,一些人认为热钱流入有利于刺激股市。这种观点有点类似饮鸩止渴,热钱到底是刺激股市,还是祸害股市呢? 所谓“热钱”,就是国际金融市场上短线的投机资本,其目的就是利用别国金融市场上利率、汇率和资产价格的定价存在的套利空间投机获利,或不断推高该国的资产价格,待上升到高位时,出手获利,其必然会扰乱该国的金融市场。认为热钱有利于刺激股市的人,通常是被股市套牢,而希望迅速解套的。其实对于普通股民而言,股市的健康发展才是股民获利的根本,而投机资本带来的股市繁荣是短暂的,一旦获利逃走,最终套牢的还是普通股民。

由此可见,经济现象的本身往往是复杂的,需要具体问题具体分析,结论是依赖于一定的经济前提,不要被表面现象所迷惑。笔者通过对这几种现象的分析和探讨,就是想强调在现实的经济生活中,我们要善于对一些经济现象和经济问题进行把握和分析,要透过现象看本质,只有这样,我们才能够作出合理的、正确的判断。

第二节　一样的升值不一样的效果

2007年下半年至2008年上半年,由于美国次贷危机,美元走软,人民币和欧元等货币纷纷对美元升值。欧元是自由兑换货币,也是主要的国际储备货币,人民币不是自由兑换货币,更不是国际储备货币,两者各自升值对本国或本地区经济的影响是不同的。

一、升值是否有利于出国旅游和留学

人民币升值和欧元升值对于各自本国或本地区居民去美国旅游、留学等都有利,人民币升值可以换得更多的美元,欧元升值也可以兑换更多的美元,但是对两国的影响并不相同。人民币升值,人民币可以兑换更多的美元,出国旅游和留学比以前更合算了。但是值得指出的是,由于人民币不是自由兑换货币,你必须首先把人民币兑换成美元,一定的人民币比以前可以兑换更多的美元,但要从国家手里购买外汇,你买得便宜,相当于国家给予补贴了。也就说,国家可能是8元人民币买的1美元,现在再卖给你1美元,只能获得7元人民币。而对于欧元区则

不一样,因为欧元是自由兑换货币,它直接在国际金融市场上就可以自由兑换,政府无需承担兑换的成本,居民可以获得美元贬值,欧元升值的好处,这是欧元升值获得的铸币税,也就是说,以前 1 欧元在国际金融市场上能够购买 1 美元,而现在在国际金融市场上,能够换得 1.6 美元,能够获得升值铸币税 0.6 美元,而人民币却不能够获得升值的铸币税,因为人民币不能够在国际金融市场上兑换,只能在国内金融市场上兑换,你的兑换收益相当于国家给你的补贴。

二、升值是否进口便宜了

人民币升值,进口商从美国进口,进口价格下降,同样欧元升值,欧元区从美国进口,进口价格也会下降。尽管都是进口价格下降,但是两者之间有本质的区别。如果进口商从美国进口,它必须先用人民币购买美元,国家卖美元给进口商,虽然进口商买美元便宜了,但是你不是从国际金融市场上买来的,你是从国家的手里买来的,先前的美元是有我们的出口换来的,你获得的兑换收益是以国家的损失为代价的。而欧元则不同,它可以在国际金融市场上获得更多的美元,购买同样数量美元的商品支付的欧元少了,因为欧元是自由兑换货币,它能够获得升值带来的好处。

三、升值是否有利于对外投资

金融危机时期,随着美元贬值,美元资产大幅度下跌,全球抄底成为热门话题,但是中国和欧元区仍然面临不同情况。中国国内企业和金融机构实行"走出去"战略,到国外兼并和收购,仅是为了避免美元贬值的损失,保证外汇储备保值增值,但是却不能够获得人民币升值的好处,因为你不能够用升值的人民币购买美元资产。但欧元却不一样,欧元升值能够买到更多的美元资产,因为欧元能够兑换到更多的美元,美元贬值、欧元升值,到美国投资能够获得更多的美元资产。但中国只能用外汇资产去国外投资,而不能用人民币资产,所以人民币升值对我国去国外投资不能够向欧元那样获得升值的好处。

四、人民币升值是否增强了人民币的地位

欧元升值增强了欧元作为国际外汇储备的功能。美元走软和欧元走强使得更多的国家调整自己的外汇储备结构，增持欧元，减持美元。美元币值波动，持续走软，给欧元带来了契机，欧元币值走强，强化了自己作为国际储备货币的功能。作为国际储备货币，该货币必须稳定坚挺，能够保值增值，持续走软的货币是不适合作为储备货币的。应该说，美元走软为欧元提供了契机，国际储备货币中欧元的份额将会增加，进一步强化了欧元的地位。2007 年至 2008 年上半年，人民币"外升内贬"不利于人民币走向区域化和国际化。中国外汇体制改革的目标就是要最终实现人民币的自由兑换，人民币走向国际化。众所周知，货币的功能主要是：价值尺度、交换媒介和记账单位，发挥这三大功能，国际化的货币应该稳定坚挺，否则必然会被各国排斥。人民币"外升内贬"影响人民币国际化的进程，人民币对外升值，但是人民币不是完全自由兑换的货币，在国际金融市场上并不能够获得人民币升值的好处；人民币对内贬值，对内的购买力下降，导致持有人民币的意愿下降。因此人民币要走向国际化，必须保持人民币币值的相对稳定。

总之，人民币和欧元对美元同样升值，但是其各自的影响却不同，不同的货币抵御外来冲击能力是不一样的。由于人民币不是完全自由兑换的货币，美元贬值导致的损失不能够像欧元升值那样得到一定的对冲，美元走软导致全球面临通货膨胀的风险，使得中国等一些发展中国家深受其害。因此我国要深化外汇体制改革，继续稳步推进人民币自由兑换，完善人民币汇率的形成机制，放弃对某一国货币的依赖，促进人民币走向世界，最终成为国际储备货币中的一员。由于各国货币地位的强弱不同，弱币国总是处于劣势地位，美元贬值对非国际货币国家的影响更大。美国次贷危机可以通过美元倾销转移损失，欧元也可以通过本币升值对冲部分损失，而像中国等一些发展中国家货币处于弱势地位，不得不承担美元贬值导致的损失。

第三节　人民币对外升值和对内贬值

一、人民币对外升值和对内贬值

2010年,市场普遍预期人民币会在第二季度脱离和美元挂钩,恢复对美元升值,同时通货膨胀预期和通货膨胀压力上升。如果人民币开始对美元升值和国内价格水平继续上涨,人民币又将呈现出对外升值和对内贬值的现象,相对美元来说,人民币的购买力在上升,而在国内的购买力下降,这可能是人民币变化的一个特征。

从我国的实际情况来看,巨额的外汇储备,外国投机资本不断流入,再加之来自外国政府的施压,公众对人民币升值的预期上升。截至2009年12月末,国家外汇储备余额达到23 992亿美元,同比增长23.28%,同时在资产价格上涨预期和人民币升值预期的驱动下,短期资本流入也不断增加,人民币存在升值压力。西方发达国家也在不断施压人民币汇率。

2009年,我国M_1、M_2增长较快,经济体内积聚了大量的流动性,在其推动下,通货膨胀的压力不断增加。根据央行统计数据,2009年12月末,广义货币供应量(M_2)余额为60.62万亿元,同比增长27.68%,增幅比上年末高9.86个百分点;金融机构人民币各项贷款余额39.97万亿元,同比增长31.74%,增幅比上年末高13.01个百分点。2010年第1季度,居民消费价格(CPI)同比涨幅将接近2.2%,工业品出厂价格(PPI)达到5.2%左右。随着货币信贷的大幅度上升,通货膨胀压力上升,物价水平上升,意味着人民币国内的购买力将下降,即人民币在国内将有贬值趋势。笔者认为人民币对外升值和对内贬值会面临一定的挑战。

一是人民币对外升值和对内贬值使得人民币实际升值速度加快,本国产品的价格竞争力会下降。实际上,物价水平上升导致货币购买力下降,会弱化人民币升值预期和缓解人民币升值的压力,但通货膨胀会加快人民币升值速度。从货币购买力角度看,实际汇率可以视为本国与贸易对象国各自货币的国内实际购买力的比率。如果假定国外价格水平不变,国内名义汇率下降,实际汇率下降,人民币实际升值;国内价格水平上升,实际汇率下降,人民币也实际升值。通常情况下,名义汇率不变,那么本国的通货膨胀率导致本币实际购买力下降,贸易对象国的通货膨胀率高导致外币的实际购买力下降,用本币表示的外币价格(汇率)就较低。人民币对外升值和对内贬值,意味着人民币实际升值速度加快,本国出口产品的价格竞争力会下降。

二是人民币对外升值和对内贬值导致中央银行的冲销干预的压力增大。一方面,国际收支盈余和人民币升值预期上升,中央银行的外汇占款增加。为了控制外汇占款的大幅度增加,中央银行必须大量发行央行票据、进行正回购操作或提高法定准备金率进行冲销。另一方面,货币信贷扩张,价格水平上升,也需要中央银行进行公开市场业务的操作,吸收更多的流动性,因此中央银行冲销干预的压力进一步上升。如2007年我国中央银行10次上调法定准备金率(还上调了外汇存款法定准备金率);6次上调存贷款利率;6次发行央行定向票据,同时还采取人民币特种存款冻结流动性,中央银行连续在公开市场上发行央行票据回笼资金,应该说回笼资金的力度不断加大。

三是国内通货膨胀和对外升值的结合给国家采取一般的经济手段调控经济带来了严重的困境。这主要是加息与升值压力之间的冲突,从我国货币政策来看,一方面,在银行信贷市场上需要提高利率,来达到抑制信贷过快增长的政策目标,从而一定程度上缓解信贷需求上升导致的通货膨胀压力;同时由于国内价格水平上涨,为了防止负利率,中央银行也不得不提高利率水平,这些都要求提高利率。另一方面,在货币市场上,提高利率会导致我国与外国利差的进一步扩大,从而加剧投机资本流入,外汇储备和外汇占款增加,通货膨胀压力上升,而且会进一步加剧升值压力,并且国内通货膨胀的增加又会进一步加大国家提升利率的压力。在货币市场中力图维持相对较低的利率,来抑制升值的预期和压力;而通货膨胀压力的上升与实际负利率都要求央行提高利率,然而利率上升会导致国内外利差扩大,人民币势必面临更大的升值压力。这种调控困境主要是由于要同时实现货币目标和汇率目标所导致的,这两个目标之间存在冲突,如提高利率有利于稳定货币目标,却不利于稳定汇率。因此人民币的对外升值和对内贬值相结合致使政府政常规的经济调节政策产生矛盾,陷入困境。

四是人民币对外升值和对内贬值,若伴随资产价格上涨,投机资本将不断流入。人民币升值和国内资产价格水平的上升,投机资本流入可以获得人民币升值和国内资产价格上升的双重收益。由于对人民币潜在的升值预期不会停止,外国投机资金的流入也就不会停止,而且国内资产价格上涨预期也会进一步吸引投机资本,这将导致国内货币供给增加,通货膨胀压力上升。目前,阻止热钱流入所采取的方式主要是希望在汇率上增加更大的灵活性,使人民币缓慢升值,但这样做往往不但阻止不了国际热钱,反而会让国际热钱更加放心大胆地涌入。

总之,货币信贷增加,价格水平上涨,利率上调压力上升;而国际储备增加,投机资本流入,汇率升值压力上升,人民币可能又会回到对外升值和对内贬值的轨道上来。人民币对外升值和对内贬值的情况下,政府维持宏观经济平稳健康地增长,必须转变经济增长模式,采取多种措施进行调控,控制货币信贷过度扩张,加强监管防范投机资本的流入,实现宏观金融政策调控手段的创新。

二、2007年至2008年上半年人民币"外升内贬"加剧的原因及影响

2007年,人民币的持续升值和国内价格水平的上涨,人民币呈现出"对外升值"和"对内贬值"的现象,相对美元来说,人民币的购买力在上升,而由于国内通货膨胀,人民币在国内的购买力却在下降,这是人民币变化的一个重要特征。而进入2008年,人民币"外升内贬"的趋势进一步加剧。2008年1、2月份,居民消费价格总水平同比分别上涨了7.1%和8.7%,通货膨胀有上升的趋势;同时人民币对美元持续升值。人民币对外升值和对内贬值呈现出相互攀升的趋势。

从传统的国际金融理论来看,国内有通货膨胀,人民币应该贬值,

而不是升值；同时人民币升值，国际收支盈余会下降，国内外汇占款下降，有利于控制物价水平的上升，也就是说，这两者之间是相互抵消的关系，而不是相互强化的关系。为什么当时会出现人民币"外升内贬"不断加剧呢？笔者认为从中国的实际来看，人民币的对内价值和对外价值的变动并不是完全相关的，而是有一定程度的脱离。从人民币的对外价值来看，国际收支盈余、人民币升值超强预期和美元走软等是导致人民币升值的主要因素，我国物价上涨呈现出结构性上涨的特征，对出口企业成本影响有限，贸易盈余并不会迅速下降，而升值预期和美元走软助推了人民币的加快升值。而从人民币的对内价值来看，国内的通货膨胀并不完全是由于外汇占款的增加所导致的，由于中央银行的冲销干预，外汇占款对价格水平的影响较小，国内通货膨胀更多的是由于国内供给不足和国际市场上大宗商品价格上涨等所导致的。

人民币"外升内贬"到底给我国经济带来什么样的影响呢？笔者认为：

一是由于两者之间关系的一定脱离，通过人民币升值控制通货膨胀效果有限。一种较为普遍的观点是通过人民币加速升值来遏制通货膨胀，但由于这两者之间并不是完全相互制约的关系，人民币即使升值加快，也并不能够有效控制通货膨胀，因此政府要更多通过其他政策手段控制通货膨胀，正如中国人民银行行长周小川在 2008 年 3 月 6 日的两会记者招待会上回答记者所指出的那样："在通货膨胀的控制方面，更主要还是依靠国内综合措施，包括实行从紧的货币政策，以及其他综合措施。""不必把汇率变化更多地看作是为了抑制通货膨胀。"

二是使得实际汇率加速升值和实际利率为负同时并存。由于人民币名义升值加快，加上国内通货膨胀，人民币实际升值的速度更快，因为通货膨胀增加了出口企业的成本，也相当于人民币实际升值了。同时由于通货膨胀加剧，人民币实际利率仍然为负，并有继续下降的趋势。因此人民币的对外实际币值加速上升，可能会导致更多投机资本流入；对内的实际收益率下降，可能导致国内投资仍然过热，加剧了宏观经济的内外不均衡。

三是导致收入分配结构变化和内需下降。通常,社会中富人的资产性收入占绝大多数,货币性工资收入占其收入比重较小;而穷人则相反,资产性收入占比较少,货币性工资占比较多。在我国情况也是如此,因为在我国大多数的居民的收入来源主要是货币性工资,而少数富人却拥有大量的实物资产和金融资产。这样一来,通货膨胀使社会中的大部分人财富迅速减少,而少数富人财富增多,使得财富向少数富人转移,进一步加剧财富分配不平等的程度。通货膨胀使得大多数民众的财富减少,于是这部分人口的消费支出必然被压缩;与此同时,富裕阶层的财富虽然增加,但是这部分人的消费结构近年来早已发生变化,其财富增加导致的是对奢侈品的消费,加之人民币的对外升值导致进口品相对便宜,这部分由于财富增加引致的消费必然会转移到进口品上。

因此,人民币的对外升值和对内贬值相结合致使政府常规的经济调节政策产生了矛盾,加剧了宏观经济的内外失衡。因此笔者认为我们要通过多种政策工具的搭配实现宏观经济内外均衡,保持人民币对内和对外价值的逐步稳定,防止汇率和价格水平的大起大落。

第四节 “热钱”的流入及防范

一、热钱流入的原因分析

自 2005 年 7 月人民币汇率体制改革以来,人民币一直呈现出单向的、持续的升值,人民币汇率变化没有不确定性,对于投机资本来说,这几乎是没有风险的。尽管我国存在资本管制,投机资本不能够自由进出,但是在利益机制的驱动下,投机资本通过各种渠道潜入,使我们防不胜防。同时外部环境的变化也加剧了投机资本的流入,自 2007 年爆发次贷危机以来,美国 7 次下调联邦基金利率,进入 2008 年,中美利率倒挂,进一步加剧了投机资本的流入。怎样防范投机资本的大量流入是当时政府面临的一个重要问题。

　　热钱的流入主要有以下几种原因：

　　一是人民币升值较快和升值预期较强。自 2005 年 7 月汇改至 2008 年 6 月底，人民币累计升值 20%，并且人民币升值呈现单向的、持续的变化趋势。

　　我国的经常项目和资本项目双顺差，到 2009 年 12 月底，我国的外汇储备达到 23 991.52 亿美元，外汇供给一直大于外汇需求，人民币升值的预期较强。

　　二是中美利差倒挂。2007 年，中国人民银行 6 次上调人民币存贷款利率，而美国次贷危机爆发，美联储自 2007 年 9 月 18 日以来，连续下调联邦基金利率。2008 年以来，美国的利率降低到人民币存款利率以下，中美利差倒挂趋势越来越大（见图 3-1），这进一步刺激了投机资本的流入。

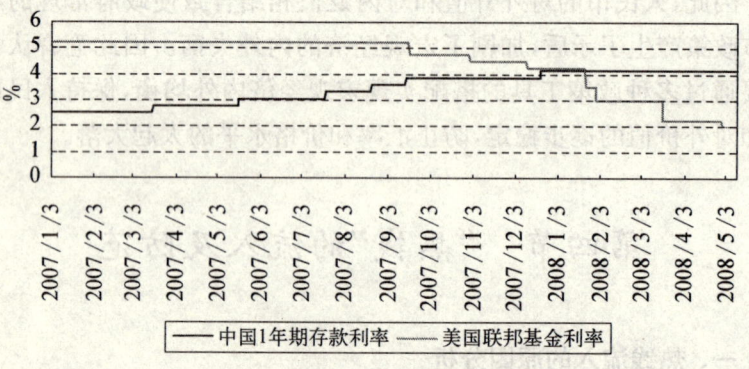

数据来源：http://www.federalreserve.gov/；http://www.pbc.gov.cn。

图 3-1　中美基准利率的利差

　　三是资产市场价格的上涨。证券市场和房地产市场的繁荣吸引了大量投机资本流入。我国经济的高速增长，资产价格不断上涨，为投机资本获利提供了机会。2005 年以来股票市场一路狂飙，深沪两市均全线飘红，国内股票市场的非理性上涨，热钱的流入起到了推波助澜的作用。以沪市为例，沪市综合指数已从 2006 年 2 月 6 日的 1 287.66 点，在短短 1 年多时间内狂涨至 2007 年 9 月 28 日的 5 552.3 点（见

图3-2）。深市也同样表现出色，深市成分指数已从2006年2月6日的3 359.5涨至2007年9月28日的18 864.6，涨了5.6倍。

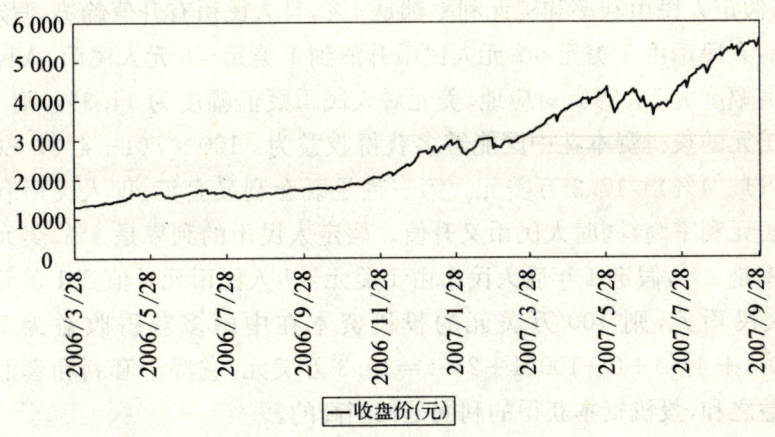

数据来源：wind数据库。

图3-2　沪市综合指数的变化

2008年年初，A股剧烈调整，但热钱却大规模流入。近年来，国内房地产需求一直处于高速增长阶段，房地产投资的预期回报相当可观。进入2004年以来，我国房地产销售价格快速攀升，热钱无疑也起到了推波助澜的作用。

四是美元持续走软。由于美国次贷危机，美国采取扩张性的货币政策和财政政策导致美元不断走软。美元汇率指数由2007年年初的83.31下降到2008年3月17日的70.70近期低点，美元对欧元的汇率也由2007年年初的1.317 0下滑到2008年4月23日的1.600 2。

二、热钱的套利机制及流入渠道

投机资本流入主要是套利或套汇，或两者兼而有之。我们通过一个简单的实例来说明投机资本怎样获利的。第一是套利，假定人民币和美元是固定汇率，且1美元＝7元人民币，人民币的利率是4%，美元的利率是2%，人民币利率比美元利率高2个百分点。如果有100万美元的投机资本流入中国，则在中国投资获得的收益比在美国投资要高 2 个百分点，即多获得收益为 2 万美元[100(4%−2%)]。第二是套汇，假定人民币利率和美元利率都是 4%，且人民币有升值趋势，假定 1 年后人民币由 1 美元＝7 元人民币升值到 1 美元＝6 元人民币，人民币升值幅度为 16.7%，对应地，美元对人民币贬值幅度为 14.3%，则 100 万美元的投机资本在中国能够多获得收益为：$100×7(1+4\%)÷6−100(1+4\%)=17.3$ 万美元。第三种是既套利又套汇，即人民币利率比美元利率高，同时人民币又升值。假定人民币的利率是 4%，美元的利率是 2%，假定 1 年后人民币由 1 美元＝7 人民币元升值到 1 美元＝6 人民币元，则 100 万美元的投机资本在中国多获得收益为 $7×100(1+4\%)÷6−100(1+2\%)=19.3$ 万美元，它等于套利和套汇的收益之和，投机资本获得的利润是相当高的。

　　实际上投机资本能否获利可以从利率平价机制得出。假设 i_t，i_t^* 分别是指本国货币和外国货币投资时在 t 到 $t+1$ 期的利率，$E(\dot{S})$ 表示汇率的预期变动率，则根据利率平价：$E(\dot{S})=i_t−i_t^*$，也就是说汇率的预期变动率等于国内外利差。因此在人民币升值、美元贬值预期的条件下，即美元的预期贬值率 $E(\dot{S})<0$，为了防止投机资金的套利，国内利率应该比美元利率低。假定美元预期贬值率为 $a\%$，则国内利率应该比美元利率低 $a\%$，套利资金则不会获得利润。只要美元贬值预期超过美元和人民币之间的利差，投机资本会不断流入。如果美元对人民币一年贬值在 10% 左右，则美元利率应该比人民币利率高 10%（忽略交易成本），则套利资本不能够获得利润。随着 2007 年下半年人民币利率的上调和美元利率的下调，人民币和美元的利差越来越小。2006 年 8 月 19 日金融机构 1 年期存款基准利率上调 0.27 个百分点，由当时的 2.25% 提高到 2.52%。当时联邦基金利率为 5.25%，与我国 1 年期的存款利差为 2.73%。为应付次级债危机，2007 年 9 月 18 日，美联储 4 年来首次降息，宣布下调联邦基金利率，由原来的 5.25% 下调至 4.75%，中美利差不断缩小。随后，美国在半年多的时间内连续 7 次降低利率导致中美利差缩小，并出现利率倒挂，后来倒挂的趋势越来

越大。

因此,如果考虑我国的实际情况(不考虑交易成本),国外投机资本投资在国内的收益率为$|E(\dot{S})|+i$(人民币利率+美元对人民币贬值的幅度),它包括利息收益和人民币升值后货币的汇兑收益;投资在国外的收益率为美国的利率i^*。因此当(人民币利率+美元对人民币贬值的幅度)=(美元的利率),则投机资本在国内投资的收益率和在国外投资的收益率相等,投机资本不会流入。当(人民币利率+美元对人民币贬值的幅度)<(美元的利率),则投机资本在国内投资的收益比在国外投资的收益小,国外投机资本也不会流入。当(人民币利率+美元对人民币贬值的幅度)>(美元的利率),则投机资本在国内投资的收益比在国外投资的收益大,投机资本流入会获得更高的收益,但这种情形又可以分为3种情况(见表3-1)。

表 3-1　　　　　　　　　　　投机资本的套利和套汇

	$|E(\dot{S})|>i-i^*$		
情形	1) $i^*=i$	2) $i^*>i$	3) $i^*<i$
结论	套汇,不能套利	套汇的收益大于套利的损失	既能套汇又能套利

从人民币和美元的基准利率,以及人民币升值的趋势来看,热钱流入中国的动力较强。在我国投机资本既有套利又有套汇的机会,因为人民币利率和美元对人民币的贬值幅度都大于美元的利率。正因为如此,2008年在美国利率不断下调的情况下,人民币利率上调面临掣肘,因为人民币利率上调会扩大投机资本的利润空间,导致更多的投机资本流入,这也是央行利率调控面临困境的原因。

2008年上半年,中美利率倒挂,人民币存在升值压力,套利资本流入能够获利,但在金融市场迅猛发展的今天,国际资本流动的目的往往是获得资本市场的高额收益率。因此在中国资产市场价格不断上涨的情况下,投机资本不会只呆在银行里,而是投资到股票市场或房地产市场追逐更高的收益,如果这样,则在国内投资获得的收益率等于(投机

资本在国内资产市场的收益率＋美元对人民币贬值的幅度）。当前我国资本市场更能吸引"热钱"，这也是我国利率与汇率联动关系特殊性的一个体现。如果投机资本能够套取资产市场的收益，则由利率平价公式可知，只要：$I_t + |E(\dot{S})| > i_t^*$，投机资本能够获得收益，其中 I_t 为国内资产的收益率。假定资产市场的年平均收益率为 15%，即 $I_t = 15\%$，美元对人民币的贬值幅度为 10%，即 $|E(\dot{S})| = 10\%$，美元的利率为 2%，即 $i_t^* = 2\%$，则投机资本获得资产市场和人民币升值的双重收益率为 25%（15%＋10%），因此投机资本获得的利润为 23%（25%－2%）。如果投机资金操纵股市，在股市大进大出，必然导致股市的大幅度波动。如果投资于房地产，也必然推高房地产的价格。目前在我国资产价格不稳定的条件下，国际投机资本的流入更值得关注。

从我国 2008 年一季度的外汇储备增加来看，投机资本流入也不可小视。一季度我国的贸易顺差为 414 亿美元，FDI 为 274 亿美元，同比增长 61.3%，共计 688 亿美元，一季度国家外汇储备增加 1 539 亿美元，如果按照传统的外汇储备总金额减去贸易盈余和 FDI 来计算"热钱"，则投机资本流入为 851 亿美元。不过有些学者指出不能用外汇储备减去贸易盈余和 FDI 来计算"热钱"，因为新增的外汇储备包括外汇储备的投资收益和外汇储备中其他货币对美元升值的收益，但是笔者认为即使考虑到这一点，"热钱"流入的数量仍然不可小视，因为一些投机资本也可能混在贸易项目和 FDI 中流入国内（外汇储备增量－贸易顺差－外商直接投资＋虚假贸易＋虚假 FDI）。

投机资本流入的渠道主要包括：货物贸易、外商直接投资、地下钱庄、个人项下结汇、捐赠、企业和金融机构境外股本的融资渠道、金融机构外债、服务贸易以及合格境内机构投资者渠道等。以上这些渠道使我们防不胜防，由于其流入渠道的多样性，甚至是合法性，想要完全控制是很难的。

三、投机资本的影响

2008 年上半年，投机资本流入加剧了国内流动性过剩，导致中央银行的外汇占款增加,货币供应量也会相应增加。物价上涨终究可以归结于货币现象,投机资本流入成为导致通货膨胀上升的一个重要原因。在人民币升值预期之下,我国投机资本存在着一个自我强化机制,进一步增加了通货膨胀压力。投机资本流入,导致经由外汇占款被动投放的基础货币持续增长,市场流动性充裕,货币信贷投放过多;同时投机资本流入,外汇供给相应增加,强化了人民币升值的预期,吸引投机资本进一步流入,市场流动性相应增加。

投机资本的大量流入,加大了中央银行冲销干预的压力,干扰了中央银行控制通货膨胀的力度,不利于中央银行控制通货膨胀目标。实际上,冲销手段无法从根本上打破这种投机资本流入的自我强化机制,这是冲销干预所面临的最大的挑战。冲销干预在短期内会产生一些效果,但如果不打断这个强化机制中的相关环节,外汇储备与货币供给的超额增长难以控制住。有人会认为虽然国际收支顺差放出了大量的基础货币,但是中央银行在公开业务市场上进行了大量的对冲操作,可以抵消这部分增发的货币。但是由于我国对冲手段单一,数量也受到了一定的限制,因此每年都无法完全对冲掉所有由于顺差结售汇放出的货币。这些未冲销的货币都是基础货币,在货币乘数的作用下,产生扩张,经济体内被注入的多余流动性将成倍增加。

投机资本的大量流入,恶化流动性过剩局面,推动通货膨胀的产生。流动性过剩、通货膨胀是我国当时面临的最紧迫的问题,面对大量国际热钱的不断流入,为保持人民币汇率的基本稳定,避免过快升值,中央银行不得不发行大量人民币维持国际收支平衡,购买外汇市场上溢出的外汇,从而增加了外汇占款和基础货币供应量,通过货币乘数效应,使流通中的人民币迅速增加,推动了通货膨胀的产生。同时,外汇占款导致基础货币投放继续放大,不仅会改变我国货币供给结构,而且会加大中央银行的货币对冲压力,降低货币政策的独立性,减弱中央银行运用货币政策工具对冲、吸收流动性的效果,对冲成本日趋增大。

投机资本的大量流入,催生资产价格泡沫,影响国民经济健康发展。如果美元贬值逐渐弱化，国际热钱获利后一旦对市场作出不良预期，势必会大规模撤离并导致我国房地产市场和股票市场剧烈波动。20世纪90年代初期，国际游资的撤离致使外来资本推动的日本房地产泡沫破灭，最终导致长达15年的经济萧条期，应引起警惕。

投机资本的大量流入，推升外汇储备增长，带来负面影响。热钱的流入已成为推升我国外汇储备增长的重要因素之一。2007年年末，国家外汇年储备余额达15 282.49亿美元，比2006年年末增加4 619.05亿美元。外汇储备增加的同时，外汇占款不断增加，在相当大的程度上使我国陷入减轻人民币升值压力与抑制货币供给增长难以兼顾的两难境地，缩小了货币政策的调整空间，加重了金融调控难度。

热钱流入加大了人民币升值的压力。热钱流入人为加大了我国本币对外升值的压力，影响了外汇市场的正常秩序，扭曲了外汇供求。频繁大量的热钱流入，将形成短期内的非正常外汇供求，直接冲击外汇储备和汇率的稳定同时，大量游资流入东亚，造成外汇储备一时的增加，还会推动股市上升，出现投机性泡沫就有可能出现盲目扩大投资，增加投资虚假需求，导致经济过热。一旦泡沫破裂，就会发生金融危机和衰退。

大量的投机资本进入，会导致宏观经济的风险上升，一方面，货币当局经常干预外汇市场稳定汇率，会导致基础货币的增加，面临通货膨胀压力；另一方面，通货膨胀会提高实际汇率，长期来看，经常项目又会面临压力。投机资本内流还会导致金融机构资产负债表在币种和期限上的不匹配。资本内流导致对外负债项目不断增加，如果不能有效地使用资金，则将来会面临严重问题。一是投机资本流向房地产市场和股票市场，房地产市场和股票市场的价格被推高，泡沫可能会产生。如果在价格上升到一定程度时，资金获利回流，房地产市场和股票市场价格就会下跌，导致银行体系的不良贷款上升，金融风险加剧。二是资本内流增加，流动性增加，国内会出现通货膨胀，人民币实际升值，出口竞争力恶化，导致失业增加。另外，在资产价格上涨的情况下，企业部门的投资加速，房地产和股票的价格一旦下跌，不良债务可能会上升。因此一旦经济条件发生变化,资本外流和资产价格下降,银行体系的不良贷款上升,大量的资本外逃,国际收支可能会迅速恶化,导致经济衰退(见图3-3)。投机资本带来的金融风险不可小视,它是导致一国发生金融危机的重要原因。

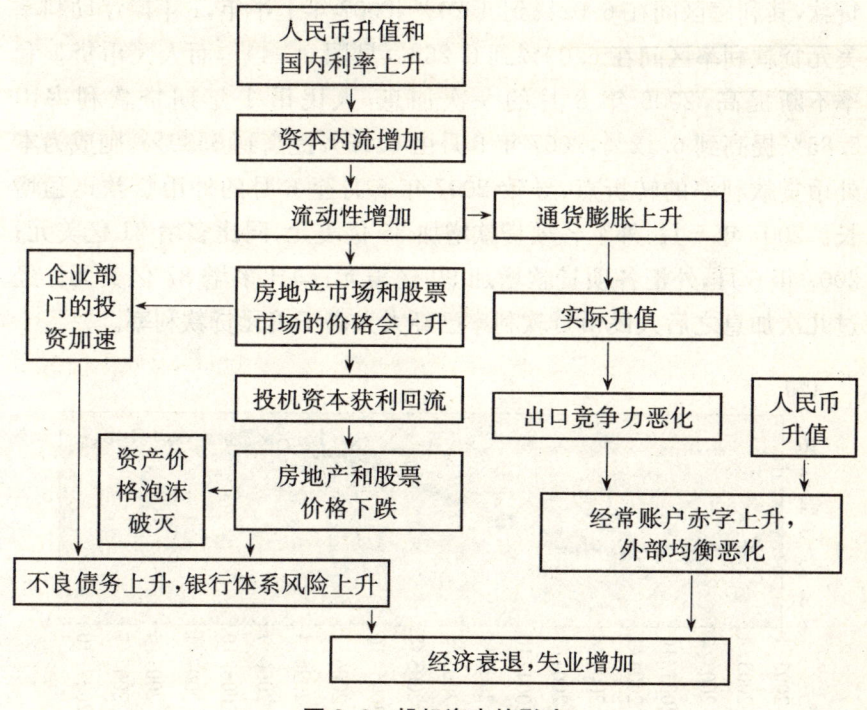

图3-3　投机资本的影响

2008年9月,随着国际金融危机爆发,经济形势发生了较大的变化。尽管如此,笔者认为2007年至2008年投机资本流入仍然值得总结和反思。

四、通过外汇贷款投机

2007年上半年,境内美元贷款利率已经显著低于人民币贷款利率,导致每个月外汇贷款突增。2007年3月以后,美元贷款利率和人民币贷款利率倒挂,同时人民币又有升值趋势,借美元比借人民币更合算。中央银行 2006 年第四季度货币政策执行报告的数据显示，从 2006 年下半年开始，美元贷款利率一直在 6％之上，从 2006 年 8 月到 2007 年 1 月，一直保持在 6.2％以上的高位。根据中央银行 2007 年发布的第二季度货币政策执行报告，2007 年上半年，1 年期固定利率美元贷款，其利率区间在 6.02％到 6.20％，2007 年上半年，1 年期浮动利率美元贷款利率区间在 6.09％到 6.26％（见图 3-4）。而人民币贷款利率不断提高，2006 年 8 月的一次加息，人民币 1 年期贷款利率由 5.85％提高到 6.12％，2007 年 3 月由 6.12％提高到 6.39％，则成为本外币贷款利率的转折点，导致 2007 年 5 月至 6 月的外币贷款迅猛增长。2007 年 5 月，外汇各项贷款增加 35 亿美元，同比多增 21 亿美元；2007 年 6 月，外汇各项贷款增加 90 亿美元，同比多增 87 亿美元。经过几次加息之后人民币贷款利率已经大大高于美元贷款利率。

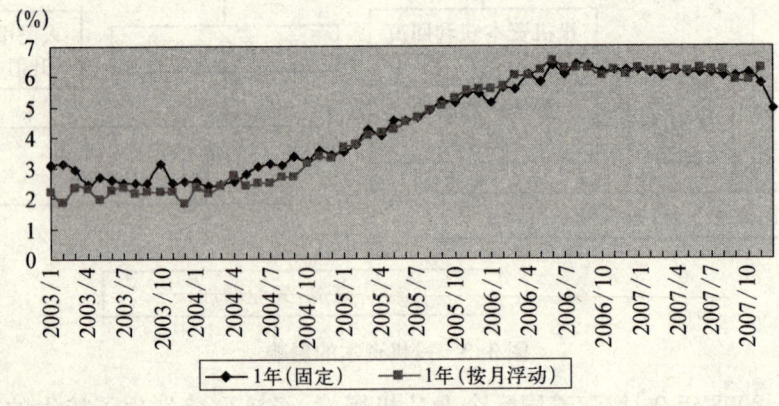

数据来源：2007 年第四季度中国货币政策报告。

图 3-4　美元贷款利率

　　因此中央银行 2007 年连续 6 次加息已经导致境内本外币利率进一步倒挂，而美元贷款利率低于人民币贷款利率的直接结果，就是导致 2007 年外币贷款迅猛增长。2007 年，外汇贷款余额为 2 198 亿美元，同比增长 30.2％，比年初增加 511 亿美元，同比多增 327 亿美元。本币贷款利率高于美元贷款利率，美元外币贷款迅速增长。如果企业选择外币贷款进行变相结汇,将加剧流动性过剩压力。

实际上,企业通过外汇贷款可以获得外汇贷款利率小于人民币贷款利率的利差收益和人民币升值带来的汇兑利润。如假定人民币贷款利率为7%,国内美元贷款利率为6%,现在1美元=7元人民币。如果需要人民币贷款700万元,若通过人民币借款,1年后,本金和利息为:749万元人民币[700×(1+7%)]。若通过外汇贷款,则需借100万美元,兑换人民币700万元,假定1年后汇率为1美元=6人民币元,则只需600万元人民币购买外汇偿还100万美元,美元利息为6万美元(100×6%),需要36万人民币购买外汇偿还6万美元,因此本金和利息用人民币表示就是636万元人民币。通过以上举例分析,同样是获得人民币贷款700万元,但通过外汇贷款则少付本息113万元,借款者获得收益为64万元(700万元-636万元),这就是所谓的"借钱还可以赚钱",企业是"负成本"在运用资金(见表3-2)。

表3-2　　　　　　　　通过外汇贷款获得的收益

	汇　率	人民币贷款	美　元　贷　款
贷款年利率		7%	6%
当前贷款	1美元兑换7元人民币	700万元	贷款100万美元兑换成700万元人民币
1年后还款	1美元兑换6元人民币	700(1+7%)=749万(元)	100(1+6%)=106万(美元)需要106×6=636万元人民币来购买
还款差额		113万人民币元	

面对2007年第三季度继续增长的外汇贷款,中国人民银行对银行实施外汇综合头寸管理,核定每家银行最低外汇资本金规模下限,要求银行持有的外汇资金必须满足下限要求。如果低于下限,中央银行就会要求银行购汇以满足要求。外汇管理部门提高了金融机构持有外汇头寸的最低限额,希望以此控制外汇信贷资金的增加。另外,商业银行

为了满足对外汇贷款的需求,通过向国际金融市场融资,借短期外债来满足市场对外汇贷款的需求。截至 2007 年年末,我国外债余额为 3 736.18 亿美元,短期外债余额 2 200.84 亿美元,占外债余额的 58.91%,再度刷新短期外债占比新高。2007 年的短期外债余额同比增加 364.56 亿美元,占新增外债的 72%,同比增长 19.85%,增幅也明显高于外债余额的增幅 15.68%。由于人民币利率比美元利率高,同时人民币有升值预期,投机资本千方百计希望进入国内金融市场,短期外债就是投机资本流入的一种渠道。我国短期外债增长主要来自贸易信贷规模的增加,部分投机资金正是通过贸易信贷渠道披上"合法外衣"进入国内的金融体系。由于我国进出口贸易的规模较大,增长迅速,推动了贸易信贷的进一步增加,但是随着美国利率不断下调,中美利差倒挂进一步增加,加上人民币升值预期,投机资本通过贸易信贷的方式进入可能还会进一步增加。对于国内外投机者而言,投机资本通过贸易信贷伪装进入,能够获得中美利差和人民币升值的双重收益;对于金融机构而言,由于对外汇贷款的需求增加,借短期外债,再贷出,能够获得更多的收益;对于国家而言,投机资本流入,外汇占款增加,冲销干预的压力上升,并且将面临更多的汇兑损失。因此为了防范投机资本流入,外管局 2007 年 3 月曾出台政策,大幅下调金融机构短期外债余额指标,至 2007 年年底,下调至 2006 年核定指标的 35%,至 2008 年 3 月 31 日,下调至 30%,实际上,外管局主要是从金融机构短期外债的存量来控制投机资本的流入和金融机构外汇贷款的增加。

五、通过港币投机

港币和美元实行的联系汇率制度,港币是钉住美元的,与美元保持一个稳定的名义汇率,长期以来,汇率一直固定在 7.8 左右。由于港币和美元实行的是固定汇率制度,因此港元的币值随着美元的币值变化而变化,美元升值,则港元升值;美元贬值,则港币贬值。由于香港是高度开放的金融市场,资本能够自由流动,港币和美元的利率差异,将引起短期资金在国际的移动。实际上,连接汇率、本币和外币利率之间变动关系的也是利率平价,高利率国家或地区将面临资金流入,低利率国家或地区则发生资金流出,资本流动会引起外汇市场上外汇供求的变化,从而对汇率和利率产生影响。从利率平价理论的分析来看,在一个实现固定汇率制的国家,如果资本账户完全开放,即资本完全流动,本币利率和外币利率应该相等。由于港元实现的是和美元联系汇率制度,汇率波动幅度很小,港币和美元都是自由兑换的货币,资本能够自由流动,因此港币利率和美元利率变化应该基本是一致的。这也就是说,港币为了钉住美元,港币利率也必须钉住美元利率。如美联储下调联邦基金利率,香港金融管理局就下调港币贴现率,美联储 2007 年 9 月 18 日下调联邦基金利率至 4.75%,9 月 19 日香港金融管理局下调港币贴现率到 6.25%(见图 3-5、图 3-6)。

美元利率和港币利率每次下调的幅度大小相同,为了维持联系汇率制度,香港金融管理局紧跟美联储利率调整的步伐和节奏。因此香港没有独立的货币政策,它的汇率和利率是和美元捆绑在一起的,港币的利率调整是被动的,是为了维持汇率的钉住,金融市场上美元和港币的供求自动调整来适应港币的汇率和利率,资本的自由流动抹平存在的套利和套汇的利润空间,从而实现汇率和利率目标。

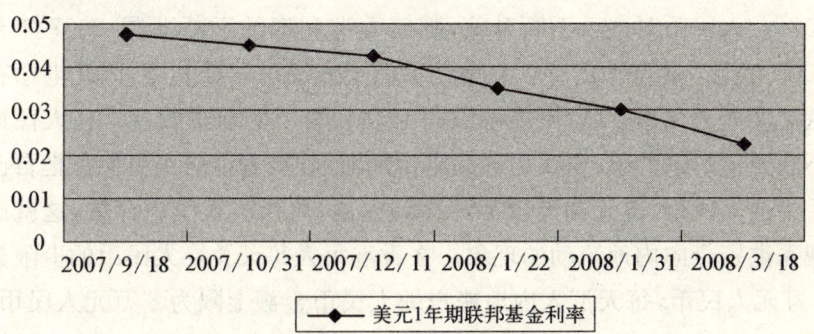

图 3-5　美元一年期联邦基金利率

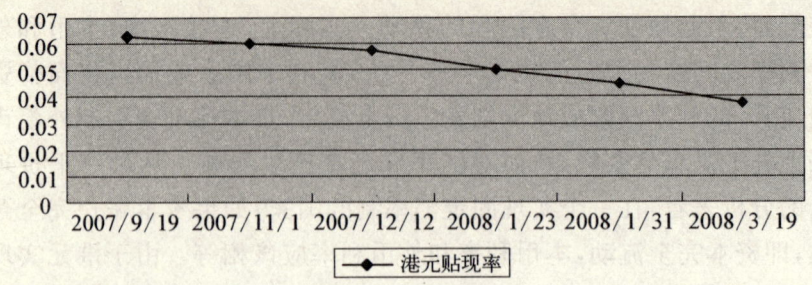

資料来源：http://www. federalreserve. gov/；http://www. info. gov. hk/hkma/chi/
statistics/msb/index. htm。

图 3-6　港元的贴现率

　　我国人民币汇率主要是以美元计价的,人民币对美元的汇率是我
国的主导汇率,其他汇率如人民币对欧元、日元、英镑和港元等都是通
过人民币对美元汇率和国际金融市场上这些货币对美元的汇率套算出
来的。因此人民币和港币的汇率既受港币对美元汇率的影响,又受人
民币对美元汇率的影响。由于港币和美元汇率实行联系汇率制度,名
义汇率基本保持不变,因此港币和人民币汇率就主要由人民币对美元
的汇率来决定,如果人民币对美元升值,则人民币对港币也升值,如果
人民币对美元贬值,则人民币对港币也贬值,因此人民币和美元的关系
某些特征也间接地表现在人民币和港币的汇率上。实际上,自 2005 年
7 月汇改以来,人民币对美元升值了 20%；人民币对港元也升值了约
20%。人民币对港币不断升值,随着香港利率的不断下调,2007 年至
2008 年上半年港币的存款利率已远低于人民币存款利率,因此港币存
款兑换成人民币存款,则能够获得套利和套汇的双重收益。在人民币
不断升值的条件下,人民币成为港币的避风港,香港居民更愿意把自己
手中的人民币、美元和港币等转移到内地,兑换成人民币存款,这就出
现香港资金向内地流动的现象。在香港每人每天兑换人民币的上限为
2 万元人民币,每天汇入内地账户的人民币金额上限为 8 万元人民币,
因此对于香港个人居民来说,资金移动到内地并不困难。甚至一些香
港居民为了省事和节约手续费,直接携带大量现金闯关,以赶上人民币

升值的浪潮,这在深圳边检和海关被查出的也为数不少。一些香港在内地的企业也希望通过多种途径转移资产到内地存人民币,但由于内地资本账户管制,资本转移并不容易。随着人民币升值,一些港资企业的职工甚至希望企业能够直接用人民币支付工资,如果人民币不断升值,港币和人民币之间的货币替代的趋势将进一步加强。目前人民币走强、美元和港币不断走软,人民币的套利空间越来越大,也就是说人民币和美元、港币的汇率和利率之间没有形成完善的市场机制,使投机者有机可乘。

六、投机资本的管理和防范

笔者认为为了有效地控制投机资本的流入,必须采取综合措施,如果人民币重启升值,防范"热钱"仍然是一项重要任务。

一是控制人民币升值的节奏。对于投机资本而言,既能够套利,又能够套汇,"热钱"流入会增加。投机资本看重的是人民币升值的趋势,预期人民币升值的幅度越大,投机资本的获利也就越高,控制人民币升值的节奏将有利于控制投机资本迅速获利,增加其时间成本。

二是增加汇率变动的不确定性。我国阻止热钱进来所采取的方式是在汇率上增加更大的弹性,实际上在人民币升值预期的条件下,增加汇率弹性就是加快升值的步伐,这样投机者可以更快的获利。笔者认为应该增加汇率变动的不确定性,增大汇率双向变动的频率和幅度,也就增加了投机者的风险和投机成本。

三是完善市场机制,推进利率市场化改革。汇率的市场化必然要伴随利率的市场化,否则利率的调整就要围绕汇率转,并且调整往往是滞后的,在信息技术如此发达的今天,资本流动非常迅速,任何套利机会都给投机资本以可乘之机。在资本项目管制逐步放开的过程中,汇率的市场化和利率的市场化要协调发展,让投机者承担更大的风险。

四是充分发挥商业银行在监控投机资本中的重要作用。从投机资本的运作机制来看,不管投机资本通过何种渠道流入,首先要结汇给商业银行获得人民币资金,然后再投资。获得收益后,资本流出必须要兑换成美元，这样还可以获得汇兑的收益。因此要完成一个投机过程，必须经过两个重要的关节：一是流入的外币结汇给商业银行兑换成本币；二是获利的人民币资金再通过商业银行兑换成外币逃出。这两次一进一出都必须经过商业银行。商业银行对异常的结售汇要加强监管，做到早发现、早汇报。对大笔资金的来源、用途和期限等必须进行详细记录和跟踪，加强资金流入和流出的预测预报工作。国家外汇管理局要及时汇总各家商业银行的监管情况，对各个渠道或有关部门资金的流动要及时掌握，发现可疑资金要及时跟踪调查，采取措施，对于不符合规定用途的资金要采取相应的处罚措施，及时总结经验和防范措施，加大投机资本流进流出的成本。

五是要放开小额外币存款的利率。如果放开小额的外币存款利率将有利于形成以市场供求为基础的小额外币存款利率，也必然会影响到大额外币存款利率或外币贷款利率的合理化，促进市场化外币利率结构的形成，有利于阻止投机者的套利行为。

六是除了限制外债余额的总量，更重要的是限制外债余额的结构，对短期外债中的贸易信贷等投机资金流入渠道需求进行严格控制；对外汇贷款使用加强管理，外汇贷款主要应用于对外支付，防范其在国内结汇。

七是阻止港币套利的主要方法也是加强资本账户的管理。在人民币和美元、港币利率倒挂和人民币升值的情况下，不可忽视对港币流入的管理，同样要把港币投机资本流入的管理纳入正常的投机资本管理中来。

八是建立适当的危机预警和应急处理机制。密切关注金融市场的变动，建立一套科学的宏观经济预警指标体系，提高风险防范的可预见性和应对措施的及时性、有效性。

七、后危机时代防范"热钱"，货币政策操作要内外兼顾

后危机时代人民币升值预期上升，投机资本流入不断增加。实际上，投机资本流入主要是套利或套汇，或两者兼而有之。投机者可

以根据各国利率和汇率的变动,寻求投机机会,追逐更高利润。国内外利率水平的变化将影响人民币升值预期和热钱流动,特别是美联储利率的变化,因此中国货币政策的调整要密切关注美联储等中央银行的政策。

此外,在资产市场价格不断上涨的情况下,投机资本不会只呆在银行里,而是投资到股票市场或房地产市场追逐更高的收益。我国资产市场的持续上涨也是吸引投机资本的重要因素,热钱不断流入会推高资产价格水平和通货膨胀预期。因此货币政策调控要受到国外宏观经济政策的影响,如美元走软,美元的吸引力下降,人民币的吸引力增强,人民币有升值压力,中央银行干预外汇市场的力度将会加大。此外如果人民币加息,则人民币的升值压力将加大,热钱流入将增加;如果美联储加息,美元走强,人民币升值压力将减轻,将来人民币利率调整的时机和幅度必须要考虑到美联储等央行调整利率的时机和幅度。因为目前人民币和美元汇率保持相对稳定,人民币跟着美元走,人民币对美元的汇率必将受到美国货币政策的影响,如港币钉住美元,香港的基准利率必须跟着美元走,尽管大陆存在资本管制,没有香港的资本流动性高,但为了维持汇率稳定,中国的货币政策必须要考虑到美联储货币政策的变化。

笔者认为我国货币政策的操作要一只眼睛盯国内,一只眼睛盯国际,内外兼顾,既要控制货币信贷的过快增长,抑制资产价格的泡沫和通货膨胀预期;又要防范热钱的流入,维持宏观经济的平稳运行。根据我国宏观经济形势的变化,2010 年中央银行货币政策的调整应该是一个渐进的过程,先是数量型货币政策工具的操作,控制国内货币和信贷的投放的节奏;价格型工具的操作不仅要考虑国内宏观经济形势外,还必须要考虑到国外中央银行货币政策的调整和变化,尤其是美联储等中央银行货币政策的变化。美国货币政策保持宽松或收紧对人民币汇率变化将有重要影响,人民币升值压力随着美元汇率的变化而变化。如果将来人民币利率上调,将加剧人民币升值压力和热钱流入,这是中央银行货币政策调控必须要考虑的。

第五节　人民币升值条件下的
内外均衡控制

我国外汇储备增加迅速,2006 年 10 月,我国外汇储备突破 1 万亿美元,一方面人民币升值的压力增加;另一方面中央银行冲销干预的压力上升。同时我国宏观经济高速增长,投资增幅较大,为了控制经济过热,中央银行需要提高利率,但是利率提高会导致人民币升值压力加大。宏观经济政策目标之间存在潜在的矛盾和冲突,一个目标的实现往往会导致另一个目标的丧失。怎样保持宏观经济的平稳增长,实现宏观经济的内外均衡,成为我国货币当局面临的一个重要问题。

一、外汇储备变动和人民币升值

随着我国经济的不断扩大对外开放,我国出口有了大幅增长;同时我国很多的出口企业都是劳动密集型部门,劳动力成本相对较低,因此出口商品的价格在国外有很强的竞争力。另外中国经济持续的高速增长,也成为资本流入的主要国家。近年来,我国经常项目和资本项目主要是顺差。由于双顺差,我国的外汇储备也呈现快速增长的势头。2006 年 11 月,外汇储备突破了 1 万亿美元,成为全世界外汇储备最多的国家。外汇储备的不断增加,一方面我国对外的偿付能力不断增强,抵御金融风险的能力上升;另一方面也给我国的宏观经济调控带来一定的压力。

在我国国际收支双顺差的条件下,外汇供给不断增加,人民币面临升值压力。下面通过外汇市场的供给和需求来分析人民币汇率面临升值压力的情况。假定外汇供给曲线为 SS,外汇的需求曲线为 DD,开始的均衡点为 A,汇率为 E_1。如果外汇供给增加,由 SS 曲线右移到 SS_1,新的均衡点在 B 点,汇率在 E_2 点。如果汇率固定在 E_1 不变,则

外汇供给为 Q_3，外汇需求为
Q_1，外汇的超额供给为 Q_1Q_3，
货币升值的压力为 E_1E_2。人
民币升值预期推动升值压力
的进一步放大。如果国内居
民和企业有升值预期，将导致
对外汇需求的下降，需求曲线
DD 将向右移动到 DD_1，与
SS_1 交于 D 点，汇率水平为
E_3（见图 3－7）。

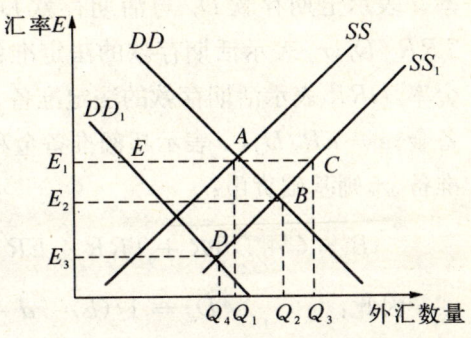

图 3-7　人民币升值预期推动的升值压力

此时若仍维持汇率的稳定在 E_1 点，则超额外汇供给为 EC，人民
币升值压力为 E_1E_3，其中 E_2E_3 部分是由于人民币升值预期引致的升
值压力的"放大效应"。因此人民币升值的压力有市场供给上升推动的
压力和市场预期上升推动压力的双重作用。

目前人民币汇率虽然有一定的弹性，为了防止汇率大幅度波动，中央
银行仍然进行干预维持人民币汇率的基本稳定，一是为了防止人民币大幅
度升值对国内宏观经济的不利冲击；二是防范投机资本的大量涌入等。

二、中央银行的冲销干预

当国际收支盈余时，中央银行为了稳定汇率，必须买进大量外汇，
外汇占款大幅增加。因此为了控制货币供应量和通货膨胀，中央银行
必须通过货币政策工具的操作吸收过度增加的基础货币，即通过冲销
干预[①]手段来实现。

根据 $M=mB$，货币供给 M 等于基础货币 B 和货币乘数 m 之积，
中央银行可以通过影响基础货币和货币乘数，进而冲销货币供给的增
加。我们定义 $k=C/D_d$，$t=D_r/D_d$，k 表示现金 C 与活期存款 D_d 的比

---

①　冲销干预（sterilized intervention）是指政府在外汇市场上进行交易的同时，通过其他
货币政策工具，如国债的公开市场业务等，来抵消外汇市场干预对货币供应量的影响，从而在
不改变货币供应量的情况下，实现对汇率的控制。

率，t 表示定期存款 D_r 与活期存款 D_d 的比率；$r_d = DRR/D_d$，$r_t = TRR/D_r$，r_d 表示活期存款的法定准备金率，r_t 表示定期存款的准备金率，DRR 表示活期存款的法定准备金，TRR 表示定期存款的法定准备金；$e = ER/D_d$，e 表示超额准备金和活期存款的比率，ER 表示超额准备金。则基础货币：

$$B = C + DRR + TRR + ER = (k + rd + r_t t + e)D_d$$

因此：
$$D_d = 1/(k + rd + tr_t + e)B$$

又由 $C = kD_d$，$D_r = tD_d$

得到货币供应量为：

$$M_1 = C + D_d = (1+k)/(r_d + r_t t + e + k)B \tag{1}$$

$$M_2 = C + D_d + D_r = (1+k+t)/(rd + r_t t + e + k)B \tag{2}$$

中央银行可以通过控制基础货币和货币乘数来控制货币供应量，我们可以从中央银行的资产负债表上来分析影响基础货币的主要因素。简化的中国人民银行的资产负债表如下（见表 3-3）：

表3-3　　　　　　　　简化的中国人民银行资产负债表

资　　　产	负　　　债
对中央政府的债权（LG）	通货（C）
对外净资产（NFA）	银行储备（R）
对存款货币银行的债权（LB）	非金融机构储蓄（S）
对非银行金融机构的债权（LN）	政府储蓄（GD）
其他净项（OIN）	央行票据（FP）

资产和负债相等得到：

$$LG + NFA + LB + LN + OIN = C + R + S + GD + FP$$

所以：$\Delta B = \Delta C + \Delta R + \Delta S =$

$$\Delta LB + \Delta LN + \Delta LG + \Delta NFA + \Delta OIN - \Delta FP - \Delta GD$$

由(1)式得到：

$$\Delta M_1 = \Delta C + \Delta D_d = (1+k)/(rd + r_t t + e + k)$$

$$\Delta B = (1+k)/(r_d + r_t t + e + k)(\Delta C + \Delta R + \Delta S) =$$

$$(1+k)/(r_d + r_t t + e + k)(\Delta LB + \Delta LN +$$

$$\Delta LG + \Delta NFA + \Delta OIN - \Delta FP - \Delta GD) \qquad (3)$$

由(2)式得到：

$$\Delta M_2 = \Delta C + \Delta D_d + \Delta D_r =$$

$$(1+k+t)/(r_d + r_t t + e + k)(\Delta C + \Delta R + \Delta S) =$$

$$(1+k+t)/(r_d + r_t t + e + k)(\Delta LB + \Delta LN +$$

$$\Delta LG + \Delta NFA + \Delta OIN - \Delta FP - \Delta GD) \qquad (4)$$

从(3)式和(4)式可以看出,中央银行有三种冲销方法:一是基于资产的冲销方法,中央银行减少资产项;二是基于负债的冲销方法,中央银行增加负债项或减少负债项;三是货币乘数的冲销方法(见表 3-4)。如在 ΔNFA 上升的条件下,中央银行可以选择资产方冲销如回收再贷款,即减少 ΔLB;也可以选择负债方冲销如发行央行票据,即增加 ΔFP;还可以选择货币乘数冲销如提高法定准备金率 r_d 等。

表 3-4   中国人民银行的冲销措施

1. 基于资产的冲销方法	2. 基于负债的冲销方法	3. 货币乘数的冲销方法
(1) 减少对政府的债权,即卖出政府债券,吸收基础货币 (2) 减少对存款货币银行的债权,如减少再贷款或再贴现 (3) 减少对非银行金融机构的债权 (4) 减少其他净项	(1) 增加政府的储蓄 (2) 增加央行票据的发行 (3) 减少非银行金融机构在央行的储蓄 (4) 减少 C 和 R	(1) 增加 r_d, r_t (2) 增加 e,k,t

　　实际上中央银行只能独立地控制其中一些干预措施,如资产方的干预、央行票据的发行和法定准备金率等。有些政策手段是中央银行所不能控制的,如增加政府储蓄、减少非银行金融机构的储蓄和 e 等,都不是中央银行能够主动控制的,这些操作需要财政部和商业银行等的配合。从我国的中央银行的资产负债表来看,近几年我国对存款货币银行的债权是逐步下降的(见图 3-8),起着冲销干预的作用。

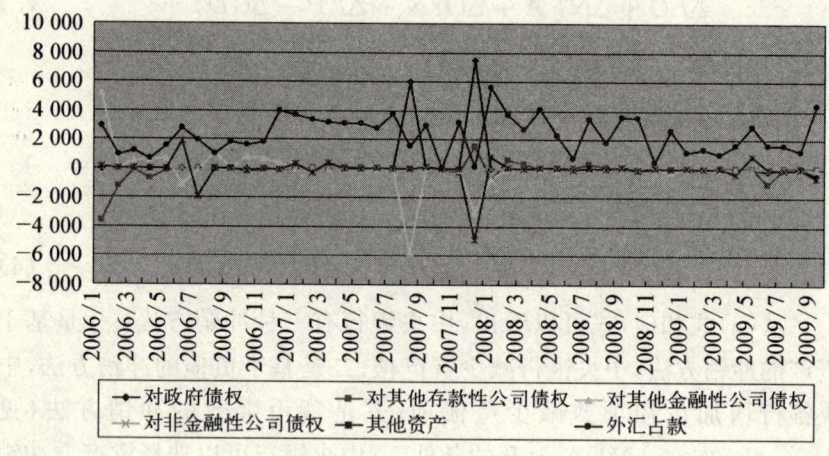

资料来源: www.pbc.gov.cn。

图 3-8　中国人民银行资产负债表资产方的变动

　　从负债方来看,除了自有资本和对外负债基本保持稳定外,政府储蓄、央行的债券发行和其他负债都是上升的(见图 3-9),因此负债方的冲销有着重要作用。

　　由于中央银行持有的国债有限,目前中央银行主要通过发行央行票据来冲销。实际上中央银行早在 1993 年就开始发行央行票据,但是当时发行央行票据目的是为了调节地区间和金融机构之间资金的不平衡,而不是管理商业银行的流动性。

　　2003 年 4 月 22 日,中国人民银行正式通过公开市场操作发行了金额 50 亿元、期限为 6 个月的中央银行票据。之后,人民银行选择发

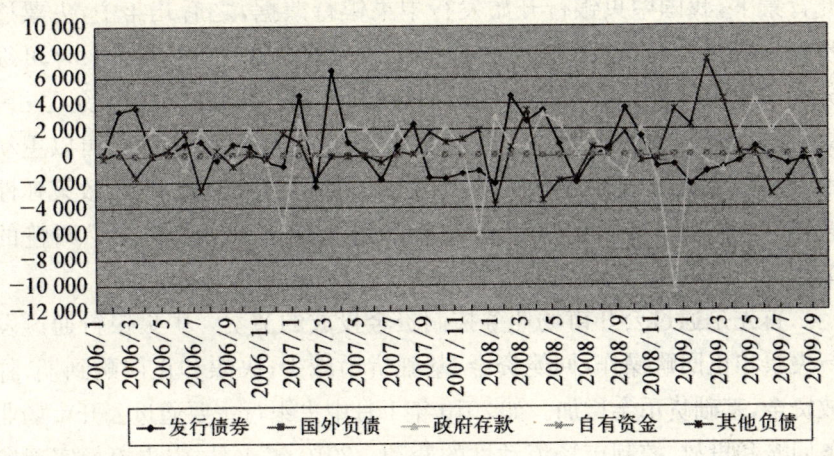

资料来源：Source：www.pbc.gov.cn。

图 3-9　中国人民银行资产负债表负债方的变化

行中央银行票据作为中央银行调控基础货币的新形式，在公开市场上连续滚动发行 3 个月、6 个月及 1 年期央行票据。自 2004 年 12 月 9 日起，央行开始发行 3 年期央行票据，创下了央行票据的最长期限。除了 3 年期央行票据这种长期融资工具被使用外，央行票据的远期发行方式也被采用，2004 年 12 月 29 日，首次发行远期票据，发行 200 亿元央票，缴款日和起息日均为 2005 年 2 月 21 日，距发行日 50 余天，是历史上首次带有远期性质的央行票据。2005 年，中央银行公开市场操作的力度明显加大，公开市场共计发行中央银行票据 125 期、27 882 亿元（面值），净回笼资金比 2004 年有大幅度增加。

　　公开市场操作是指中央银行利用在公开市场上买卖有价证券（包括政府债券、中央银行债券等）的方法，调控金融机构的准备金规模，从而影响货币供给量及利率的活动。国际上较为常见的公开市场操作工具是国债，而我国目前主要的公开市场操作工具则是中央银行票据，即中央银行发行的短期债券。1998 年以来，公开市场操作成为我国中央银行日常货币调控的主要手段，国债是当时公开市场操作的主要对象。2002 年年底，国债规模已无法满足中央银行对冲外汇占款的需要，在此背景下，我国中央银行开始发行中央银行票据，之后几年中，央票逐步发展成为公开市场上的主要操作工具。我国公开市场操作具体可细分为中央银行在二级市场上的回购与逆回购交易及在一级市场上发售央行票据及国债的行为。公开市场操作的优点在于中央银行可以主动地、经常性、连续性地进行操作，亦可作为货币政策微调手段，政策弹性较强。实际上，我国中央银行公开市场操作也成为"量、价"调整的信号。

　　首先是通过公开市场业务控制资金投放的节奏。中央银行通过发行央票和正回购操作，回笼资金，基础货币减少；央票和正回购到期，释放资金，基础货币会增加。如 2010 年 1 月中央银行主要通过公开市场业务回笼和投放，控制市场流动性的变动。2010 年 1 月，中央银行实现资金净回笼 650 亿元；2 月，实现资金净投放 5 220 亿元；3 月，实现净回笼 7 350 亿元，因此一季度中央银行共实现资金净回笼 2 780 亿元。

　　其次是调整利率水平，引导市场预期。如中央银行票据发行利率在连续持平近 5 个月之后，2010 年 1 月 7 日，终于再度上行，当日 3 月期央票发行利率较之前的 1.328 0% 上行 1.368 4%，上行幅度 4.04 个基点；此外，当日 91 天期正回购利率也较之前上行 3 个基点。在 1 月 12 日的公开市场操作中，继上周 3 月期央票发行利率上行之后，1 期央票发行利率此次也出现上行，幅度约为 8 个基点；在 14 日的公开市场操作中，当日发行 3 月期央票利率前一期持平，当日正回购操作中标利率也与上周持平。1 月 19 日，中国人民银行再次上调 1 年期央票利率，利率从 1 周前的 1.843 4% 上调为 1.926 4%，上调幅度为 8.3 个基点；1 月 21 日，已停滞 1 周的 3 个月央票发行利率水平再度上涨近 4 个基点，至 1.4%。1 月 26 日，维持 1 年期央票收益率不变；1 月 28 日，3 个月的央票发行利率也再次持平。2010 年 2、3 月份货币市场利率保持基本稳定，货币市场利率往往是存贷款利率调整的先行信号，中央银行通过对货币市场利率水平的调整和控制，引导市场对利率变动的预期。

　　再次是控制资金投放和回笼的时间期限长短。目前我国中央银行周二的公开市场操作主要是发行 1 年期的央票和进行 28 天的正回购操作;周四主要是发行3个月的央票和进行91天的正回购操作,通过不同期限的公开市场业务操作,可以调控不同期限资金的投放和回笼。如1月26日1年期央票和1月28日3月期央票发行量大幅度下降;1月19日、1月26日和1月28日还分别暂停了相应的正回购操作,中央银行通过对不同期限资金的对冲和释放,能够调节流动性到期的数量和节奏,维持市场流动性的充裕和均衡。

最后是公开市场业务还可以调整利率结构。中央银行不仅可以调控货币市场的利率水平,还可以调控货币市场利率的结构。通过对不同期限的债券买卖和正回购操作,可以调控不同期限金融工具的价格。如果加大对长期债券的购买和正回购操作,会导致长期债券的价格上升,利率下降。如国际金融危机时期,美国降低基准利率,刺激经济,但是美国长期债券利率一直较高,为了降低长期债券的利率,美联储向长期债券大量注资,购买长期债券,长期债券价格上升,利率下降,有利于刺激国内消费和投资,促进经济恢复。我国中央银行也可以通过对不同期限的金融工具操作,控制不同期限金融工具的利率水平。

尽管公开市场业务冲销对稳定汇率和货币供应量起着重要作用,但目前我国央行票据发行仍面临一些问题:

(1)我国的冲销干预是被动的,在我国现在的外汇体制下,为了维持汇率的稳定,中央银行必须对冲基础货币的增加。

(2)如果外汇储备持续增加,中央银行必须持续干预外汇市场。

(3)由于持续干预和票据利率上升,中央银行干预的成本将不断上升。

(4)从理论上来说,如果资本内流是短期的,冲销干预是有效的;如果资本持续内流,冲销干预不可能长期维持。

(5)中央银行发行的票据成为债券市场交易的主要产品,影响了其他债券市场的发展。

此外,中央银行的货币政策工具往往还是搭配使用,如中央银行通过准备金率变动改变货币供应量,常常伴以公开市场业务配合来达到实现货币供应量目标。如2010年1月12日中央银行上调了存款准备金率 0.5 个百分点,进一步回收流动性,控制信贷的过度投放,那些信贷投放过猛的银行还被额外调高了存款准备金率 0.5 个百分点。中央银行提高 0.5 的法定准备金率,预期大约冻结 2 500～3 000 亿元的资金。2010 年 2 月 25 日央行再次提高法定准备金率 0.5 个百分点。

三、2007—2008 年人民币升值条件下的调控机制及目标冲突

中国的外汇储备增加,外汇市场供给大于需求,人民币升值压力增加。中央银行为了稳定汇率,必须干预外汇市场,买进外汇,抛出本币,则本国货币供应量增加,银行体系的流动性上升。由于银行体系过多的流动性,银行信贷和投资将上升,通货膨胀的压力上升,中央银行为了控制通货膨胀,必须进行冲销干预,回笼货币。目前我国的中央银行主要通过发行央行票据和提高法定准备金率来冲销,因此我国中央银行票据的发行大幅度上升,法定准备金率已提高到 11%。同时中央银行也通过提高利率来控制信贷的上升,但是这要依赖于银行和企业对利率的敏感程度,实施的效果并不完全掌握在中央银行手里,同时利率上升也导致人民币升值预期的加强。因此,高额的外汇储备和独立的央行货币政策存在冲突。激增的外汇储备导致人民币升值压力,中央银行面临对冲外汇占款和信贷扩张问题。同时,我国调整利率的时候,面临着政策上的冲突,调控利率和稳定汇率之间存在矛盾。我国经济持续高速增长,投资不断扩大,提高利率有利于控制过快的投资增加。但是利率提高,人民币的升值压力更大。我国中央银行通过发行央行票据冲销基础货币的增加,有利于控制价格水平和通货膨胀,但是随着中央银行利率提高,人民币也会面临进一步升值压力(见图 3 - 10)。

从长期来看,政府还可以采取以下手段实现均衡。第一种方法是减少出口,增加进口,削减国际收支的盈余,缓解人民币升值的压力;第二种方法是逐步放松资本外流的限制,放宽个人外汇业务、促进海外投资等;第三种方法就是采取更加弹性的汇率制度方法,不断扩大汇率变动的区间。因此宏观经济政策的搭配使用有利于保持宏观经济的平稳增长,防范不利冲击给宏观经济带来较大振动。当然除了以上的宏观

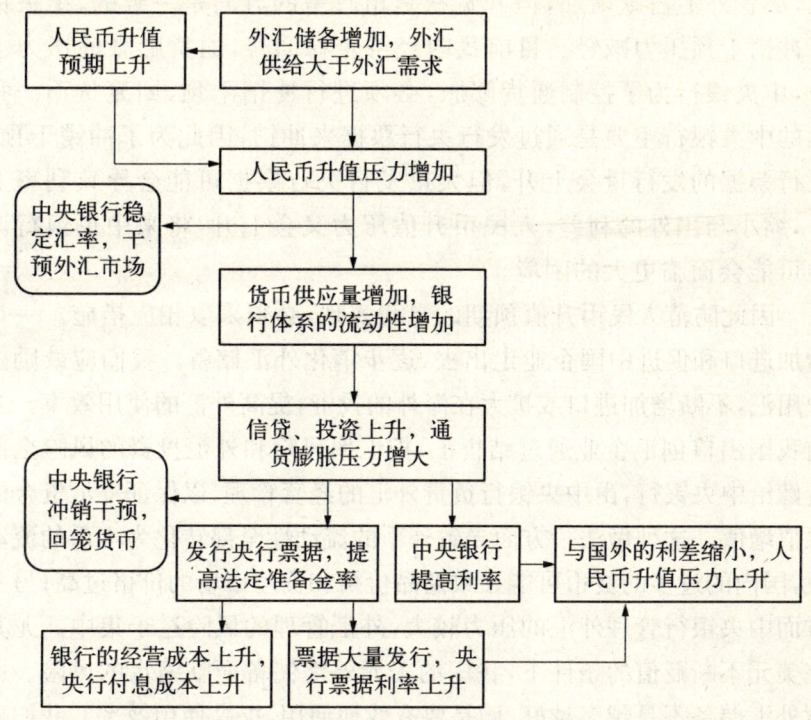

图 3–10　人民币升值条件下的调控机制及目标冲突

经济政策手段外，还可以配合外汇体制的改革、财政政策和产业政策变化等来实现宏观经济政策的目标。

四、2010 年防范升值预期和通胀预期自我实现

2010 年人民币升值预期和通货膨胀预期一直是市场讨论的热点。随着全球经济复苏，人民币升值预期又起。人民币面临升值压力主要是国际收支盈余，外汇供给增加，升值压力上升。同时中国经济形势逐步企稳回升，经济呈 V 形反弹，也支持人民币走强。如果外汇储备继续增加，中央银行为了稳定汇率，必须干预外汇市场，买进外汇，抛出本币，则本国货币供应量增加，银行体系的流动性将进一步上升。过去的 2009 年，在国际金融危机的冲击，我国采取适度宽松的货币政

策,尽管外汇占款增加,但和宽松货币政策的方向是一致的,中央银行冲销干预压力减轻。目前我国经济企稳回升,通货膨胀的压力上升,中央银行为了控制通货膨胀,必须进行冲销干预,回笼货币。我国的中央银行主要是通过发行央行票据来冲销,因此为了冲销干预,央行票据的发行量会上升,但大量发行央行票据可能会导致利率上升,缩小与国外的利差,人民币升值压力又会上升,将来中央银行调控可能会面临更大的困境。

因此防范人民币升值预期的自我实现,必须采取相应措施。一是增加进口和促进中国企业走出去,逐步消化外汇储备。我们应鼓励企业用汇,不断增加进口或扩大在海外的投资,提高外汇的使用效率。当前我国出口创汇企业通过结售汇,把汇率风险和外汇投资的风险全部转嫁给中央银行,由中央银行负责外汇的经营管理,以保证外汇资金的保值增值。这种做法一方面导致外币的流动性全部转化为本币的流动性,国内的过多的货币可能导致商品价格和资产市场的价格过高;另一方面中央银行管理外汇的压力较大,外汇管理的风险过于集中。尤其在美元不断贬值的条件下,我国的美元外汇储备面临缩水的风险。因此外汇储备不是越多越好,而是要有效地使用,提高使用效率。我们要扩大外汇持有的主体,由集中管理变为分散管理,扩大资金的使用方式包括进口、海外的直接投资和金融市场的投资、留学和培训的费用等。二是扩大货币互换和跨境贸易结算,鼓励人民币走出去。国际收支盈余导致储备货币流到中国,形成了中国外币流动性,除了要减少国际收支的盈余外,我们可以让人民币走出去,减少外汇增加对人民币流动性的冲击,逐步推动人民币的国际化,减少对美元的过度依赖。我们可以和一些周边国家或其他一些发展中国家签订有关货币互换和跨境贸易结算协议,推动人民币在贸易和投资方面的主导地位,从这些国家进口或投资,可以直接用人民币支付。这样人民币流出,不会导致国内流动性的上升,又可以输出资本,推动贸易和投资的发展,缓解人民币流动性增加和中央银行调控的压力。

目前在升值预期的推动下,国外热钱的流入增加,通货膨胀预期也不断增大。2009 年 10 月 21 日,国务院总理温家宝主持召开国务院常务会议,分析当前经济形势,将管理通胀预期的关系列为今后几个月的重点调控内容,体现了政府对将来通货膨胀的警惕。目前保增长的经济目标基本达到,防范通货膨胀预期转化为现实的通货膨胀将是下一阶段又一任务。货币政策的目标也由保增长,逐步转变为控制通货膨胀预期上升的轨道上来。

第六节　人民币升值,出口企业应相机抉择

　　人民币升值有利于促进经济结构的调整和发展方式的转变,但会导致一些出口企业面临更多的困境,甚至许多出口企业面临倒闭的风险。

　　首先是人民币升值导致出口企业的换汇成本上升。人民币升值主要影响出口企业的换汇成本,如一家企业出口商品或提供服务获得一定数量外汇(假定是美元计价的外汇),在国内要兑换成人民币使用,如果人民币升值,就意味着这一定数量的美元外汇能够兑换到的人民币数量减少了,相当于企业的出口成本上升了。实际上,自 2005 年 7 月汇改以来,人民币累计升值约 20％,目前人民币升值的预期仍然很强,因此人民币升值导致出口企业的换汇成本在不断上升,将不断侵蚀企业的利润。

　　其次是外部需求的恶化。自从美国发生次贷危机以来,美国经济下滑。2010 年以来,欧洲主权债务危机加剧,欧元区国家面临削减财政赤字的任务,必须通过削减开支,增加税收来改善财政状况,而收紧财政政策将导致经济恢复和增长变缓。欧盟是中国的第一大贸易伙伴,美国是中国的第二大贸易伙伴,美欧经济下滑或经济复苏缓慢会导致对中国的进口大大减少,中国出口企业的形势也将更加严峻。

　　最后是出口企业国际价格竞争力恶化。由于人民币汇率升值,伴

随我国劳动力的成本不断上升，出口企业的生产成本上升，出口企业产品的国际价格竞争力下降。我国的很多出口企业都是劳动密集型企业，是依赖于物美价廉取胜，随着中国出口价格竞争力优势的逐步丧失，国际市场更多的一些订单开始转向一些价格优势的东南亚国家，如印度、越南、斯里兰卡等等，这对我国的出口形势也会产生不利影响。

人民币升值，对出口企业的影响较大，一些劳动密集型和低附加值的出口企业正面临人民币不断升值的冲击。我国的出口型行业中纺织、服装、玩具、家具、家电、皮鞋、化工、电子机械制造业等是受影响最大的行业，甚至一些行业将面临亏损和破产的风险。人民币升值对出口企业是一个巨大的挑战，出口企业不能够消极等待，而应该积极应对，探寻规避风险的途径，尽量使自己的损失最小化。笔者认为，出口企业可以通过以下方式减少人民币不断升值过程中的部分损失。

首先是减少人民币升值导致出口货款的汇兑损失。

一是出口企业应加快回收货款，缩短货款回收期。出口企业为了避免人民币升值导致的损失，可以采取提前收汇或预收货款的方式，尽早收回资金，迅速结汇。

二是出口商品可改用人民币计价结算或选择币值稳定或有升值趋势的货币计价。如果出口货款采取人民币计价，就会避免汇率变动导致的损失，而汇率变动的风险就由进口商来承担。出口商或者采取币值稳定或有升值趋势的货币计价如欧元，也可以防范人民币和美元汇率变动的损失。

三是通过贸易融资的方式减少损失。如出口企业可以通过出口押汇和出口贴现等方式提前获得出口款项，避免将来人民币升值带来的收益风险。在这种收汇方式下，银行将出口押汇款项或出口贴现款项扣除押汇息或扣除贴现息、议付费及其他应收费用后支付给出口商，出口商可以提前获得货款，避免人民币升值带来的损失。但值得指出的是，如果银行考虑到人民币升值条件下出口押汇或出口贴现导致的成本上升，它会提高利息或收费标准，则出口企业很难转嫁损失或自己承担部分损失。

四是利用远期结售汇来规避汇率风险。出口商可以通过远期结售汇固定人民币对美元的汇率，降低汇率变动的风险。但远期结售汇能否规避汇率风险，依赖于确定的汇率对出口企业是否有利，这取决于银行对将来汇率变动的预期。如果预期升值的幅度小于实际升值的幅度，则确定的远期结售汇汇率对出口企业可能有利；如果预期升值的幅度大于实际升值的幅度，则对出口企业不利。出口企业是否采取这一方式依赖于对将来人民币汇率变动趋势的判断。

五是在签订出口订单时，提前考虑美元和人民币的汇率变动的损失分担问题。在签订出口合同时，出口商可以事先约定汇率变动引起损失的分担比例，使得损失风险双方共担。或在签订出口订单时，双方协议当人民币升值或贬值时，相应地提高或降低出口价格。

六是加强对外汇账户的余额管理，使得外汇账户的余额达到最优化，减少过度外汇余额导致的汇兑损失。出口企业要加强对外汇账户余额的最优化管理，使得外汇余额既能够维持自身外汇需求的正常周转，又能够减少不必要的外汇库存，使得收益达到最大化。

其次是通过需求转换来增加对出口企业产品的需求，减少汇兑损失。

一是出口企业如果出口减少，可以通过扩大内需来弥补。人民币升值，出口企业的商品在国外的价格会上升，出口商品的数量可能会减少。这样企业可以通过转向内需为自己的产品寻求出路，又可以避免人民币汇率变动对产品价格的影响。目前我国经济增长较快，内需不断扩大，政府也在积极提倡拉动内需，外需向内需的转变是很多出口企业的一种战略选择。

二是出口企业可以考虑把向美国出口的商品转向欧洲或日本等国家。最近美元一直疲软，尽管人民币升值，但是由于美元对欧元和日元的贬值幅度大于人民币对美元的升值幅度，因此人民币对欧元和日元还是贬值的。如果出口商能够把向美国出口的商品转向出口欧洲和日本等国家，则能够减少损失。

再次是通过价格谈判，减少人民币升值带来的损失。

　　一是通过和进口商的谈判，相应提高出口产品的价格。人民币升值，无疑会加大出口企业的成本。因此国内出口商应通过加强和外商谈判，获取更高的出口商品价格。谈判的结果依赖于出口商品是"买方市场"还是"卖方市场"。如果是"卖方市场"，则有利于出口商，可能获得一个较高的谈判价格；如果是"买方市场"，则在谈判中，出口商将处于劣势，损失很难转移出去。

　　二是在签订出口合同时，应该考虑到人民币升值的因素，适当提高出口商品的价格。一些出口企业的合同可能要签到年底或明年的，必须考虑到人民币升值导致的货款损失，可以通过谈判，适当提高将来出口商品的价格。

　　最后是企业应通过走内涵式发展道路，提高产品的国际竞争力。

　　一是提高劳动生产效率，降低生产成本。人民币升值会消减出口企业的利润，如何弥补这一块，可以通过挖掘潜力，提高劳动生产率，降低生产成本来消除人民币升值的不利影响。

　　二是提高产品升级，生产附加值高的产品。出口企业应该加速产品升级和更新换代，强化自主创新，提高产品的科技含量，提升出口商品的国外价格，获得更大的利润空间，以弥补人民币升值导致的利润下降。

　　总之，笔者认为上述的前三种方法只是出口企业缓解人民币升值压力、减少损失的权宜之计，短期内可以起到一定的作用。从长期来看，人民币可能会升值到一个新的水平，出口企业必须通过挖掘自身潜力，降低生产成本，增强自主创新的能力，提升产品的国际竞争力，才能立于不败之地。

第七节　人民币升值的路径和特征分析

　　2008年上半年，人民币升值的速度不断加快，屡创新高，2008年4月10日，美元对人民币汇率中间价首次破7，人民币汇率进入6时代。

当时人们非常关注人民币升值路径和步伐。

一、人民币汇率升值的特征

1. 人民币"名义升值"和"实际升值"

2008 年上半年,人民币对美元升值加快。为什么人民币加速升值呢?一是由于国际收支的双顺差,尽管 2008 年 1 季度贸易盈余比去年同期下降了 10.6%,但是绝对值仍然达到了 414.2 亿美元,外汇供给较多,人民币存在升值压力,市场压力导致升值加速。二是人们对升值的单一预期,由于预期人民币将继续升值,居民和企业都不愿意持有外汇,迅速结汇,获取人民币,2007 年 12 月末,金融机构外汇各项存款余额 1 599 亿美元,而 2007 年 12 月末,国家外汇储备余额为 1.53 万亿美元,外汇存款仅为外汇储备的 1/10 左右,这也反映了人们不愿意持有外汇。同时投机者预期人民币还会升值,在中美利差不断缩小的情况下,投机资本不断流入,导致人民币升值压力进一步加大。另外,从理论上来讲,人民币升值会导致出口减少,但企业预期人民币会继续升值,不仅不会减少出口,而且还会不断加速出口,以避免人民币继续升值所带来的出口损失。现在人民币汇率不仅跟着市场走,更是跟着预期走,升值预期推动人民币加速升值,人民币升值步伐存在一定程度的放大效应。三是美元的持续走软,由于美国次贷危机,美联储不断下调利率,导致美元在国际市场上持续走软,推动了人民币对美元加速升值。应该说人民币升值既有基本因素的推动,又有预期因素和国外因素的推动。

如果说人民币名义升值加快,那么人民币实际升值就更快。人民币的实际升值包含四个部分:一是人民币的名义升值;二是由于通货膨胀导致的实际升值;三是由于出口退税和出口征税导致的人民币实际升值;四是国内生产要素价格改革和节能减排的成本上升。实际上自 2005 年 7 月汇改以来,人民币对美元已经名义升值约 18%。若考虑国内物价上涨,人民币实际升值将进一步增加,因为物价上涨会导致企业出口的成本上升,出口减少,会削减贸易收支的盈余。国家为了限制"两高一资"和粮食等产品出口，逐步取消出口退税，并开始征收粮食等商品的出口关税，必然会增加出口企业的成本，也相当于人民币实际升值了。此外，国内生产要素价格的调整和强化节能减排，主要提高了劳动力和资金的使用成本，加大了对环境保护的收费管理等，因此出口企业的生产成本也相对上升了，也起到了人民币升值的作用。综合以上因素，人民币实际升值要远高于人民币的名义升值。

2. 人民币"对外升值"和"对内贬值"

随着人民币的持续升值和国内价格水平的上涨，人民币呈现出"对外升值"和"对内贬值"的现象，相对美元来说，人民币的购买力在上升，而由于国内通货膨胀，人民币在国内的购买力却在下降，这是人民币变化的一个重要特征。而进入 2008 年，人民币"外升内贬"的趋势进一步加剧，人民币对外升值和对内贬值呈现出相互攀升的趋势。

3. 人民币"对美元升值"和"对欧元等货币贬值"

2008 年上半年，人民币对外升值主要是人民币对美元升值，人民币对欧元、日元等货币的汇率是根据人民币对美元汇率和美元对欧元、日元等国际金融市场上的汇率套算出来的。由于受美国次贷危机和降低利率的影响，美元对欧元、日元和英镑等货币持续走软。人民币对美元升值，但美元对欧元和日元贬值，由于人民币对美元的升值幅度小于美元对欧元、日元和英镑等的贬值幅度，因此人民币对欧元、日元和英镑有贬值的趋势。美元持续贬值，欧元、日元和英镑相对走高，以欧元为例，从 2007 年 1 月至 2008 年 3 月底，人民币对美元升值约 10％，但欧元对美元升值已超过 19％。实际上，美国不断放松宏观经济政策，连续 6 次下调联邦基金利率，由于欧元区通货膨胀的压力较大，欧洲中央银行坚决维持基准利率不变，导致欧元对美元不断走强。如欧元区 2008 年 3 月份的通货膨胀率达到了创纪录的 3.5％，但欧洲中央银行继续宣布维持 4％的基准利率不变，这也是欧元区利率在 4％的 6 年高点不变，因此美元对欧元汇率最高时跌到了 1.59 的下方。人民币对美元的升值速度小于美元对欧元的贬值速度，才导致人民币对美元升值，而对欧元贬值。

二、对"均衡汇率"的认识和人民币升值路径的探讨

正是因为上述的人民币升值的特征,对人民币的准确定价更难了。自 2005 年 7 月汇改以来,人民币汇率直线上升。人民币破 7 过后,至少在心理上,人们对人民币的升值更加迷茫了,人民币升值何时了? 实际上,人民币加速升值的背后大家普遍关心的一个问题是: 人民币到底要升值到什么样的位置? 因为人民币对美元不可能无限制地升值下去。

更多的人关心我们能否给出一个理论上的均衡汇率,使得人民币升值一步到位呢? 笔者认为,希望一次性升值到均衡水平,消除升值预期的想法是不切实际的。一是均衡汇率到底是多少? 二是调整到一个新的汇率水平,市场认可这个汇率水平吗? 就第一个问题而言,我们很难给出人民币的一个均衡汇率,因为在不同的汇率理论模型下,计算出来的均衡汇率值可能是不一致的,理论上的均衡汇率更多是一种汇率长期变动的趋势,作为政策决策者宏观调控的一个理论依据,而不是现实的市场汇率。再者理论上的均衡汇率依赖于一定的假设前提和具体模型,只是一个静态的分析,而现实世界是纷繁复杂的,经济条件是不断变化的,因此理论上的均衡汇率和市场认可的均衡汇率可能会相去甚远,这也是为什么在汇率理论的研究中,宏观基本因素决定的汇率理论的实证研究甚至比简单的随机行走的汇率理论的实证效果还要差的多。就第二个问题而言,在美元贬值和升值预期较强的情况下,即使人民币一次性较大幅度升值到一个新的水平,如果没有经济条件的根本改变,市场可能会预期人民币会进一步升值,投机资本可能会进一步流入,其结果只能是人民币大幅度波动,因此人为的推动升值和市场的预期是很难一致的。

2010 年,人民币同样面临一定的升值压力,人民币升值可能是一种趋势,我们在人民币升值的压力下,应该选择什么样的升值路径呢? 这是问题所在。笔者认为人民币升值有以下几种路径:

(1) 让人民币升值跟着市场走。如果让人民币升值跟着市场走,则人民币升值将加快,在极短的时间里会出现大幅度升值。但笔者担心人民币升值可能会矫枉过正，在目前的国内和国外因素的推动下，市场很难发现人民币的均衡水平。预期和投机资本在人民币汇率水平的决定中起着重要作用，同时美元波动较大，我们很难得到一个相对稳定的汇率水平。

（2）采取阶梯式的升值方式，即采取多次一定幅度的升值方式。如一次性升值5％左右，稳定在一个新的汇率水平，如果人民币升值压力仍然较大，下次再一次性升值一定幅度，逐步向市场汇率试探。这种升值方式面临的问题体现在：一是投机资本能够稳定获得一定幅度的汇兑收益；二是自2005年7月人民币一次性升值2.1％之后，中央银行承诺不再通过行政手段干预汇率，即放弃行政手段干预汇率；三是容易导致中央银行和市场参与者之间的博弈中处于劣势地位，迫于市场压力，中央银行就得不断采取一次性升值的方式解决，同时也容易受到外国政府的施压。另外，特别在市场预期强和投机的推动下，一次性升值多大和升值的节奏很难把握，可能会导致中央银行决策困难；对于企业和金融机构而言，很难应对这种多次一定幅度升值的外汇风险防范。

（3）采取稳健式的升值方式，即根据宏观经济形势和理性预期，采取相机抉择的升值方式。这种情况的升值是根据经济形势的发展，升值可快可慢，同时央行干预外汇市场，增加投机资本的成本，引导市场合理预期，使人民币汇率逐步回到市场决定的汇率。这种汇率水平是在宏观经济平稳运行的条件下，市场决定的一个汇率水平，并且随着金融市场变化，汇率是双向变动的，而不只是单向变动。

稳健的升值方式一是可以防止企业在短期内面临较大的困境，给企业一个调整的过程；二是逐步消除人民币升值的预期，因为在目前国内外宏观经济条件下，迅速消除人民币升值的预期是很难的；三是拉长投机资本迅速获利的时间，增加投机资本的成本；四是稳健式的升值有利于防止金融市场过度波动，使得汇率在平稳的市场中逐步向稳定的汇率回归，避免人民币汇率的大起大落；五是有利于政府决策，人民币升值的效果并不是马上显现，往往有一个滞后期，稳健的升值能够给政府判断和决策留有更大的回旋余地。采取稳健的人民币升值方式还可以防止将来人民币汇率波动面临的风险。

因此我国采取稳健式的升值方式,逐步让市场引导汇率,而不是快速的汇率市场化,同时中央银行要适当干预,逐步发现相对稳定的汇率水平。在当前人民币升值预期较强,投机资本虎视眈眈,国际外汇市场波动较大的情况下,市场发现相对稳定的人民币汇率是很难的,甚至会产生对人民币汇率投机冲击,导致人民币汇率大幅度波动,因此采取稳健的人民币升值是一种较优的策略。

三、合理的汇率定价需要完善人民币汇率体制

当我们眼睛钉住人民币汇率的时候,人民币汇率只是表象,其中的问题涉及我国外汇体制改革等的一系列深层次环节。我国提出了人民币汇率体制的改革是"实行以市场供求为基础、参考一篮子货币进行调节、有管理的浮动汇率制度。人民币汇率不再钉住单一美元,形成更富弹性的人民币汇率机制"。要完善这一机制,促进人民币的合理定价,需要不断推进人民币汇率体制的改革。

1. 改革外汇结售汇制度,推进人民币的自由兑换

我们的外汇市场还不成熟,需要在深化外汇体制改革的过程中使得市场化的汇率逐步显现。我国汇率制度正处于从管理主导的汇率制度向市场主导的汇率制度的转型时期,汇率市场化的进程不可能一蹴而就,需要其他配套外汇体制改革措施。要改革强制结售汇为意愿结售汇,扩大持有外汇主体和数量,提高外汇交易的市场化程度;推动人民币自由兑换的进程,提升外汇市场的深度和广度,这样才能真正体现市场供求决定的汇率水平。

2. 改革人民币对不同货币的定价制度

人民币和美元的汇率仍然是主导汇率,其他货币的汇率要依附于人民币和美元的汇率,人民币和美元汇率的弹性增强了,但是人民币和欧元、日元等的独立性仍然较弱。欧盟、美国和日本是中国的前三大贸易伙伴,人民币汇率浮动要走向多元化。汇率市场化不仅仅是对美元的市场化,也是对欧元等货币的市场化,因此要逐步放开人民币对欧

元、日元和英镑等的单独浮动，由市场的套利机制形成人民币对美元、欧元和日元等的均衡汇率水平。在此基础之上，可以编制人民币汇率指数，引导市场对人民币汇率的预期。

3. 推动人民币的国际化

在推动资本账户开放和汇率市场化的进程中，要不断推动人民币的国际化，提升人民币的国际地位，提高人民币货币的国际竞争力。在强制结售汇的情况下，我国国际收支的盈余通过企业结售汇形成了我国的国际储备，而企业获得的人民币资金，形成了对国内的需求。我国国际储备增加导致国内货币供给增加，为了维持物价水平，中央银行必须采取冲销干预。在人民币国际化的条件下，人民币能够在国际贸易和国际投资中发挥更大的作用，有利于我国国际收支的调节。一旦人民币地位增强，我国更多的企业可以直接用人民币资金进行进口或对外投资，人民币资金也就形成了其他国家的外汇储备，实现了外币资金可以走进来，人民币资金也可以走出去的良性循环。实现人民币资金走出去的战略，可以缓解国内流动性过剩，有利于国内外汇市场的稳定和国际收支的均衡。

除了上述外汇市场和人民币汇率的机制完善外，我们要继续深化经济改革，加快货币市场和资本市场等的发展，完善宏观经济调控政策，形成有效的宏观经济政策传导途径。人民币汇率的波动并不可怕，汇率的变动本身就是市场供求对人民币定价的重新调整，可怕的是在市场机制和市场制度还不是很完善的情况下，人民币汇率处于失控的状态。

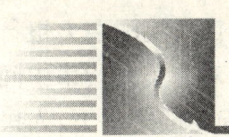

第四章

人民币和几个主要货币
之间的关系

第一节 人民币对主要国际货币
汇率变动的格局

  目前我国中央银行主要公布人民币对美元、人民币对欧元、人民币对日元、人民币对港币和人民币对英镑等 5 种主要国际货币的汇率。在金融危机期间，美元和欧元、日元、英镑等货币之间的汇率变化都有其自身的特点，这直接影响我国人民币汇率的水平。根据我国人民币汇率的特点，我们可以把人民币汇率分为人民币对美元汇率和人民币对非美元货币汇率。

  从我国人民币汇率的形成机制来看，美元对非美元货币汇率是我国人民币对美元汇率和人民币对非美元货币之间的桥梁和纽带，它是影响人民币对非美元货币汇率的重要变量，但是美元对非美元货币汇率是由国际金融市场供求所决定的，不是我国中央银行能够确定和干预的，是不可控的。我国的中央银行只可以干预和控制人民币对美元汇率或人民币对非美元货币的汇率水平，如果确定了其中一个汇率水平,人民币对其他货币汇率就必须通过套算确定。目前我国中央银行主要是控制人民币对美元汇率的中间价,而人民币对非美元货币中间价波动相对较大。在人民币对美元汇率基本保持稳定的条件下,人民币对非美元货币汇率波动幅度主要受国际金融市场上美元对非美元货币汇率的变动影响,这一波动幅度会直接传递到人民币对非美元货币汇率的水平上来。因此考察人民币对非美元货币的变动主要是看人民币对美元汇率和美元对非美元货币汇率的变动,如果人民币对美元汇率保持稳定,则欧元对美元升值,同样也会对人民币升值;欧元对美元贬值,同样也会对人民币贬值。因此从美元对非美元货币汇率变化特点就能够看出人民币对非美元货币汇率变动的基本趋势。

首先是欧元对美元汇率。自 2007 年 9 月份美联储开始降息以来,美元开始走软,资产价格一路上涨,而欧盟为了控制通货膨胀并没有跟随降息,同时次贷危机的冲击还没有蔓延到欧洲,因此美元对欧元不断贬值。其中 2008 年 4 月 22 日欧元对美元汇率一度突破 1∶1.60 关口,创下 1999 年欧元面世以来的历史新高。但 2008 年 8 月以后形势发生变化,随着"两房"被美国政府接管,雷曼兄弟公司破产,美国次贷危机迅速传染到欧洲,全球股市和房地产价格下跌,欧洲经济形势迅速恶化。全球经济下滑,投资风险上升,大量资金回流美国追逐安全性高的美国国债,导致美元走强,欧元走弱,这也是金融危机下欧元对美元汇率特有的表现。随着美国经济形势不断恶化,美联储继续降低利率,并且美联储主席伯南克 2008 年 11 月宣布计划采用定量宽松政策刺激经济,美元又转向走弱。而 2009 年年初奥巴马计划推出 7 750 亿美元的经济刺激计划,以及欧洲面临降息的压力,又进一步提振了美元,削弱了欧元。因此次贷危机爆发以来,欧元先是对美元升值,随后对美元贬值。美元对欧元汇率的变化会很快传递到人民币对欧元汇率的变化上来,2008 年 7 月底之前人民币对美元升值,由于人民币对美元升值幅度小于美元对欧元的贬值幅度,因此人民币对欧元贬值。之后人民币对美元汇率基本保持稳定,因此随着欧元对美元汇率变化,人民币对欧元开始升值,然后贬值。2009 年年底至 2010 年年初,欧洲主权债务危机爆发,欧元对美元大幅度贬值,在人民币对美元汇率保持相对稳定的情况下,人民币对欧元大幅度升值。

其次是日元对美元汇率。次贷危机爆发以后,美国持续降低联邦基金利率,日元和欧元一样,开始对美元升值,这一时期人民币对日元贬值。但2008年第二季度开始,日元开始贬值,主要原因是套息交易。长期以来日本维持低利率政策,借款成本较低,促使了日元的套利交易,主要是市场大量借入日元,投资到收益率高的其他货币的金融资产上或新兴市场经济国家赚取较高收益。这样投资者把借入日元转为高息货币,日元供给不断增加,日元对美元开始走软。这一阶段由于人民币对美元升值,进而人民币对日元也相应升值。而随着次贷危机向全球蔓延,发达国家陷入经济衰退,日元并没有像欧元那样,对美元继续贬值,反而对美元升值,这也是通过套息交易机制实现的,主要是投资者纷纷解除套利头寸。由于经济形势恶化,投资收益率下降,投资者迅速平仓,纷纷卖出相关国外资产,偿还日元,导致对日元需求大幅度上升,日元开始转向升值。同时各国中央银行积极救市,不断下调基准利率,与日元的利差缩小,而日元利率已经处于较低的水平,因此其他国家降息导致该国货币对日元贬值预期增强。这一阶段由于日元对美元的升值幅度较大,同时人民币对美元汇率保持稳定,因此人民币对日元的贬值幅度也较大,从2008年8月1日到2008年12月31日,人民币对日元贬值了将近16.08%。2009年,日元基本走强。上半年随着美元走弱,日元升值;下半年日元作为避险货币,继续走强。

最后是英镑对美元汇率。美国次贷危机以来,美元对英镑也开始走软,英镑升值,而2008年上半年,英国经济增长逐步放缓,为了控制通货膨胀,英国并没有降息,这一时期美元对英镑汇率的波动幅度并不大。但自2008年7月份以后,英国经济疲弱明显,住房价格下降,消费者信心下滑,英镑对美元不断贬值,即使期间欧元对美元升值,英镑也对美元继续贬值,主要是由于英国经济衰退比欧元区严重,通胀水平持续回落,英格兰银行大幅度降低利率,基准利率已低于欧元区的利率水平,同时英国的房地产继续大幅度下滑,英国的财政赤字也不断上升,投资者信心下降,导致英镑对美元不断贬值。由于英镑对美元持续贬值,因此人民币对英镑也一直保持升值态势。2009 年年底至 2010 年年初,英国主权债务风险也不断加剧,同时伴随英国大选的不确定性,英镑大幅度贬值,人民币对英镑也升值。

实际上,人民币对美元汇率是我国央行货币政策的一个目标,人民币主要是钉住美元,人民币和美元的汇率中间价波动幅度相对较小,而人民币对欧元、英镑和日元等货币套算汇率波动幅度较大,反映了国际金融市场上美元对非美元货币汇率的波动幅度。长期以来,人民币对美元汇率一直是我国汇率体系的主导汇率,而国际金融市场上美元对非美元货币汇率是高度市场化汇率,汇率变动主要由各国经济基本面、宏观经济政策、投资者预期等因素决定的,因此人民币对非美元货币的波动幅度相对较大。

第二节　人民币和美元之间的关系

虽然 2007 年 7 月 21 日我国进行了汇率体制改革,人民币汇率不再钉住单一美元,而是参考一篮子货币进行调节,但是人民币和美元之间仍然存在千丝万缕的联系。

第一,长期以来,人民币一直是钉住美元的,这在我国的汇率体系中占有重要的位置,美元对人民币币值的影响最大,同时 2005 年汇改以后,在人民币汇率参考的篮子货币中,美元所占的权重也最大。因此在短时间内,人民币币值的变化仍然更多的是参考美元币值的变动。目前人民币对美元汇率在我国的汇率体系中处于主导地位,人民币对非美元货币的汇率主要受人民币对美元汇率和国际金融市场上美元对其他非美货币汇率的影响,是由这两个汇率共同决定的。

第二,美元在国际货币体系中占有重要地位。美元是世界上主要的国际货币,也是国际贸易和国际投资的主要的计价和结算货币,美元变动对经济有着重要的影响,人民币币值跟着美元走,有利于促进我国国际贸易和国际投资的平稳发展。实际上，不光是人民币，世界上很多国家的货币往往也是和美元挂钩的，这是与美元的国际地位有关。

第三，美元币值在人民币汇率中间价的决定中起着重要作用。2006年1月4日，中央银行在银行间外汇市场引入了询价交易方式和做市商制度，中国外汇交易中心于每日银行间外汇市场开盘前向所有银行间外汇市场做市商询价，确定当日人民币对美元汇率中间价，因此美元币值的变动对人民币汇率中间价的确定是至关重要的。

第四，美国是我国的第二大贸易伙伴，我国外汇储备中大部分资产是美元资产，中美两国也正在逐步开放金融市场，相互间的投资也在不断上升。因此中美两国的货币关系是联系两国经济的纽带，人民币对美元汇率在中美经济联系中起着重要作用，人民币对美元汇率的变动对两国经济的往来影响较大。

第五，美元币值变动对人民币汇率影响显著。人民币对美元汇率主要受宏观经济基本面的变化、中央银行的利率政策和美元变化等因素的影响，而宏观经济基本面数据和中央银行的利率政策是一定时间间隔公布的，而美元币值的每天变化都能反映出来，对人民币汇率的变化都有显著的影响，因此除了受宏观经济基本面影响外，人民币汇率的日常变动对美元币值变动非常敏感。

由此可以看出，人民币和美元之间的紧密联系是由人民币汇率制度的演变、我国人民币汇率体制的特点、美元的国际地位和两国经济的联系等多种因素共同决定的。不过，当前人民币汇率制度也面临一定的困境，主要体现在：

一是人民币跟着美元走，市场自身的调节能力不足。人民币对美元汇率的中间价采取询价的形式确定，做市商报价所要考虑的一个重要因素就是美元汇率指数的走势，而每日银行间外汇市场美元对人民币的交易价在人民银行公布的美元交易中间价上下5‰的幅度内浮动。一旦询价确定的汇率中间价不能够充分反映外汇市场的供给和需求，汇率变动的弹性较小，往往不能够充分反映市场供求的变化。

二是人民币跟随美元变动并不能充分反映两国经济的变化。实际上，美元汇率指数的篮子中并不包含人民币，美元汇率指数变动更多地反映是对欧元、日元和英镑等 6 种货币币值的变化，它是由这 6 种货币的几何加权平均计算得出的，因此人民币随着美元指数的变动而变动可能并不能够充分反映两国经济和金融市场等的变化。

三是人民币跟着美元走，美国经济变动对中国经济的影响大。一旦美元持续的升值或贬值，会导致更多的投机冲击。如美元持续贬值，人民币就会持续升值，则投机资本流入能够获得人民币升值的汇兑收益。相反，如果美元持续升值，人民币会持续贬值，则投机者通过在国内借入人民币，购买外汇，到时再兑换成人民币，则能够获得美元升值的汇兑利润。

四是中国宏观调控更多地受美国经济的制约。如美国次贷危机爆发以后，美联储持续下调利率，美元贬值，人民币升值，限制了我国的利率工具的使用，如果中央银行上调利率，将有更多的投机资本流入。也就说，人民币跟着美元走的同时，中央银行丧失了货币政策的部分独立性。

实际上，从 2005 年的汇改可以看出，中央银行早就希望人民币汇率能够摆脱和美元挂钩，建立和一篮子货币之间的关系，增加人民币汇率的弹性。不过由于一些客观经济条件的限制，目前我国经济和金融市场仍然更多地受人民币对美元汇率的影响，美国经济的变化会直接反映到人民币汇率的变化上，非美元国家的经济和政策等的变化反映到人民币汇率的变动上往往是滞后的。随着我国经济对外开放的逐步扩大，经济规模日益增加，金融市场不断发展，人民币汇率的定价机制应不断完善，汇率的市场化程度要不断提高，汇率变动要更多地反映市场供给和需求的变化，同时应实施人民币走出去战略，提高人民币的国际地位，发挥人民币自身在国际贸易和投资中的重要作用。

第三节　人民币和港币之间的关系

2007 年下半年，美元走软，港币随之走软，香港物价水平有上升趋势,港币对人民币持续贬值。长期以来,港币主要受美元币值和美国经济的影响大,随着大陆和香港的经济一体化加强和金融市场的联系越来越深,人民币币值的变化对港币和香港经济的影响也越来越强,怎样协调港币和人民币、美元之间的关系将是中国香港政府面临的一大挑战。

一、港币和美元之间的关系

港币和美元实行的联系汇率制度,港币是钉住美元的,和美元保持一个稳定的名义汇率,长期以来,汇率一直固定在 7.8 左右。由于港币和美元实行的是固定汇率制度,因此港币的币值随着美元的币值变化而变化,美元升值,则港币升值;美元贬值,则港币贬值。由于香港是高度开放的金融市场,资本能够自由流动,港币和美元的利率差异,将引起短期资金在国际的移动。高利率国家或地区将面临资金流入,低利率国家或地区则发生资金流出,资本移动会引起外汇市场上外汇供求的变化,从而对汇率和利率产生影响。从利率平价理论的分析来看,在一个实现固定汇率制的国家,如果资本账户完全开放,即资本完全流动,本币利率和外币利率应该相等。由于港币实行的是和美元联系汇率制度,汇率波动幅度很小,港币和美元都是自由兑换的货币,资本能够自由流动,因此港币利率和美元利率变化应该基本是一致的。这也就是说,港币为了钉住美元,港币利率也必须钉住美元利率。香港没有独立的货币政策,它的汇率和利率是和美元捆绑在一起的,港币的利率调整是被动的,是为了维持汇率的钉住,金融市场上美元和港币的供求自动调整来适应港币的汇率和利率,资本的自由流动抹平存在的套利和套汇的利润空间,从而实现汇率和利率目标。

二、港币和人民币之间的关系

人民币和港币的汇率既受港币对美元汇率的影响,也受人民币对美元汇率的影响。由于港币和美元汇率实行联系汇率制度,名义汇率基本保持不变,因此港币和人民币汇率就主要由人民币对美元的汇率来决定,如果人民币对美元升值,则人民币对港币也升值,如果人民币对美元贬值,则人民币对港币也贬值,因此人民币和美元关系的某些特征也间接地表现在人民币和港币的汇率上。实际上,自 2005 年 7 月汇改以来,人民币对美元升值了 20%;人民币对港元也升值了 21%。人民币对港币升值会导致香港的通货膨胀加剧,因为香港从内地的进口商品价格会相应上升,但人民币升值有利于大陆去香港旅游,有利于香港对大陆出口,能够刺激香港经济的发展。另外,2008 年上半年,人民币对港币不断升值,随着香港利率的不断下调,人民币基准利率和港币基准利率倒挂,如 1 年期的人民币存款利率为 4.14%,而港币的贴现率为 3.5%,同样在人民币升值的条件下,港币的存款利率低于人民币存款利率,因此港币存款兑换成人民币存款,则能够获得套利和套汇的双重收益。在人民币不断升值的条件下,人民币成为港币的避风港,香港居民更愿意把自己手中的人民币、美元和港币等转移到内地,兑换成人民币存款,这就出现香港资金向内地流动的现象。

三、港币和人民币、美元关系的协调

　　人民币和港币都是以美元定价,一方面,美元币值和美国经济的波动必然会影响到港币的币值,港币币值的不稳定必然会影响到香港经济的发展。另一方面,人民币对美元币值的变化也影响到港币的币值,其变化通过港币对人民币汇率的变动表现出来。因此港币的内在币值一是通过和美元的联系汇率制度反映出来,港币和美元的汇率是国际金融市场中港币的币值;二是通过和人民币的汇率反映出来,港币和人民币汇率更多地体现在内地和香港港币的币值上。香港是一个高度自由的小型开放经济体,美元是主要的国际货币,美国是除大陆外的香港第二大贸易伙伴,港币钉住美元有利于促进香港的对外贸易、对外投资和资本流动等,香港生产要素的自由流动也有利于香港金融市场的自动调节,这也是香港实行联系汇率制度和汇率能够稳定的重要原因。美元币值的不稳定必然导致港币的不稳定,港币的不稳定必然会对香港经济产生不利影响,香港经济的稳定需要一个稳定健康的美元。美

元作为港币的计价货币主要是在于它是主要的国际货币以及币值的长期相对稳定,如果美元长期走软,必然会动摇联系汇率制度的基础,影响港币挂钩美元。

2008 年上半年,在人民币和美元、港币利率倒挂和人民币升值的情况下,对投机资本的人为管制显得力不从心,限制投机资本流入只能是暂时性的防范方法。我们应该推进人民币的自由兑换,进一步推动人民币汇率和人民币利率的市场化改革,强化人民币汇率和人民币利率的国际定价功能,建立自由浮动的人民币汇率制度,脱离对某一国货币的依赖,使得汇率和利率的决定逐步由国内金融市场过渡到国际金融市场,实现真正意义上的供求决定的人民币利率和汇率。随着人民币脱离美元,港币对人民币的市场化汇率形成,人民币对港币的汇率将变成影响港币币值最有影响的汇率之一。

对于港币而言,怎样协调和美元、人民币之间的关系是将来面临的一大挑战,随着香港逐步放开人民币业务,人民币汇率对港币的影响越来越大,港币既要维持和美元的联系汇率制度,又要保持和人民币稳定关系,这样才有利于港币币值和香港金融市场的稳定。怎样找到港币和美元汇率、港币和人民币汇率之间的一个平衡点是将来需要面临的一个重要问题,在港币不放弃联系汇率制度的条件下,这种平衡会更多地受到人民币币值和美元币值的影响,两国经济的发展对港币的稳定和香港经济的发展是至关重要的。随着中国经济的高速增长、人民币自由兑换和国际化的推进,人民币对港币的影响将会越来越大。

四、三角固定下香港和大陆货币政策的独立性

人民币对美元保持稳定,港币和美元是联系汇率制度,汇率是稳定的,因此人民币和港币汇率也是稳定的,形成了人民币、港币和美元之间的三角固定。由于香港是高度开放的小型经济体,资本自由流动,所以根据"三元悖论",港币钉住美元汇率、资本自由流动和独立的货币政策不可能同时存在,也就是说,在资本自由流动的情况下,香港要么选择固定汇率,放弃独立的货币政策;要么选择独立的货币政策,放弃固

定汇率。在这两者之间，香港选择了固定汇率，放弃了独立的货币政策，意味着为了维持固定汇率，香港的利率水平必须跟着美国走，如美国降低联邦基金利率，香港也必须同时降低基准利率，保持利率政策的高度一致性。2009 年下半年，热钱流进香港大幅度增加，香港为了维持联系汇率制度，必须大量投入港币。截至 2009 年 10 月底，香港的外汇储备已达 2 401 亿美元，环比增加 132 亿美元，同时香港银行体系总结余达到 2 699.2 亿港元，创出历史新高。同时香港金管局又不得不大量发行外汇基金票据，将银行体系的总结余转移到外汇基金票据上，控制基础货币的上升和货币供应量的增加。

　　就内地而言，稍有不同，人民币钉住美元，但人民币不是自由兑换货币，资本不能够自由流动，内地货币政策的独立性相对较高。不过，随着我国不断扩大金融开放，资本流动增大，货币政策的独立性也会有所下降。中央银行为了维持固定汇率，必须在外汇市场进行干预，被动买进美元，投放本币，货币政策必须服务于汇率钉住，独立性受到一定影响。因此在人民币钉住美元的条件下，大陆也面临着香港类似的情况。随着人民币升值预期增强，热钱流入增加，央行为了维持人民币汇率的基本稳定，必须买入美元，投放人民币，外汇占款增加，同时央行又必须发行央行票据进行冲销，控制基础货币，防范通货膨胀。

　　实际上，三个国家（或地区）只有两个独立汇率（不包括套算汇率），如内地、香港和美国之间，人民币对美元汇率、港币对美元汇率是独立的，人民币对港币汇率是套算汇率，是由人民币对美元汇率和港币对美元汇率共同决定的。为了维持三角固定，三个货币当局必须调整他们的货币政策工具以维持固定汇率，或至多只有一个货币当局可以独立地使用货币政策。从人民币、港币和美元三角固定来看，香港钉住美元，放弃了货币政策；内地钉住美元，但由于资本不完全流动，货币政策部分独立，只有美国才拥有独立的货币政策。在三角固定中，美国居于主导地位，香港和内地处于从属地位，因为港币和人民币主动钉住美元，而美元是自由浮动货币，不用维持美元对港币、人民币汇率的稳定，因此美国可以独立地决定自己的货币政策。而香港和内地没有选择，为了稳定汇率,不得不跟着美国货币政策走,这是三角固定汇率的特点。值得指出的是,尽管内地人民币不能够完全自由兑换,资本不能够自由流动,货币政策相对独立,但是在人民币钉住美元和经济高度开放的情况下,美国货币政策对中国的影响日益增大,如美国的货币宽松政策导致美元贬值,人民币升值压力上升,为了稳定汇率,中央银行必须买进外汇,投放人民币,货币政策处于被动地位。就三角固定的整个汇率系统而言,港币和人民币主动钉住美元,美国处于货币政策的主导地位,不会干预汇率,干预汇率的任务主要由香港和内地自己完成。

在国际金融危机的冲击下,美国调整货币供给和利率,必然会影响到香港和内地,如美国货币增加供给和利率调整,流动性上升,热钱流入[1],为了维持汇率稳定,香港和内地必须吸收这些流动性,港汇占款或人民币外汇占款会增加,资产价格上涨,通货膨胀预期上升。因此美元贬值,港币和人民币升值压力上升,冲销干预的压力加大。同时美元币值的变化对港币和人民币影响也较大,如美元走弱,人民币和港币也跟着美元贬值;如果美元升值,港币和人民币也跟着美元升值。此外,美元走软,美元的吸引力下降,意味着港币和人民币的吸引力上升,港币和人民币的升值预期上升,升值压力增大。因此2009年下半年随着美元持续下跌,人民币和港币也跟着下跌,但是人民币和港币的升值压力增加。为了维持汇率稳定,中国的货币政策调整必须要考虑到美联储货币政策的变化,如在将来货币政策的退出上,笔者认为2010年我国货币政策的退出既要控制货币信贷的过快增长,抑制资产价格的泡沫和通货膨胀预期;又要防范热钱的流入,维持宏观经济的平稳运行。

总之,香港是货币局制度,汇率固定,完全的资本流动,没有独立的货币政策;内地人民币与美元汇率保持稳定,资本不完全流动,货币政策是部分独立的,而美国货币政策是完全独立的,香港的利率要跟着美联储走,而美国货币政策对中国的溢出效应较大。因此在这个三角固定中,被钉住国有独立的货币政策,两个钉住国(或地区)货币政策的独

----

① 见第三章第二节。

立性受到很大影响，也就是说货币政策主要是用来维持汇率稳定，货币政策的独立性下降。实际上，我国中央银行往往会陷入调控困境，为了维持汇率稳定，必须投放本币，流动性上升，通货膨胀压力上升，这样中央银行又必须大量回笼流动性，会推高货币市场利率，如果存贷款利率提高，资本将进一步流入。因此为了提高中央银行货币政策的独立性，必须加强对资本流动和利率变动的管理，这样才有利于中央银行在维持汇率稳定的同时，可以通过货币政策工具实现国内经济目标。

第四节　人民币和台币之间的关系

2008 年 7 月 4 日，大陆居民赴台旅游首发团启程赴台，配合对大陆旅游团的开放，台湾金融主管部门积极准备，迅速批准台湾商业银行进行人民币买卖，从 2008 年 6 月 30 日开始，人民币可在台湾本岛进行双向兑换。人民币在台湾可兑换启动了台湾金融部门服务大陆游客重要一步，也标志着两岸的金融开放和金融合作的正式开始。2010 年第一季度，因预期人民币升值，台湾出现抢购人民币的现象，造成各大银行人民币现钞缺货，引起广泛关注。

实际上，虽然之前人民币不能够合法进入台湾岛，但由于两岸经贸关系的日益发展和人员往来的不断增多，对人民币交易性需求持续增加，据估计在台商与台湾流通的人民币约 500～800 亿元。而随着台湾金融主管部门允许人民币在岛内可兑换，对人民币的交易性需求必然会进一步扩大，据台湾相关媒体报道，台湾的各银行已经备妥 5 亿元以上人民币等着给民众兑换。另外，如果出现人民币缺货，台湾各银行可以迅速在国际金融市场上购买人民币，随时可以空运人民币现钞到台，因此可以预计随着两岸开放的不断扩大，人民币在台湾的流通将会大幅度增加。目前由于两岸尚未建立货币清算机制，岛内银行不能够开办人民币存款业务，因此台湾岛内流通的主要是人民币现钞，人民币流通主要是服务两岸往来人员日常性的交易货币需求。

人民币在岛内可兑换和流通,对两岸关系的发展有极其重要的意义。一是促进两岸的经济交流和日常往来,便利了岛内居民或大陆赴台居民对人民币或台币的交易性需求,有利于两岸旅游、经贸的进一步发展。二是随着人民币在岛内流通的不断增加,必将进一步推动大陆和台湾的金融开放,有利于将来两岸金融进一步合作。三是有利于促进人民币走出去,推动人民币区域化发展,为将来的人民币国际化积累经验。四是推动了台湾、香港和大陆的金融发展和金融合作,台湾的人民币兑换资金主要来源于香港,而香港的人民币来源于大陆,必将有利于促进人民币在三者之间的流通,促进三者之间商品和服务贸易的发展,推动将来相互之间的金融合作。

目前台币在大陆并不是可兑换货币,以前台湾居民首先要把台币换成美元,然后在大陆才能兑换成人民币,而现在台胞来大陆直接在台湾就能够兑换到人民币。除此之外,随着中国经济的高速增长,人民币升值潜力大,台胞更愿意把新台币换成人民币,实现资产保值增值。随着岛内人民币不断增加,人民币在台湾可兑换和流通面临的一个现实问题是人民币的回流问题,也即是说,除了满足日常交易的人民币需求外,有多余的人民币,怎样解决这一部分人民币的出路问题。如在我国的香港,多余的人民币存入香港的银行,但不允许香港银行发放人民币贷款,指定中国银行为香港地区人民币的清算行,其他银行的人民币存款转存到中国银行,支付一定的利息,然后将存款回流到中国人民银行深圳中心支行,按储备利率支付利息。这是管理香港境内人民币供给的一种有效手段,有利于人民币在香港的流通。

台湾和香港不同,香港实行的是钉住美元的联系汇率制度,而台湾实行的是对美元的浮动汇率制度;台湾有独立的货币政策,而香港的货币政策必须为联系汇率制度服务;中国银行是香港的发钞行和香港地区人民币的清算行,而台湾没有对大陆银行开放。随着人民币流向台湾越来越多,人民币回流将是两岸合作的首要问题。在这种情况下,大陆可以和台湾金融管理部门协商,如确定台湾"中央银行"为清算行,人民币也只存不贷,允许台湾的银行接收人民币存款,但不允许台湾发放人民币贷款，同样将存款回流到中国人民银行，并按储备利率支付利息，这样对经营人民币的台湾银行是有利的，也有利于人民币在台湾的顺利流通。同时要加强两岸在有关货币政策如利率、汇率等方面的协调，维护两岸的金融稳定。

人民币在台湾可兑换是两岸金融开放的第一步，在此基础之上，两岸的金融开放和合作会越来越广泛。在人民币交易性货币需求被不断满足的情况下，对人民币投机性的货币需求会不断增加，持有人民币资产的台胞希望能够投资大陆金融市场，促进手中的人民币保值增值，大陆居民也希望能够赴台投资，这将是下一步两岸金融开放的重要内容。

一是台湾的人民币流通或储备会越来越多，需要回流大陆银行体系或投资于资产市场，需要大陆进一步开放金融市场，为其提供投资便利。二是更多的大陆资金希望能够进入台湾，也需要台湾开放金融市场，这样才有利于促进资本流动，优化两岸的资源配置。三是加强两岸的金融合作，共同应对金融风险，如在热钱流动、金融监管等方面可深化合作。四是促进台币在大陆的可兑换，公布每天的人民币和台币的汇率，台湾也应放松公司兑换人民币的需求等。五是加强两岸货币政策的日常协调，共同维护两岸的金融稳定。六是加快大陆金融改革的步伐，利率市场化和汇率市场化改革要稳步推进，积极为将来人民币在香港和台湾建立离岸金融中心服务。

总之随着两岸开放的不断扩大，金融开放和金融合作将向纵深发展，两岸金融合作的潜力巨大，前景广阔。

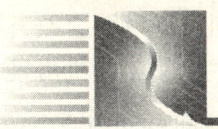

第五章
美元汇率变化及影响

第一节　金融危机下美元贬值及影响

美元是主要的国际货币,美元走势对美国经济和世界经济都会产生很大的影响。美元的走势往往根据美国的情况而变动,如美元走强,有利于美国发行国债筹资,降低了美国国债的发行成本,而美元走软,有利于刺激美国出口,同时持有美元资产的个人和国家将分摊美国的救市负担。

一、美元贬值

美元的走势可以分为短期走势和长期走势,美元的长期走势主要是由于经济基本面和宏观经济政策的走势来决定的,它反映了美元币值的整体变动;短期走势是由于市场因素变化,如风险因素、短期消息公布和市场预期等决定。如 2009 年上半年欧元对美元汇率短期波动就是多种效应的叠加:一是汇率对短期经济数据公布敏感,如就业、消费者信心指数等等,一旦某一国的经济数据改善,该国货币将走强;二是对降息政策的反应,利率下调,导致本国货币走软;三是新的救市政策出台，一旦有新的刺激经济的政策出台，市场预期经济可能会改善，该国货币也会升值。2009 年末至 2010 年初，欧洲主权债务危机爆发，欧元对美元持续下滑。因此短期内汇率是由两国经济信息和市场因素等相对变化共同决定的，一旦有利好的经济信息，该国货币将趋向于走强。

　　国际金融危机时期美国经济前景面临很大的不确定性，市场流动性冻结，金融危机下的美元波动主要受一些短期市场因素的影响。但美国的基本因素决定美元汇率走势，一是美国经济已经陷入衰退，并有进一步下滑的趋势，不支持美元走强。二是过度扩张的货币政策。美国采取扩张性的货币政策，将会导致国内货币扩张，美元走软。美国经过 1 年多的持续降息，已步入零利率时代，美联储表示在经济增长之前，将把利率维持在一个较低的水平，这也意味着在将来的一定时间内，美国将维持这种宽松的利率政策。除了利率工具以外，美国还将采取多种创新工具包括所谓的"定量宽松政策"等向市场注资①，扩张货币供应量，因此美国大量货币的扩张必然导致美元币值下降。如美联储 2008 年 11 月 25 日宣布将追加总额达 8 000 亿美元的信贷投入，这将导致货币扩张进一步上升。三是过度扩张的财政政策，财政赤字上升。2008 年 2 月，美国推出了 2 000 亿美元的救市计划；9 月，推出了 7 000 亿美元的计划；2009 年 1 月，奥巴马的救市计划增加为 7 850 亿美元。扩张性的财政救市计划会加大美国的财政赤字，2008 财年美国政府财政赤字为 4 380 亿美元，美国 2009 年的财政赤字达到 1.42 万亿美元，创历史最高纪录，美国财政赤字有不断上升的趋势。财政赤字增加一方面会通过赤字货币化形式来融通②，将导致货币供给增加，美元贬值；另一方面美国的财政赤字和贸易赤字是联系在一起的，贸易收支的恶化将促使美元走软。

---

①　所谓定量宽松货币政策，就是中央银行通过公开市场操作，从二级市场大量买入各种债券，向银行体系大量注入资金。

②　实际上就是美国政府发行债券筹集资金，而美联储在二级市场上买进同样数量的旧债券，财政赤字就被货币化了，相当于美联储直接向财政注资。

美元是自由浮动的货币，它的币值随着经济形势的变化在不断的变动，美元贬值必然会给美元储备的国家带来很大的风险，尤其像中国这样美元储备比较高的国家。回顾布雷顿森林体系时代，美元实行是双挂钩制度，美元和黄金挂钩，其他货币和美元挂钩，对美元泛滥的一个重要约束是美元和黄金挂钩，1盎司黄金等于35美元，也就是说，其他国家获得的美元可以到美国按照1盎司黄金等于35美元兑换黄金[①]，这是对美国货币政策的一个约束，因此美国会尽量维持美元币值的稳定。但是在目前浮动汇率制主导的国际货币体系下，美元仍然充当国际货币，但是美元兑换黄金的约束已经没有了，所以美元扩张的内在冲动比以前更强了，美元流动性泛滥带来的风险全部由美元储备的国家自己承担和消化，因此美元贬值给持有美元储备多的国家带来的损失会越来越大。自2007年7月份美国次贷危机爆发以来，美元经历了贬值、升值，再贬值再升值的过程。综观美元的走势，可以看出，随着美联储不断下调利率，美元对一些非美元货币不断贬值，美元指数从2007年2月的约85左右一直下降到2008年7月底的约72左右，这一阶段是次贷危机下美元大贬值阶段。

另外，美元走软可以转嫁美国的风险，因为美元是国际的主导货币，美元流动性过剩，美国对外负债较高，美元贬值将使美国的对外债务的实际水平下降，缓解美国的债务压力。美元走软可能将导致未来全球性的通货膨胀上升，导致各国货币币值都有下降的趋势，形成了竞争性的货币贬值政策，也就是说，除了名义汇率的变动外，每个国家货币的实际购买力将来都有可能下降。

二、外汇储备缩水

2006年10月底，我国的外汇储备突破1万亿美元，当时面临的主要问题是国际收支的双顺差给我们带来的流动性过剩问题，人民币升值和资产价格上涨的压力大，当时的外汇储备的增加尽管给我们带来

---

① 陆前进：《国际金融学教程》，立信会计出版社2006年版。

了一定的问题,但是我国的外汇财富毕竟在不断上升。到 2008 年 3 月底,我国的外汇储备达到约 1.68 万亿美元,再创新高,尽管外汇储备在不断增加,但是我们面临的情况已经发生了变化,除了外汇储备增加给我们带来过剩的流动性问题,还由于美国次贷危机爆发,美联储持续下调利率,美元迅速贬值,同时美国经济基本面也不断恶化,进一步促使美元贬值,导致我国外汇储备不断缩水,也就是说随着美元的不断贬值,我国实际的外汇财富在下降。截至 2008 年 12 月底,我国持有 6 962 亿美元的美国国债,成为持有美国国债最多的国家。美元贬值,同样数量美元能够兑换其他外汇的数量下降,存在兑换其他货币的损失。

关于外汇储备的缩水问题一直是大家比较关心的问题,理解外汇储备的缩水表面上看似简单,实际上是一个相对比较复杂的问题。如何看待我国外汇储备的缩水问题呢? 这涉及多方面问题。探讨外汇储备的缩水问题首先要选定参照物,即计价标准,同时还需要考虑汇率和商品价格等的变化。由于美元外汇储备占我国外汇储备主要部分,笔者主要考察美元外汇储备缩水问题,这里分以下几种情况讨论。

一是以国际货币"欧元"作为计价单位。由于美国次贷危机,美联储不断降低利率,美元对欧元不断贬值,美元的对外价值下降,一单位美元能够兑换到的欧元减少,因此对于一定量的美元外汇储备能够兑换到的欧元数量就下降了。如果美元外汇储备用欧元计价,外汇储备就相应缩水了。如果仍然用美元计价,只要美元国内的购买力没有下降,也就是说,美国没有发生通货膨胀,则美元外汇储备很难说发生了缩水,因为外汇储备对美国的货币和实物债权都没有发生变化。

二是以"人民币"作为计价单位。随着人民币对美元升值,外汇储备以人民币计价相对缩水了,也就说一定量的外汇储备能够兑换到的人民币数量少了。国内居民能够用同等数量的人民币兑换到更多的美元,老百姓获得兑换的收益。但是从整个国家的角度来看,如果美元在美国国内的购买力没有下降,持有的美元外汇储备在美国国内的购买力就没有缩水。

三是以"黄金"、"原油"和"粮食"等国际定价的大宗商品作为计价单位。随着美元走软，黄金、原油和粮食等的价格不断上涨，如果以黄金、原油和粮食等单位价格来计价，外汇储备缩水了，因为同等数量的美元外汇能够换到的黄金、原油和粮食在不断减少。

四是以"商品篮子"作为计价单位。外汇储备不完全用来购买"黄金"、"原油"和"粮食"等国际定价商品，因此我们讨论美元的购买力，必须要考虑美国国内购买力和美元的国际购买力。一是以"美国国内商品篮子"作为计价单位，即要考虑美国的通货膨胀率，如果美国的物价水平不变，则外汇储备没有缩水；如果美国通货膨胀率上升，则美元的国内购买力下降，即1美元能够买到的美国国内篮子商品的数量在减少，美元外汇储备就面临缩水问题。二是以"国际商品篮子"作为计价单位，当然要考虑到全球通货膨胀率，随着全球通货膨胀率的上升和美元对其他货币的贬值，美元的国际购买力也在下降，也就是说，1美元能够买到的国际篮子商品的数量在减少，因此外汇储备缩水了。

上面这几种情况反映了在不同的计价方式下，美元外汇储备购买力的变动，这样就能够从总体上对外汇储备是否缩水做出基本判断，如果只从某一种情况来看，可能会高估或低估外汇储备的缩水问题。实际上，美元外汇储备是否缩水包括两个层面的影响：一是美元的兑换比率是否下降了，即美元是否贬值了；二是商品市场的价格是否上涨了，这两个方面的相互作用才能确定美元外汇储备是否缩水了。如美元对欧元贬值，同时欧元区通货膨胀率上升，因此美元外汇储备用欧元计外汇储备缩水幅度是由美元对欧元的贬值率和欧元区的通货膨胀率共同决定；如港币和美元是联系汇率制度，汇率基本稳定，外汇储备如果用港币计其缩水大小就由香港的通货膨胀率来决定。因此外汇储备缩水是和选定的参照物有关的，对外汇储备的缩水问题需要从多方面评估。

另外，考察外汇储备的缩水，除了要考虑不同的计价单位外，还要考虑获得外汇储备的成本，如果获得外汇储备的成本下降了，则能够抵消部分损失。如随着美元贬值，若我国出口商能够提高出口价格，即单位产品出口能够获得更多的外汇，就可以起到抵消外汇储备缩水的作用，但这依赖于出口产品的需求弹性。同时外汇储备并不是放在中央银行的手中,而是要投资到美国的国债上,获得一定的收益率,如果获得的收益率大于美国的通货膨胀率,则减少外汇储备缩水;从国际角度来看,如果获得的收益率小于全球的通货膨胀率,则外汇储备缩水会增加。

以上是笔者从理论上来探讨外汇储备实际价值是否发生变化,如果从我国的实际情况来看,外汇储备缩水问题必须引起注意。

国际金融危机时期美元走软,大宗商品价格上涨,美元资产的实际购买力将下降,同样数量的美元资产能够购买的实物资产在减少,美元资产将缩水。目前,黄金、黑金(石油)和美元是三种重要的国际资产,前两种是实物资产,后一种是金融资产,这三种资产价格的变化会导致全球财富的重新分配。美元贬值,原油和黄金价格上涨,如 2007 年下半年,美联储不断采取扩张性的宏观经济政策导致美元持续走软,而以美元标价的国际大宗商品如粮、油,以及黄金等的价格迅速飙升,这一阶段呈现美元弱、原油和黄金走强的格局。美元指数一路下滑,甚至在 2008 年 7 月 15 日达到最低点 71.872;原油现货价格从 2007 年年初的 57 美元左右,上涨到 2008 年 7 月底的 123 美元左右,在 2008 年 7 月 3 日达到最高点 145.66 美元;黄金现货价格从 2007 年年初每盎司 636 美元左右上升到 2008 年 7 月底 914 美元左右[①]。国际资产价格变化导致财富的重新分配,美元走软和国际大宗商品价格上涨,对拥有美元储备资产的国家来说,外汇资产购买力下降,外汇资产缩水,也就是说,随着美元的贬值,现在等值的美元可能已经买不到当时同等数量的商品了,以主要的大宗商品价格来衡量,外汇储备缩水了。另外,美元贬值,欧元等其他货币升值,美元外汇资产能够兑换到的欧元等外币资产数量也在下降,也就是说,以另一种货币度量,外汇储备资产也缩水了。因此美元贬值,原油和黄金价格上涨,对美元外汇储备多的国家影响较大,对主要依赖能源进口的国家影响也较大,如中国,随着美元贬值和原油价格的上升,中国外汇储备大幅度缩水,同时中国进口原油的支出也增加,推动国内原油价格上升,导致国内通货膨胀压力增加。

---

① 数据来源:www.Bloomberg.com。

第二节 在美元迷局中面临的
困境和挑战

在美元的变动迷局中,我国将面临更多的困境和挑战。

一、国际商品价格上涨,人民币升值无法对冲损失

由于美国次贷危机,美元走软,以美元标价的国际大宗商品如粮、油等的价格飙升。美元贬值导致欧元和人民币相应走强,欧元升值能够对冲国际商品价格上涨的损失,人民币升值却不能够对冲损失。由于人民币不是自由兑换货币,进口商必须首先把人民币兑换成美元,一定的人民币比以前可以兑换更多的美元,但要从国家手里购买外汇,你买的便宜,相当于国家给予了补贴。而对于欧元区则不一样,因为欧元是自由兑换货币,它直接在国际金融市场上就可以自由兑换,政府无需承担兑换的成本,进口商可以获得欧元升值的好处,这是欧元升值获得的铸币税,而人民币却不能够获得升值的铸币税,因为人民币不能够在国际金融市场上兑换,只能在国内金融市场上兑换,进口商的兑换收益相当于国家给予的补贴。因此欧元升值能够对冲粮油价格的损失,起到抵消粮油价格上涨的作用。对于人民币来说则不行,进口商支付的人民币少了,但损失落在国家头上。也就是说从整个国家的角度来看,人民币升值对进口没有带来好处,但是从国家内部来看,进口商获得兑换收益,只是财富在进口商和政府之间发生了转移。

二、美元走软,我国的外汇储备缩水

美元走软,国际商品价格看涨,同样的美元储备资产的购买力会相应下降,也就是说,我国当时出口换来的外汇,随着美元的贬值,现在等值的美元可能已经买不到当时同等数量的商品了。另外,美元贬值,欧元升值,美元外汇资产能够兑换到的欧元资产数量下降了,也就是说,

以另一种坚挺的货币度量，外汇储备资产缩水了。也许有人认为，这种外汇缩水只是随着美元贬值带来的账面资产的瞬时变化，并不是最终损失，如果将来美元升值，则会弥补这种损失。但是值得指出的是，即使美元能够升值回到原来的水平，如果国际商品市场价格上涨有价格刚性，市场价格可能很难再回到原来的水平，也就是说全球性的通货膨胀率下降，并不意味着价格水平的绝对下降。

三、国际货币协调的不对称性

当经济体出现危机或金融市场动荡时，就需要各国共同努力，相互合作，加强协调，但是目前国际货币协调面临困难，存在协调的不对称性。国际货币协调意味着本国经济政策更多的束缚，较少的自由，而未来收益不确定，毕竟贸易收支和利率等的协调的预期结果很难量化。而且关于采取哪些政策，不同的国家有不同的观点，因此协调面临多方面的困境，如最近"G7"之间的协调更多是口头声明，引导市场预期，而实质性的协调行动很难取得大的进步。在发达国家之间尚且如此，发达国家和发展中国家更加难以协调。国家之间的相互依赖性不同，协调的主动性和积极性也不同，各国都从本身的利益出发，一个大国如美国与某个发展中国家相比，更不易为其他国家的政策所影响，导致国际协调的困难，因为协调不是利他主义，而是相互受益。发展中国家比大国更愿意政策协调，因为他们必须忍受大国政策对本国经济的冲击，同时又不能采取相应的报复措施。但是发展中国家和发达国家的协调中总是处于不利地位，话语权总是掌握在大国手里，而自己承担更大的责任和义务。长期以来美国一直在人民币升值问题上做文章，而很少加强对自身的约束，实际上，美国连续下调利率，美元大幅度贬值，导致了全球的流动性过剩和通货膨胀。

四、我国投资美国国债获得收益难以弥补国内支付央行票据利息

我国国际收支盈余的双顺差，外汇资产不断增加，通过在国内卖给商业银行。在结售汇制度的安排下，商业银行留一定的周转性外汇，其

余的外汇资产必须拿到银行间外汇市场平衡头寸。由于人民币存在升值压力，外汇供给大于需求，盈余的外汇最终主要是卖给了中央银行，因此中央银行的外汇占款大幅度增加。为了控制通货膨胀，中央银行必须进行冲销，通过发行大量的央行票据回笼资金。这样中央银行在购买大量外汇同时，也发行了大量的央行票据。中央银行购买外汇形成了我国的外汇储备，为了使外汇资产保值增值，买进的外汇再投资到美国国债上。表面上来看，投资美国国债能够获得一定的收益，但是国内被动发行的大量央行票据，中央银行也必须得支付利息。随着美国基准利率的不断下调，美国国债1年期的收益率已低于我国央行票据1年期的收益率，中央银行面临亏损的局面。

五、人民币在美元不断的波动中经受考验

美国会任由美元持续贬值吗？当然不会，美元会继续维持其国际货币地位，这是美国的根本利益所在。由于次贷危机，美元大幅度贬值，虽然美国转嫁了风险，但是也有不利的一面。如果美元长期走软，必然会受到国际社会的排斥，美元作为国际货币的地位将会下降，美元能够获得的好处也将丧失，这也是美国所不愿意看到的。欧元也是国际金融市场上的主要货币，美元走软，更多的国家调整外汇储备资产，增加持有欧元资产。因此从长期来看，美国会继续支持"强势美元"的地位，但随着美国国内和国际形势的变化，美元会在弱势美元和强势美元之间跳舞，因为在后布雷顿森林体系下，对美元的宏观经济政策的约束进一步削弱了，美国可以根据国内经济形势变化，相机抉择地选择宏观经济政策，而无需顾虑类似布雷顿森林体系时代的"双挂钩"制度约束，美元输出能够获得铸币税，但是美元扩张的约束下降了，最近的美国次贷危机的现象就是很好的说明。实际上，自布雷顿森林体系以来，美元就经历多次大幅度贬值，给国际金融市场带来了很大的冲击。在目前的国际货币体系下，将来的美元大幅度贬值会依然存在，美国会在自身的利益和美元币值的走势之间寻求平衡。而美元的变动必然会影响到人民币币值，维持人民币币值的稳定将面临更大的挑战。

　　笔者认为在当前主要国际货币没有固定名义锚的情况下，从国内来看，我国应该采取相应的对策，改变以往的外汇管理思路。首先，改变以出口换外汇，再储备外汇的思路，多出口就要多进口，在外汇储备满足一定需求的情况下，扩大进口，多储备资源性产品和战略性物资；在人民币升值的条件下，鼓励外汇资本走出去，积极到海外投资。其次，实行动态的外汇管理模式，让外汇在运动中保值增值，密切关注国际金融市场汇率的变化，及时调整外汇储备的币种结构和头寸，根据国际商品市场和国际金融市场的价格，调整外汇储备的投资结构。再次，逐步改革我国现有的外汇结售汇制度，最终完全过渡到意愿结售汇，实现"藏汇于民"，居民分散管理外汇的效率要远高于国家集中管理外汇，他们能够根据市场的变化，及时调整头寸，规避风险。最后，逐步放弃钉住美元的汇率制度，进一步完善汇率的形成机制，建立对美元、欧元和日元等货币的独立浮动汇率制度，减少对某一国货币的依赖。

　　从国际的角度来看，笔者认为一是应该积极推动建立多极化的国际货币体系，建立储备货币的多元化。二是建立国际货币的协调体系，这种协调体系可以建立在国际货币基金组织或世界银行基础之上，不仅仅只是发达国家之间的协调，应该包括更多的发展中国家参与，因为汇率的变动不仅仅对发达国家有影响，往往对发展中国家的影响更大，发展中国家需要更多的话语权，发达国家在本国宏观经济政策约束方面需要承担更大的责任。三是进一步扩大对外开放，推动人民币的自由兑换，为人民币的国际化积极准备，促进人民币参与国际货币的竞争，这样才能最大限度地增加我们的清偿力，也就可以大大减少我国的外汇储备，减少我们对其他货币的依赖，增强我国在国际货币协调中的地位，提高我们应对国际货币汇率变动的能力。

第三节　美元升值问题

　　进入 2008 年 8 月，美元开始走强，美元汇率指数从 8 月初的约 73

上升到 9 月初的约 77。同时随着 2008 年 9 月次贷危机不断加剧，并迅速蔓延到欧洲，美元升值进一步加强，美元汇率指数一路上升，2008年 12 月初已经达到约 86 左右。这是金融危机下美元走势的特殊表现，主要源于两方面的原因：一是由于欧盟经济同样受到次贷危机的打击，经济状况并不比美国好；二是出于避险的目的，大量资金流向美国国债市场，导致美元走强。

实际上美元的强弱也只是一个相比较的概念，除了美元自身的因素外，也受其他国家货币币值强弱的影响，如果欧元、英镑等货币走软，则美元相对于欧元、英镑等货币而言就相应升值，因此欧元区等经济体未来经济状况和走势也决定了美元货币的走势。如果欧元区、英国等经济进一步下滑，人们对欧元区、英国等经济体，进而对欧元、英镑等货币将丧失信心，欧元、英镑等对美元会贬值。应该说欧元区、英国等经济的周期是滞后于美国的，美国发生次贷危机，这些国家的经济先后就出现了疲软。2010 年，由于欧洲主权债务危机，欧元区、英国等宏观经济面的恶化将导致这些国家货币走软，美元相应升值。随着美元对非美元货币如欧元、英镑等货币走强，人民币对欧元、英镑等非美元货币升值加快。另外，主要西方国家的货币政策的走势也影响美元汇率的走势。从经济学原理来看，如果美国收紧货币政策，转向提高利率，则美元会得到支撑。如果美联储担心经济继续下滑，降低利率，则美元将受到抑制。相反，英国和欧元区不断降息，也会支撑美元走强。此外，大宗商品价格也会影响美元走势。全球发达国家经济体面临疲软，甚至经济下滑的风险，对世界原油等产品的需求将下降，国际大宗商品的价格也会下降，大量投机资金可能会转向美元资产，将推高美元汇价。同时国际原油价格下跌，美国的通货膨胀率下降，美元也会得到进一步支撑。

第一，人民币总体升值速度加快，名义有效汇率上升，实际有效汇率也迅速上升。随着人民币对欧元、英镑等非美元货币的快速升值，人民币对货币篮子升值加快。应该说人民币对欧元、英镑等非美元货币升值推动了人民币名义有效汇率指数的上升，人民币总体升值水平加快。人民币对这些非美元货币的迅速升值也必然会影响到人民币的实际有效汇率指数。

第二，对我国贸易和投资等的影响。2010 年，人民币对欧元、英镑等货币大幅度升值，必然会导致对出口到这些国家的企业产品竞争力下降，除非出口企业能够提高出口价格，否则必然会导致企业收益损失，利润下降。在全球经济变冷的情况下，欧元、英镑等非美元货币国家的总需求也会下降，同时人民币又升值，对出口企业来说，无疑是雪上加霜。根据 J 曲线效应，人民币升值的效应在随后的月份中会逐步显现出来。实际上，如果美元保持继续走强，人民币对欧元、英镑等货币将持续升值，由于欧盟是我国的第一大贸易伙伴，必然会对出口到这些国家的企业产生一定的压力。但从另一个角度来看，人民币对欧元和英镑等货币升值，将有利于促进中国企业实施走出去战略，如中国企业对欧洲这些国家进行投资，包括在这些国家直接投资，或实行兼并与收购，成本将下降，有利于促进对欧洲等地区的海外投资。同时，随着人民币对欧元、英镑等货币升值，我国从这些国家的进口也将变得更加便宜。因此国家应该更多关注人民币对欧元、英镑和澳元等非美元货币汇率的变动趋势，观察其对我国进出口贸易、投资等的影响。

第三，对中央银行干预的影响。人民币对一些非美元货币升值，会影响到中央银行外汇占款的变动，如果人民币对欧元、英镑等货币升值幅度大，中央银行的干预压力将下降，中央银行购买等量的欧元、英镑等外汇，投入的人民币就相对较少，外汇占款的增幅可能会下降。

第四，对"热钱"流入和外汇市场投资操作的影响。随着美元升值，人民币对欧元和英镑等的迅速升值，投机者也可以得到投机人民币对欧元和英镑等升值的好处，因此如果人民币对欧元和英镑等继续保持快速升值态势，必然会吸引更多投机者的关注，投机者可能会转而投机欧元和英镑等货币，欧元资产和英镑资产等可能会更多地流向国内，这一点也应该引起外汇管理部门的关注。人民币对欧元、英镑等升值也给外汇市场的投资者带来更大的操作空间。实际上，人民币对美元汇率在我国汇率体系中一直处于核心地位，随着美元升值加快，人民币对一些非美元货币升值会更快。非美元货币对人民币的波动幅度远大于美元货币对人民币的波动幅度,由于非美元货币对人民币汇率波动的幅度较大,投资者能够获得的收益通常也较大。这样投资者如果预期人民币对欧元、英镑等货币升值,借入欧元和英镑等资产,兑换成人民币资产,待人民币升值后,再兑换回原外币资产,则能够获得更多的汇兑收益。

　　第五,美元升值导致全球财富的重新分配。2008 年下半年,随着美国次贷危机不断加剧,全球股市下跌,避险资金追逐美国国债,导致美元不断走强。同时全球经济衰退,总需求下降,国际油价不断下跌,而美元升值,也进一步推动了原油价格下跌。这一阶段主要表现为美元升值、原油和黄金价格下跌。如美元指数从 2008 年 8 月初的 73 左右上涨到 12 月底的 81 左右,其中 2008 年 11 月 21 日达到最高的 88.191;原油价格从 2008 年 8 月初的 123 美元左右下降到 12 月底的 41 美元左右,其中 12 月 24 日达到最底的 34.04 美元;黄金价格从 2008 年 8 月初的 910 美元左右下滑到 12 月底的 882 左右。这一阶段黄金价格有所下跌,但是黄金的抗跌性较强。美元升值,原油价格下跌对能源生产国和出口国的冲击较大,如俄罗斯和 OPEC 国家的外汇收入大幅度下降,甚至一些国家国际收支不断恶化。目前俄罗斯面临美元升值和国际油价下跌的双重打击,油价下跌,导致俄罗斯外汇收入下降,同时资本流出、美元升值导致俄罗斯卢布贬值压力进一步增加。如果美元升值和国际油价继续维持下去,金融危机对俄罗斯的打击将是巨大的。而对 OPEC 国家来说,油价下跌无疑对其伤害也是巨大的,外汇收入下降,以至于 OPEC 不断提出要求减产,以应对油价的不断下跌。因此美元、黄金和油价的交替变化导致财富在全球发生重新分配。

　　总之,美元等资产的强势或弱势都会对全球经济产生很大的影响,导致全球财富的重新分配。各国经济随着美元等资产节奏的变化而摇摆不定,如美元升值、国际油价下跌,原油生产国和输出国 OPEC 等国家面临较大的损失,俄罗斯经济也可能会被拖垮;而一旦美元贬值和国际油价上涨，对能源消费国和进口国如中国等国家将会产生很大的冲击。尤其在金融危机期间，美元等资产价格的变动加大了全球经济的不稳定性，使得一国经济面临很大的不确定性。随着美元的贬值和升值，每一个国家都会受到很大的冲击，只不过对不同国家冲击所带来的正负效应有所不同。由于美元币值的变动本身是美国经济的反映，强势和弱势对其都是有利的，是符合美国需求和美国利益的，美国总是处于有利地位。但是对其他国家而言，由于本国货币不是国际货币，要受到美元变动的冲击，如果美元变动对该国有利，该国是幸运的；如果美元变动对该国不利，该国必须承受这种损失，自己是难以改变的，一国的利益和外汇财富随着美元的变化而变动。很多国家的命运掌握在美元手中，其他国家在面对美元变动时，往往处于被动地位，各国在美元等资产价格的变动中，财富被重新再分配。

第四节　美元霸权是全球经济失衡的重要因素

　　第二次世界大战后，资本主义世界建立了一个以美元为中心的国际货币体系，即布雷顿森林体系。布雷顿森林体系下的国际货币制度实质上是黄金—美元为基础的国际金汇兑本位制，从而确立了美元的霸权地位，此时对美元滥发的一个重要约束是美元和黄金挂钩，也就是说，其他国家获得的美元可以在美国按照 1 盎司黄金等于 35 美元兑换黄金，这是对美国货币政策的一个约束，因此美国要尽量维持美元币值的稳定。自从布雷顿森林体系确立美元的"双挂钩"以后，强化了美元的国际货币地位，更多国家的货币依附于美元，虽然布雷顿森林体系早已于 20 世纪 70 年代初解体，但由于美元一直充当着国际货币，长期形成的用美元进行国际交易、支付和储藏的功能被不断强化，美元主导国际货币体系的局面并没有改变。笔者认为真正威胁全球经济不稳定的一个重要因素是美元霸权，美元是国际货币，依赖自己的国际信用，可以动用全球资源为自己服务,当然也包括次贷危机冲击下的救市,美国可以把自己的风险转移给别的国家。

一、贸易赤字可以美元滥发来融通,支撑了美国的高消费

中国高储蓄和美国高消费表现为中国贸易收支盈余,美国为贸易收支赤字。由于美元是国际货币,可以获得货币发行的铸币税,美国的贸易赤字可以通过货币发行来融通,美国可以通过货币的过度发行提供消费信贷,大量进口其他国家价廉物美的消费商品,提高消费者的福利水平,这也是美国高消费和贸易赤字形成的原因。如果美元不是国际货币,美国就不能够通过美元信贷扩张大量进口消费品,如其他国家(非国际货币国家)就难以通过发行本国货币进口商品来扩大消费,因为该国货币不可以作为国际支付手段,必须通过出口获得外汇或向外借款,进口商再通过购买外汇支付进口。也就是说,其他国家增加对外支付的能力,必须累积外汇资产,而美国扩大对外支付,增加货币发行就可以了。美国可以通过货币发行直接支付进口,美元滥发可以保证美国进口远远超过美国的出口,而其他国家必须先出口或向外借款获得外汇,再支付进口。美元的国际货币地位可以支撑美国的高消费,也就是说,美国可以通过自己货币的国际信用,发挥世界货币的功能,支付大量进口,而无需扩大出口,美国的贸易赤字并不是一个大问题,美元的过度扩张增加了对其他国家产品的消费,甚至对全球经济来说还是一件好事。美国可以借助美元的国际信用为自己服务,如果其他国家进口大于出口,贸易收支赤字,必须在国际金融市场上借款弥补贸易收支赤字,而美国贸易收支赤字通过美元发行就可以弥补了,这是美元霸权的一个表现。另外,其他国家如中国获得美元,若能够从美国再进口商品,中国的贸易盈余和美国的贸易赤字都会下降,中美外部均衡。但是美国对中国高技术产品出口进行限制或者对产品出口定价很高,导致中国贸易盈余获得的美元只能投资到美国的债券市场上供美国消费和投资,中国赚取较低债券收益,而一旦美元贬值或通货膨胀,中国持有的美国债券就面临严重缩水的风险。

二、财政赤字可以通过货币滥发来融通，支撑了美国巨大的对外债务

由于美元是国际货币，美元国债不仅仅是美国金融机构和个人投资购买，还有众多的国际投资者参与如英国、日本和中国等，美国发行国债既是对内债务，又是对外债务，美国的国债外流，美国的对外债务就会上升。如果是某一国货币，本国货币债务扩张只能动用本国资源，而美元是国际货币，美元债务扩张可以动用全球资源为美国经济发展服务。由于全世界对美元信用的过度依赖，其他国家愿意借钱给美国，美国可以更大程度上扩张对外债务，美国的财政赤字不断增加，甚至石油美元和亚洲美元等的回流还依赖于美国财政赤字的扩张，这是美元霸权的另一种表现。最近美元作为避险资产受到国际投资者追捧，导致美元走强，而美元升值有利于美国国债发行，支撑了美国的救市资金的来源。美元是国际货币，对美国来说，它的外债主要是美元债券，面对外债增加时，可以通过发新债偿旧债方式或通过赤字货币化来解决，不会面临所谓的国家破产问题。而对其他一些国家如金融危机时期中东欧国家，资本流出，外债较多，危机加剧，本国货币不是国际货币，就不能够像美国那样发行货币筹集资金或偿还外债，他们的债务无法转移，只能够向国际金融市场借款，而且一旦陷入危机，信用评级下降，融资困难，最后往往是本国货币大幅度贬值，经济受到沉重打击。不仅如此，美国现在还通过量化宽松政策购买美国国债和其他债券扩张货币，如 2009 年 3 月 18 日美国联邦储备委员会决定保持零利率区间不变，同时计划大手笔购买 1.15 万亿美元债券，其中包括高达 3 000 亿美元的美国长期国债、7 500 亿美元的相关房产抵押债券以及 1 000 亿美元的房贷机构债券。美联储的量化宽松政策和财政政策相结合，意味着财政赤字货币化开始，通过增加货币发行来刺激经济。美元承担国际货币和一国货币的功能，作为国际货币，需要美国维持货币币值的稳定；作为国内货币，美国的国内经济政策的目标是第一位的，美元币值的稳定与否是次要的，美国更加注重是本国经济增长。美国开动印钞机对拥有美元资产的国家影响较大，如当美联储宣布采取量化宽松政策,市场迅速反应,美元大幅度贬值,国际油价和金价上涨,拥有美元外汇储备的国家资产面临缩水的问题。

三、美国经济的问题成为全球经济的问题

美元的国际货币地位可以支撑美国巨大的财政赤字和贸易赤字,如果是别的国家可能早就破产了,而美国却安然无恙,这主要得益于美元国际货币地位和发达的金融市场,通过美元债务的扩张,动用全球的资源,为美国经济发展或救市提供了巨大的资金来源。如果美元不是国际货币,美国货币滥发带来伤害的首先是他自己,它的对外债务就不可以通过货币发行来解决,像其他非国际货币国家那样,必须通过扩大出口或国际借款来获得资金,美国的对外债务负担将由美国人自己承担,不能够动用全球的资源为自己服务。美元债务的扩张是一种全球资源的占有,而其他国家对外债务的扩张则是一种负担,美国巨大的对外债务并不是问题。只要这些债权国不全部来挤兑债务(把美元资产转换成实物资产或其他货币资产),美国就不会面临问题,债务规模可以继续增加。实际上,这些美元外汇储备国家在和美国博弈过程中一直处于劣势,如果这些国家都卖出美国债券,美国债券价格会大幅度下跌,受损失的是这些储备货币国家,这些国家被绑架在美国的利益上。虽然这些国家持有的是美元资产,但是美国的宏观经济政策是这些国家所不能左右的,一旦美国采取滥发货币的形式刺激经济,这些国家无能为力,美国利用美元的国际货币地位可以把风险转移给其他国家。由于美元长期形成的国际货币的垄断地位,目前其他国际货币还无法与其抗衡,拥有储备资产多的国家也无法调整储备结构,美国也正是看到这一点,它才敢有恃无恐的滥发货币。如果你不愿意持有美元资产,调整其他货币的资产,但是其他国家货币资产风险仍然较高,最终可能仍然会选择美元资产,难以动摇美元的国际地位,这是长期形成的美元统治地位所决定的。由于国际上还缺乏一种世界货币,美元继续在国际经济往来中充当国际贸易和国际投资的主要计价单位和支付货币,世界经济对美元的依赖并没有削弱,导致美元在世界的流通量越来

大。对美元的过度依赖导致全球经济结构的失衡，美国可以消费世界上更多的产品，导致全球经济的振兴依赖于美国经济需求的增加，从货币依赖变成了实体经济依赖，以至于全球经济发展寄希望于美国，而美国经济的问题就变成了全球经济的问题，体现了美元霸权。由于美元是国际主导货币，美国的债务就变成了世界的债务，由世界人民共同承担；其他国家持有的美元资产越多，受美国经济的影响也就越大。

美国对外的债务越高，说明美国占用其他国家的资源就越多，如果将来美元贬值，则美国占有的多而偿还的少，对于美元霸权，我们要提高警惕。目前我们还没有办法改变美元独大的地位，但各国正在不断努力，力争改革国际货币体系，我国政府早就强调要建立国际金融新秩序，2009 年 11 月的 20 国集团华盛顿峰会上胡锦涛主席就提出改善国际货币体系，稳步推进国际货币体系多元化。俄罗斯政府也提出要改革国际金融和货币体系，促进货币结算多元化。改革国际货币体系是许多国家的共识，但是我们也必须清醒地认识到国际货币体系的多元化将是一个漫长的过程，目前美元将仍然发挥国际主导货币的功能，我们必须在这样的格局下，积极应对，趋利避害，才可以尽可能减少我们自己的损失。

四、美元滥发是国际货币体系面临的一个重要问题

由于国际金融危机的冲击，全球中央银行都大幅度下调利率，向市场提供廉价的资金，希望刺激消费和投资，同时主要发达国家经济体维持低利率水平。降息是中央银行创造货币的价格工具，通过调节借款者的借款成本来控制借款意愿和借款数量，进而调节货币供给。除了调整利率外，货币政策的扩张还包括数量型工具，主要是通过公开市场业务操作增加货币供应量。随着金融危机迅速向经济危机转变，各国救市规模越来越大，救市向深度和广度延伸，财政政策已无法承担巨额的资金压力，货币创造成为救市的最后法宝。

首先是美联储下调利率，降低金融机构的借款成本，向市场扩大融资规模。自次贷危机以来，为了缓解信贷市场的压力，美联储持续下调

利率,向市场提供大量流动性。美联储通过下调利率来降低借款者的成本,主要是增强金融机构借款的意愿,刺激经济。但是在金融危机的情况下,美联储通过下调利率向市场注资,政策的效果取决于金融机构借款意愿,美联储是被动的,如果金融机构不看好未来经济,不愿意借款,收紧信贷。美国的利率水平已经降低到有史以来的最低水平,2008年11月美国CPI同比上涨1.1%,除非美国将来的通货膨胀率下降到0.25%以下,否则美国的实际利率为负,美联储已经没有降息的空间,"利率弹药"基本用尽。不过,美联储表示将把利率长期维持在较低的水平,将持续不断向市场提供廉价的资金,因此市场流动性不断上升。

其次是货币政策决策和实施迅速,与财政政策相比,货币创造远比税收和政府支出来得快。西方发达国家货币政策从决策到实施时间短,不需要议会批准,事先也不需要制定复杂的政策计划和协调有关行政部门的立场;而财政政策就复杂得多,要通过一些立法程序,要经过议会讨论批准,需要平衡有关各方的利益,往往还需要修改有关条款等,从决策到实施时间较长。如美国7 000亿的财政救市计划和8 000亿的美联储救市计划相比,决策过程要复杂得多,财政救市经过几轮的讨价还价,并不断修改有关细节,最终在次贷危机进一步恶化的情况下,才获得通过,而货币政策制定要迅速得多,为了防止金融危机向实体经济渗透,2008年11月25日,美联储迅速出台了8 000亿美元的救市计划。

再次是通过金融工具创新,中央银行的货币创造能力被不断放大。自美国爆发次贷危机以来,美联储不断降低利息,向市场提供大量流动性。随着次贷危机演变为国际金融危机,全球的中央银行协调行动,降低利率,向市场大量注资,缓解流动性短缺的压力。除了利率工具外,美联储还创新了多种数量型货币政策工具,向市场释放流动性,其中包括定期竞标信贷机制(TAF),一级交易商信贷机制(PDCF),资产支持商业票据货币市场共同基金流动性工具(AMLF),对美国国际集团的信贷项目(Credit extended to AIG),以及对贝尔斯登援助项目

(MaidenLaneLLC)等。随着全球多轮的降息,利率水平逐步趋向于零,下调的空间有限,中央银行可能更多地要通过数量型工具向市场大量注入流动性,这就是美联储主席伯南克所谓的"坐直升机空投美钞"的调控方法。如 2008 年推出的 8 000 亿美元的救市计划就是如此,其中 6 000 亿美元用于收购包括房利美和房地美在内的三大政府支持房贷机构发行的债券或是担保的房贷支持证券,还包括一项新的"定期资产支持证券贷款机制(TALF)"2 000 亿美元,向那些由消费贷款和小型企业贷款支持的最高等级资产支持证券持有者提供资金融通。由于美联储一直向市场大量提供流动性,美联储的资产负债表迅速膨胀。

最后是政府财政赤字货币化,货币供应量将进一步增加。2009年,为了应对日益严重的经济衰退,美联储采取非传统手段来刺激经济和激活信贷市场,包括收购国债或机构债券等,这就是所谓的"定量宽松政策"。尽管美联储持续下调利率,但是美国长期国债的收益率水平仍然较高,美联储希望通过购买债券,削减债券的收益率水平,使得更多的资金流入实体经济。一旦美联储大量购买美国国债,美国的财政赤字就被货币化了,也就相当于美联储直接向财政注入资金,货币政策为财政政策的扩张推波助澜,财政赤字可能会进一步增加。实际上中央银行在二级债券市场上购买债券,货币供应量会增加,如果此时政府为弥补财政赤字而发行债券,中央银行恰好在二级市场上买进同样数量的旧债券,财政赤字就被货币化了。尤其在次贷危机的冲击下,美国政府通过赤字财政发行债券筹集资金救市,而一旦美联储在二级市场大量买进国债,美联储就相当于直接融通了美国的财政赤字,美联储的基础货币将增加,货币供应量会上升。

为了防止美国经济进一步下滑,美联储竭尽所能,通过创新金融工具,扩大信用创造,解冻信贷市场。在信用货币的年代,美联储能够凭借自己强大的货币创造功能,向市场源源不断提供资金支持,这是财政部所无法比拟的,也是救市的最后贷款人。但是值得指出的是,危机时期过度的信用扩张也会给将来的经济发展埋下隐患,全球低利率和流动性泛滥,可能导致将来的通货膨胀和资产价格泡沫。一旦经济复苏,通货膨胀可能会迅速上升,各国中央银行调控政策将面临新的挑战。扩张性货币政策还可能导致各国货币竞争性贬值,各国都在扩张信用,货币供应量增加,货币的币值在下降,各国货币贬值可能导致全球性的贸易下降,同时由于美元是国际货币,美联储注资将导致全球美元的流动性大幅度增加,如果美元走软,将导致国际大宗商品价格上涨和持有美元外汇储备国家面临外汇储备资产缩水的风险。

次贷危机对全球经济打击巨大,许多国家开始反思现有的国际金融体系面临的困境,国际金融体系的改革又被重新提到议事日程上来。实际上,美元货币滥发是引发全球金融动荡的一个重要原因,美元的过度扩张,货币输出,流动性泛滥,其他国家获得美元资产,形成该国国际收支的盈余。而这些资产又会重新投资到美国金融市场上,供美国消费和投资,投资者获得投资收益。从内外均衡的角度来看,如果美国经济保持一定的增长速度,消费和投资增长能够吸收这些回流的资本,则美国经济平稳增长,其他国家能够获得投资的收益。但由于美元过度发行,回流的美元资产往往会超出美国实体经济的吸收能力,对这种过多投资的吸收往往是通过资产泡沫来实现的,也就是说,美国实体经济吸收不了的资本,必然会通过美国资产价格的膨胀来体现。

不仅是现在,甚至在布雷顿森林体系强有力的货币约束下,美元货币滥发就一直存在。布雷顿森林体系是一个以美元为中心的固定汇率的国际货币体系,美元和黄金保持固定比价;各国货币与美元保持固定汇率。按照"三元悖论"理论,资本完全流动、固定汇率和独立的货币政策是不可能同时存在的,也就是说如果一国资本完全流动,同时又实行固定汇率,将会限制该国中央银行滥发货币。应该说双挂钩制度制约了各国滥发货币的行为,如果美国滥发货币,它就不能维持美元和黄金之间的固定比价关系;如果其他国家滥发货币,它就不能维持和美元之间的固定汇率关系。尽管有固定汇率安排的约束,但布雷顿森林体系并不能真正制约美元的流动性泛滥。美元既是一国的货币,又是世界的货币,面临特里芬难题,作为一国的货币,美元的发行必须受制于美国的货币政策和黄金储备;作为世界的货币,美元的供应又必须适应世界经济和国际贸易增长的需要。同时发行美元还可以获得大量的铸币税，美国有扩张货币的内在冲动，随着流出美国的美元日益增加，美元同黄金的可兑换性（按固定价格）日益受到人们的怀疑，美元币值不断下降，最终发生美元危机。

应该说，布雷顿森林体系建立起来的美元"双挂钩"制度，确立了美元的国际货币地位，更多国家的货币依附于美元，形成了以美元为核心的货币体系。同时长期以来美元充当国际货币使得用美元进行国际交易、支付和储藏的功能被不断强化，因而即使布雷顿森林体系解体，主要资本主义国家货币开始实行浮动汇率制度，美元主导国际货币体系的局面并没有改变，美元仍然是国际上的主要货币。不幸的是，美元地位没有削弱，但美元货币发行的约束机制却削弱了，因为美元已经脱离和黄金挂钩，美元发行已经没有黄金储备的限制了。一旦遇到经济问题，美联储就有内在扩张的冲动，美元作为一国的主权货币，别国是很难干涉的，国内的目标是放在第一位，别国只能承担美元贬值的损失和风险。美国扩张性的货币政策导致美元的供给不断增加，美元流动性过剩，相当于美国对持有美元储备的国家征收了一定的铸币税。美元输出，美国出现大量的贸易赤字，其他国家积累了大量的美元资产，而美国为了吸收这些资产，大量发行国债，形成了巨大的财政赤字，美国的贸易赤字和财政赤字是全球经济不稳定的重要因素。

建立新的国际金融体系，制约主导货币国家滥发货币的行为是国际货币体系改革的一个重要目标。如何限制主导货币国家滥发货币？第一种方法是实行固定汇率制度，主要国家货币之间实行固定汇率制度，形成新的固定汇率体系。应该说固定汇率在一定程度上有利于约束一国的宏观经济政策，限制该国扩张货币，但是固定汇率制度面临可信度问题，一旦维持固定汇率制的成本超过收益，该国就有可能放弃固定汇率制，固定汇率制度有内在的不稳定性，如布雷顿森林体系的美元崩溃，以及东南亚国家的货币危机都显示固定汇率有内在的不稳定性。第二种方法是不仅实行固定汇率制度，而且要消除各国货币，也就是说，像欧元区那样实行全球统一货币，建立全球的中央银行，货币的发行权收回全球中央银行。当然这种方法是削弱有关国家货币滥发的最有效的方法和制度安排,但是从目前来看,更多的只是从理论层面来探讨全球单一货币,实际操作似乎还遥不可及。而且 2010 年欧洲主权债务危机也暴露了欧元的缺点,统一货币将面临更多的挑战和困难。实行统一货币需要各国放弃货币主权,可能会遭到许多国家的反对;建立全球统一货币,要克服经济、政治和文化差异等多重矛盾,兼顾各国利益,困难重重,在短期内难以实现,目前只是国际货币体系改革的一个长远目标。

最后,尽管次贷危机对美国经济打击巨大,但美国的政治、军事实力和国际竞争力并没有被削弱,在国际货币体系的改革中,美国仍然唱主角,美国不会轻易放弃美元主导地位,国际货币体系的改革仍然充满许多不确定性。

第五节　　中国在美投资的安全问题

国务院总理温家宝在十一届全国人大二次会议的中外记者见面会上指出,中国担心在美国投资的安全问题。对于中国的担忧,美国白宫新闻秘书罗伯特·吉布斯迅速回应称,"中国应该放心,因为投资美国是世界上最安全的"。美国总统奥巴马 2009 年 3 月 14 日会见来访的巴西总统卢拉时也表示,包括中国在内的全世界投资者都应对其在美国投资的安全性抱有"绝对信心"。但笔者认为中国在美投资安全不仅仅是一个承诺问题,也是一个风险防范的技术问题。

中国是美国国债的第一大债权国,而据美国对外关系委员会地缘经济研究中心公布的一份报告,截至 2008 年年底,中国持有的外汇资产总规模达到 2.3 万亿美元,其中七成为美元计价资产,包括 9 000 亿美元美国国债(该报告认为美国的官方数据低估了中国持有的美国资产规模)、5 500 亿~6 000 亿美元机构债等。实际上,美国国债或部分机构债是由美国政府信用作担保,违约风险低,是我国外汇储备投资的主要资产之一。尽管如此，笔者认为美国承诺的只是债券偿付不违约，美国作为一个经济大国，政府的信用应该是有保证的，但投资美国国债或机构债所面临的风险除了违约风险以外，还包括汇率风险、通货膨胀风险和市场风险等，这些风险是美国所不能承诺的。而在美元贬值和通货膨胀风险增加的情况下，美元金融资产就会面临购买力下降问题，如自从2007年7月次贷危机爆发以来，美国经济形势恶化，美联储持续降息，美元持续走软，2008年上半年国际大宗商品价格大幅度上涨，我国外汇储备面临缩水的损失，这才是我们担心的问题。

外汇储备保值增值是一个动态的过程，不是一成不变的。实际上，美元贬值的风险一直是存在的，如布雷顿森林体系期间，美元就经历了三次危机，出现大幅度贬值。作为一国货币，一旦美国经济出现问题，美国就会采取扩张性的宏观经济政策刺激经济，美元会走软。而作为国际储备货币，需要美元币值稳定，需要美国约束自己的宏观经济政策，而美国的经济政策是别人无法干预的，这样就出现过多次美元大幅度贬值的现象，给美元资产的持有者带来较大的损失。即使美国承诺债券投资不会违约，但是外汇储备的实际购买力已经下降了，潜在的损失是存在的。这是美元作为一国货币和世界储备货币所面临的问题，这种现象过去存在，现在存在，将来仍然会存在。次贷危机爆发后，美国为了"救市"，加大了财政政策和货币政策扩张的力度，如美联储不断降低联邦基金利率，同时还明确表示将把联邦基金利率维持在相当低的水平。美联储除了通过利率工具向市场提供流动性外，还更多地通过创新性工具向市场大量提供流动性。美国的财政政策也在不断扩张。2010年第一季度由于美元国债的避险功能，美元走强，这不是由于美国基本面改善所导致的，从长期来看，市场普遍预期货币扩张和财政赤字的货币化都会导致美元贬值，而美元贬值，国际大宗商品价格上涨，美元外汇资产仍然会面临缩水的风险。

因此将来美元国债实际价值可能会下降，这是我们持有美国国债所面临的一个重要问题。也就是说，当国债到期时，我们获得的美元本息的购买力可能还比不上当时美元投资时的购买力，这就好像储蓄者把钱存在银行里,由于通货膨胀,存款到期时,存款本息的购买力已经比不上当时本金的购买力,这是一种潜在的损失,这是我们最担心的。我国持有大量的美元国债,怎样防止外汇资产缩水? 笔者认为主动权应掌握在我们手中,在当前的经济形势下,我国外汇储备的投资更需要全面权衡,优化投资策略,需要有系统的、多种政策相结合方法来解决。

第六节　关于外汇储备使用的几个问题

一、"外储内用"问题

2009 年,据媒体报道,著名经济学家张维迎和中投集团总经理高西庆展开争论,争论的焦点是:中国庞大的外汇储备该不该分给老百姓。先不谈他们的观点是否正确,首先要判断外汇储备是什么? 外汇储备是中央银行的资产,是中央银行通过货币创造购买的外汇资产,如果再使用出去会导致货币的第二次创造,外汇储备不是政府的财政收入,不可以像政府支出那样使用出去。如果外汇储备的一半用来老百姓平分,相当于中央银行用一半的外汇储备来扩张货币,也就是说,老百姓获得外汇,使用时必须兑换成人民币,外汇资产又回到中央银行的手里,人民币又扩张了一次货币,等同于中央银行通过货币创造给每个老百姓发一点钱,这是中央银行职能所不允许的。再者,中国持有的外汇储备主要投资在美国债券市场上,如果继续用在国内,必须卖出美国债券,而一旦中国大规模卖出美国债券,必然会导致美国债券价格大幅度下跌,中国外汇储备面临严重损失,同时也会导致美国政府的坚决反对,美国深陷金融危机之中,需要通过发行债券融资救市,而中国大量抛售美国国债,也是两败俱伤的事情。

笔者认为中央银行不是财政部,外汇储备也不是财政收入,中央银行是货币政策的管理机构,不是私人投资者,中国应该深化外汇管理体制改革和人民币汇率的形成机制,实行藏汇于民,最终实现由市场投资者进行外汇资产的管理和运营,提高外汇资产的收益率,实现外汇资产的保值增值,逐步摆脱中央银行集中管理外汇资产的弊端。

目前中国是美国的最大债权人,中国的外汇储备主要是投资在美国国债和机构债上,如果美元贬值,中国将面临巨大的损失,目前怎样使用外汇储备,成为政府和老百姓关心的重要问题。外汇储备能否内用? 这是一个金融专业性问题。外汇储备是我国国际收支盈余形成的,如以贸易收支为例,一家外贸企业获得贸易盈余,以美元货币表示,若该企业要在国内消费和投资,必须把美元卖给银行,获得人民币资金,银行再把美元卖给中央银行获得人民币,美元资产就形成了中央银行的外汇储备。直观地来看,中央银行买进美元资产,形成外汇储备,企业获得人民币资产,这是按美元对人民币汇率进行交换得来的。这是中央银行外汇市场的公开市场业务,中央银行买进美元,形成对外资产,投放人民币,形成对本国老百姓的负债。严格意义上来讲,外汇储备是用来对外支付的,不可以用在国内,如企业增加进口,从外汇市场用人民币购买外汇,进口国外商品,中央银行外汇储备下降,同时中央银行本币回笼,负债下降。如果外汇储备用在国内,外汇储备最终不会下降,如中央银行把外汇资产贷放出去,商业银行获得外汇资产,再贷给企业或居民进行投资和消费,企业和居民获得外汇资产,必须再兑换成人民币才能在国内消费和投资,这样外汇资产又会回到中央银行的手里,外汇储备仍然没有改变,只不过货币信贷又扩张了一次,相当于中央银行对商业银行又发行了一次货币。除非企业和居民用外汇进口或对外直接投资,外汇储备下降,但这是拉动出口国的内需,而不是我国的内需。现在一种观点认为如果财政部扩大支出,可以通过"外储内用"来实现,这种理解也是有问题的。我们假定政府采取特别国债的发行方式获得外汇资产,财政部发行美元债券,中央银行通过公开市场业务买进美元债券,财政部获得外汇资产。如果财政部用来扩大支出,投资基础设施或民生工程拉动内需,无论是财政部,还是获得外汇资产的企业和居民,外汇资产使用仍然要兑换成人民币,最终外汇资产仍然要回到中央银行的手中,中央银行买进外汇资产将又一次扩张货币,相当于中央银行直接对财政部融资,提供人民币贷款。由此可以看出,"外储内用"是有局限性的,如果没有用来进口或对外投资,只是在国内使用,外汇储备不会下降,通过和人民币资金的循环,又回到了中央银行手里,只不过由外汇储备的中介作用,促使人民币投放资金的增加。也许有人提出疑问,政府曾发行了1.5万亿元国债,购买了2 000亿美元的外汇,由中投公司运营,这不是"外储内用"吗? 值得指出的是中投的2 000亿美元最终是用来对外投资的,不是用来拉动国内投资和消费的。还有,当时国家用外汇注资中行、工行、建行和农行,也主要是提高商业银行的资本充足率,增强银行资本实力,提升商业银行的特许权价值,这些注资形成了商业银行总资产中的外币资产,也不是用在国内消费和投资上的。笔者认为"外储内用"对目前中国经济拉动内需没有实际意义,中央银行完全可以通过货币政策工具的操作来扩大资金投放,而不需要通过外储这种绕圈子的方式投放人民币,而且"外储内用"不是在用外币,实际上还是在用本币投资和消费,只不过是利用外汇储备把人民币资金吸引出来,因此外汇储备是不可能直接用在国内消费和投资的,这一点和财政部的资金使用是不同的。中国目前的情况不是需要通过外汇储备促使人民币贷款增加,而是希望如何有效使用外汇储备,保证外汇储备的保值增值。我国并不希望外汇储备只投资在单一的低收益率美国债券上,由于美元汇率波动频繁,外汇储备面临较大的风险。外汇储备真正地使用出去还是要通过扩大进口、对外直接投资和并购等形式来实现,正如温家宝总理回答记者时指出的那样:"外汇必须用在国外,用在对外贸易和对外投资,因此我们希望用外汇来购买中国亟须的设备和技术。这是一个很专业的问题。"

二、为"外汇储备使用转型"叫好

我国将改变外汇储备的管理模式,由"被动管理"向"更加主动地管理"转型,不断扩展外汇储备运用渠道及方式,提高其使用效率和收益。实际上,外汇储备直接在国内使用,起不到拉动内需的作用,因为外币使用最终还要兑换成人民币,外汇资产又会回到中央银行的手里,相当于中央银行多发行了货币。外汇储备必须用在对外贸易和对外投资上，不能直接用于国内。

　　长期以来我国的外汇储备主要投资在美国国债上，尽管美国国债有国家信用作担保，违约风险较低，但增持美国国债会面临汇率风险、通货膨胀风险和流动性风险等问题，美元金融资产面临购买力下降问题，同时持有美国国债还面临国债市场价格持续波动的风险。如果美元贬值，同样数量美元能够兑换其他外汇的数量下降，存在兑换其他货币的损失；还有美元走软，大宗商品价格上涨，美元资产的实际购买力将下降，同样数量的美元资产能够购买的实物资产在减少，美元资产将缩水。

　　怎样保证外汇储备不会缩水或减少缩水的损失？笔者认为在当前主要国际货币没有固定名义锚的情况下，我国应该采取相应的对策，改变以往的外汇管理思路。因此为了防范美元资产缩水的风险，我国应积极调整外汇储备资产结构，分散风险，不仅要储备外汇金融资产，还要储备实物资产，要用手中的外汇储备购买实物资产来储备如资源性物资和战略性物资等。同时要鼓励中国金融机构和企业走出去，扩大对外直接投资，或通过收购和兼并的方式积极开拓国际市场。首先，改变以出口换外汇，再储备外汇的思路，多出口就要多进口，在外汇储备满足一定需求的情况下，扩大进口，多购买高科技产品和设备。其次，实行动态的外汇管理模式，让外汇在运动中保值增值，密切关注国际金融市场汇率的变化，及时调整外汇储备的币种结构和头寸，根据国际商品市场和国际金融市场的价格，调整外汇储备的投资结构。再次，逐步改革我国现有的外汇结售汇制度，最终完全过渡到意愿结售汇，实现"藏汇于民"，居民分散管理外汇的效率要远高于国家集中管理外汇，他们能够根据市场的变化，及时调整头寸，规避风险。最后，逐步放弃钉住美元的汇率制度，进一步完善汇率的形成机制，建立对美元、欧元和日元等货币的独立浮动汇率制度，减少对某一国货币的依赖①。

────────────

　　①　目前人民币对美元汇率中间价是我国汇率体系中的主导汇率，人民币对非美元货币汇率中间价是根据当日人民币对美元汇率中间价与上午 9 时国际外汇市场非美元货币如欧元、日元和港币等对美元汇率套算确定。

三、外汇储备调整的长期战略

我国的外汇储备和持有美国国债余额双双继续上升,持有美元外汇储备和美元国债均排名全球第一。中国持有大量的美元外汇储备,一方面中国对外清偿力充足,有利于人民币汇率的稳定;另一方面中国又面临美元贬值的风险,外汇储备可能面临缩水问题。2007 年诺奖得主罗杰·迈尔森认为中国持有的美国国债不宜再继续增加,可问题是随着我国外汇储备的增加,投资的美国国债应该还会增加。笔者认为增持美国国债是受我国外汇储备增长制约的,而我国外汇储备增长是和我国的经济增长方式联系在一起的,因此必须促使中国经济增长方式的转型才能够有效地控制外汇储备和美国国债的增加。

从内外均衡的角度来看,中国外汇储备的持续上升是由国际收支的双顺差所导致的,由于国内总需求不足,主要是由于消费不足,储蓄大于投资,过剩产能必须依赖出口消化,形成贸易收支的盈余。同时中国经济的高速增长,也吸引了大量的外商直接投资,资本项目的盈余也持续增加。目前在拉动经济增长的“三驾马车”中,投资一枝独秀,尽管消费有所增长,但仍有待进一步提升,同时我国出口不断萎缩。在拉动中国经济的总需求中,主要还是依赖投资,出口下滑,消费虽然有所增长,但是对拉动经济所占的份额还较低。这就意味着中国长期以来的内外失衡问题仍然存在,总供给大于总需求,更多的产能还将需要通过出口来解决,这样如果全球经济不能够迅速恢复,中国的产能过剩将会变得更加突出。即使中国能够通过出口解决问题,中国的外汇储备和美元国债将继续增加,“三驾马车”的结构性失衡仍然难以改变。

实际上,在国际金融危机时期,中国面临“保增长”和“调结构”的双重任务,但是这两者之间又存在一定的冲突,从中国经济的走势来看,在 4 万亿元投资的拉动下,在促消费的一系列鼓励政策下,中国经济“保增长”的目标应该能够达到,但是面临的问题是经济结构无法改善,这样中国经济面临的失衡短期内仍然存在,甚至还有进一步加剧的风险。笔者认为短期内总需求结构难以调整,中国经济对出口短期内还将高度依赖,中国经济增长的速度还将依赖对外出口,如 2008 年第四季度和 2009 年的一、二季度，由于出口下滑，经济增长速度明显下滑，这是由目前我国经济增长的模式决定的。因此短期内中国经济增长意味着国际收支盈余将继续增加，用实物资产换取美元金融资产的格局并未改变。短期内面临的重要问题还是怎样消化美元外汇储备，笔者认为除了购买美国国债外，为了防止美元贬值的风险，促使外汇资产的保值增值，尤其对外汇储备的增量，必须采取多元化的管理方式。要鼓励企业扩大对外直接投资；增加贷款换石油的力度；扩大进口，包括高新技术产品和设备的进口；外汇储备资产配置的币种多元化；扩大贸易信贷，促进国内产品的出口等等。

从中长期来看，必须促进中国经济增长方式的转型，随着经济增长方式的转变，外汇储备和美元国债将有所下降，有利于宏观经济的对外均衡，中国经济结构和贸易结构也会得到进一步优化。笔者认为为了促进经济增长的可持续性，促使宏观经济的对外均衡，必须解决经济增长中的结构性问题。

一是提高消费，拉动内需。尽管国内消费有所增长，但是我国的国民消费占 GDP 的比例一直停留在 40% 以下，这同发达国家这个比值高达 70%～80% 相比，低出约 30～40 个百分点。因此提高国内消费，拉动内需，仍是下一步经济发展的重要任务。如果不提高国内消费，一方面要依赖出口来拉动经济增长，又要回到依赖外需的老路上，无法转变经济增长方式；另一方面在国际金融危机的冲击下，经济增长主要是依赖投资拉动，如果不提高消费，必然会产生产能过剩，消费和投资之间的比例关系会失衡，经济的可持续发展将难以维持。因此应继续完善教育、医疗和住房等社会保障体系，推动居民消费的增长，促进中国经济增长方式的转变。此外，消费不足的深层次原因还在于我们国内经济在分配环节的严重失衡，在劳动者之间，种种因素导致收入分配差距不断扩大，进而导致整个社会平均消费倾向降低，整个社会消费量下降，因此必须缩小收入差距，提高社会平均消费倾向。

二是促进贸易结构的优化升级。如果过度依赖外需，还会形成贸易结构的对外依赖症。由于中国主要是出口劳动密集型产品，技术含量较低,竞争力较弱,利润较低,这种依赖症将不利于中国产业结构的调整。中国要逐步实现从劳动密集型产品出口向资本密集型和技术密集型产品出口的转变,促进贸易产业结构的优化。

三是实现人民币走出去战略,推动人民币的国际化。人民币走出去意味着出口应该大于进口,贸易收支会出现逆差;如果增加人民币对外直接投资,资本项目也会出现逆差,国际收支逆差将增加,中国的国际收支盈余将会下降,外汇储备和美元债券也会减少。虽然国际收支会恶化,我们获得金融资产会下降,但是我们获得的实物资产会上升,老百姓的福利水平会提高。此外,为了推动人民币国际化,我们可以向一些周边国家或其他一些发展中国家提供人民币贷款支持,促进人民币走出去,进而带动中国产品和企业走出去。

笔者认为外汇储备调整和经济增长方式转型、人民币国际化战略是相互影响、相互协调的,这是一个长期战略。短期内我国外汇储备可能会继续增加,我们应该实现储备资产投资的多元化,促使投资资产的保值增值;从中长期来看,我们应该进行结构调整优化和推动人民币国际化,实现宏观经济的对外均衡,这是我国的一项长期目标和经济战略,是一个渐进的过程,不是短期内能够迅速完成的,必须稳步推进,深化改革,促使中国经济长期健康地增长。

第六章

人民币国际化问题

第一节　国际货币体系的演变和
全球流动性过剩

　　流动性过剩是我国宏观经济面临的一个主要问题,它反映的是经济体中的货币发行量过多,超过了经济均衡时的货币需求水平,经济体中蕴含了大量的游离于经济体之外的闲置货币。它不仅影响货币市场,还影响商品市场、资产市场、外汇市场及国内固定投资。流动性过剩是信用经济下的一个产物,它是信用货币的一种扩张,从国际货币体系的演变过程来看,从金本位制—国际金汇兑本位制—美元本位制—牙买加体系的逐步演变过程中,就多次出现流动性过剩问题。

一、金本位制—布雷顿森林体系—牙买加体系下的流动性过剩
　　历史上第一个国际货币体系是国际金本位。黄金作为货币或货币发行基础,以足值的黄金或金铸币或严格依照黄金储备量为基础发行的纸币作为流通货币。国际金本位制是一种比较稳定的货币制度,黄金的自由输出输入,保证了各国货币之间的比价相对稳定;金币的自由

兑换,又保证了黄金与其他代表黄金流通的金属铸币和银行券之间的比价相对稳定。在第一次世界大战爆发前的几年里,银行券发行日益增多,黄金的兑换趋于困难。随后,各国为筹集战争资源,又增加了银行券的发行。银行券的过度发行,导致以银行券为基础的货币流通量大幅度上升,出现了流动性过剩问题。银行券发行的基础是实际储存的黄金货币量,这样银行券才能够兑换到十足黄金货币量,否则银行券的兑换比例将下降。由于银行券大量发行,导致银行券不断贬值,含金量大幅度降低,战争爆发时,各国便中止银行券与黄金的兑换,禁止黄金的出口,国际金本位遂宣告瓦解。因此在金本位制下,银行券的发行必须以实际的黄金储备为基础,而银行券的过度发行导致了流动性上升,银行券贬值,国际金本位制最终崩溃。

第一次世界大战结束后,1922 年,在意大利热那亚召开了世界货币金融会议,讨论重建国际货币体系问题。热那亚会议确定了一种节约黄金的国际货币制度——国际金汇兑本位制。这个货币制度的特点是黄金依然是国际货币制度的基础,各国纸币仍规定有含金量,与黄金保持直接或间接的固定比价,代替黄金执行流通清算和支付手段的职能。从节约黄金的角度讲,这个货币制度在一段时期内是成功的。当纸币过度发行时,纸币贬值,黄金数量无法满足兑换比率的需要,导致了金汇兑本位制的崩溃,这与银行券发行过多的情形是类似的。

第二次世界大战后,资本主义世界建立了一个以美元为中心的国际货币体系,即布雷顿森林体系。布雷顿森林体系下的国际货币制度是以黄金—美元为基础的,实行黄金—美元本位制。在这个制度下,规定美元按 35 美元等于 1 盎司黄金与黄金保持固定比价,各国货币则与美元保持可调整的固定比价,可随时用美元向美国政府按这一比价兑换黄金。美元既是美国本国的货币,又是世界各国的货币,即国际货币。从 20 世纪 60 年代开始,美元连续三次发生大规模的危机。美元危机的程度,同流出美国的美元数额有关。流出的美元超过美国黄金储备的余额,被称为"悬突额"(Overhang),"悬突额"越多,美元兑换黄金就越困难,实际上这就是美元的流动性过剩,导致了"美元灾"。这一时期虽然黄金退出流通领域,但仍然是货币决定的基础。一是美元和黄金挂钩;二是其他货币通过美元间接和黄金挂钩。同样地如果美元大量发行,超过了美国黄金的储量,形成了美元的流动性过剩,美元贬值,迫使美元和黄金脱钩,布雷顿森林体系必然崩溃。美元的危机是由美元的流动性过剩所导致的。

从金本位制和布雷顿森林体系的崩溃可以看出,当银行券、纸币和美元的发行大大超过黄金的储备,市场的流动性过剩,导致银行券等币值下跌,国际货币体系崩溃。这应该是早期的货币危机,它反映了流动性过剩对货币制度的冲击。

在1976年1月国际货币基金组织成立的专门研究和实施国际货币改革的"临时委员会"在牙买加首都金斯敦达成了一个协议,这就是"牙买加协议"。牙买加体系的特点主要是:一是黄金非货币化;二是储备货币多样化;三是汇率制度多样化。因此布雷顿森林体系崩溃以后,黄金已不再是货币决定的基础,相比以前的货币制度,现行货币体系的约束力进一步放松了,货币的动荡更加频繁了。我们可以从日元升值和东南亚金融危机窥见一斑。

第二次世界大战后,日本经济和贸易得到了迅速的发展,从1964年到20世纪80年代初,日本连续贸易盈余,外汇储备不断增加。实际上,美国通过美元的输出,获得日本的进口商品,美国出现贸易赤字。美元的流动性不断增加导致日元升值压力。1985年9月22日西方五国财政部长和中央银行行长举行的"纽约广场饭店会议"促使日元升值、纠正美元的过高比价,从而实现各国贸易收支平衡。随着日元升值,日本的贸易盈余下降,经济增长缓慢,日本采取扩张性的货币政策,利率不断下调,资产价格进一步上升,泡沫形成,一旦泡沫到达顶端,泡沫破灭,经济衰退。这是美元的流动性过剩对日本经济的冲击。

对于实行固定汇率的东南亚国家来说,20世纪90年代末,发生了严重的货币危机,东南亚国家货币大幅度贬值,最终放弃固定汇率制度。长期以来,发达国家采取扩张性的货币政策刺激经济,全球的流动性过剩,东南亚国家在金融自由化的改革以后,利率上升,高于发达国家利率,资本大量内流,导致对东南亚国家的过度投资和资产价格泡沫,东南亚国家通货膨胀上升。由于实行是钉住美元的固定汇率制度,这些国家货币实际升值上升,经常项目出现赤字,经济的脆弱性逐步显现,最终导致对货币的投机冲击,资本外流,货币大幅度贬值。

在布雷顿森林体系解体前,全球流动性过剩导致整个固定汇率体系的崩溃;而当今的全球流动性过剩会导致各国货币的汇率更大幅度波动。

二、当今全球流动性过剩的根源及影响

在当今的国际货币体系下,流动性过剩也是一个全球性的问题,它源于当今的国际信用货币,以及各国经济实力和货币地位的不对等,发达国家利用自己在世界经济地位中所处的经济实力,可以更多地输出本国货币资产,而调节本国国际收支的责任较弱,宏观经济政策的约束力也较弱。

(1)发达国家的货币仍然处于国际的主导地位。虽然现在的国际货币体系不再是布雷顿森林体系下的"美元双挂钩"制度,但是美元作为国际货币的功能并没有减弱。美元等货币继续拥有国际支付和清算的功能,能够获得巨额的铸币税。虽然发达国家的货币已经脱离黄金,但是充当国际货币的主导地位仍然很强,在国际贸易和投资方面,处于优势,而发展中国家则处于相对的不利地位。发达国家资本的货币扩张和货币贬值,导致全球流动性过剩,资本流入发展中国家,对发展中国家货币产生很大的冲击,导致这些国家的汇率发生大幅度波动。如自美国次贷危机以来,主要发达国家向市场大量注入流动性,大量投机资本流入新兴市场经济国家,一旦投机资本获利回流,将导致这些国家承受巨大的损失。因此发达国家容易向其他国家转嫁货币风险,发展中国家更容易受到外国资本的冲击。

(2)国际收支调节的不对称性。美元仍然是国际上主要的储备货币,对国际收支的调节具有不对称性,别的国家调节国际收支的逆差必

须要储备美元,而美国只要通过本国美元货币输出就可以调节。由于美元是国际储备货币,可以增加进口,用廉价的货币获得更多的国外资源,这也是美元大量输出的一个重要原因。其结果是美元输出得越多,其他国家美元的累积就越多,全球的流动性就越多。这些过剩的美元要在全世界寻找新的投资机会,资金在全球范围内流动,导致全球的流动性过剩,不断推高全球的金融资产的价格。同时过多的美元会导致美元的币值下降,美元存在贬值的风险。

(3)美国通过美元资本输出,没有最后的承诺机制,发展中国家持有外汇储备面临更大的风险。在布雷顿森林体系下相比,如果其他国家的美元储备货币过多,可以到美国兑换黄金。在现在的国际货币体系下,美国可以更加自由输出美元,无须承担在布雷顿森林体系下美元兑换黄金的最终职能,这种职能由各国货币和美元的自由浮动来解决。因此在这样的制度安排下,美国可以输出美元,而不用承担相应的兑换责任。如果美元过多,其他国家就要承担美元贬值的风险,没有兑换黄金的最后承诺机制,其他国家的美元外汇储备面临更大的风险。

(4)制度约束削弱。在布雷顿森林体系下,美国为了维持"双挂钩"制度,必须增加相应的制度约束,否则汇率制度将面临崩溃的风险。而现在很多国家的汇率制度是本国货币单向钉住美元的。美国不需要承担任何责任和义务,它可以利用美元国际地位的优势,扩张货币,增加进口和对外投资,获得铸币税。而其他国家获得美元储备资产,在钉住汇率制度的条件下,这些国家国内扩张货币,本国流动性将过剩,但由于本国货币不是国际货币,它不能够像美元那样自由输出,获得铸币税。

(5)国际货币协调的地位是不对称的。由于美国实行的是浮动汇率制度,它既不钉住黄金,也不钉住其他国家货币,因此其他国家由于美元储备货币过多导致的经济过热,美国不需要进行任何干预和协调措施,所有的问题都由钉住美元的国家自己解决,所有的调控责任都由这些国家自行承担。因此从当今的国际货币体系来看,美元作为国际货币,可以获得大量的铸币税,而又不需要像布雷顿森林体系那样,需要承担相应的责任和义务;一些发展中国家的货币相对处于劣势,它们不能够获得铸币税,同时自己又必须承担美元货币扩张带来的一系列问题,独自承担干预的责任,这是国际收支和汇率调控的不对称性,国际货币体系存在明显的强弱失衡。

(6) 发展中国家货币往往是依附于发达国家货币。通常在汇率制度的选择中,不同国家的偏好是不同的。如像美国等这样的经济大国,国际贸易相对本国的经济总量来说是有限的,故它们通常愿意选择浮动汇率,对它们来说,汇率变动的不确定性还是能够忍受的。但对一些比较开放的小国,特别是金融市场浅薄的发展中国家,如果选择浮动汇率,则汇率更加易于波动,也会更大程度地直接影响本国金融市场的稳定和国际贸易的发展,故它们通常选择钉住这些发达国家货币的固定汇率制,以防止汇率波动对本国经济的冲击。目前一些发展中国家处于两难境地,一方面希望钉住美元;另一方面必然受到美元币值变动的影响。

三、我们的应对策略

由于美联储长期以来货币的发放过滥,导致全球流动性过剩。我国也是美元的主要输入国,拥有大量的美元储备,也是美元流动性过剩的国家。中国的流动性过剩很大一部分来自美元的流动性过剩,由于我国长期实行的是钉住美元的汇率制度,我国的外币流动性过剩也来自美元的大量输出,我国的外汇占款不断增加,本国货币供给也不断上升,面临通货膨胀的风险。因此我们应该积极应对:

(1) 必须清楚地认识到这种货币体系的安排在长期内仍将存在。目前这样的国际货币制度安排还将长期存在,少数发达国家货币主宰国际货币体系的格局并未改变,它们充当国际货币的功能,引领国际货币体系。信用货币仍然是全球货币制度的基础,各国信用约束仍然较弱,少数发达国家信用货币的扩张和流动性过剩问题会继续存在。随着中国不断推进改革开放,要不断改革人民币汇率制度和完善人民币汇率的形成机制，争取汇率变动的主动权。

（2）必须提高人民币的国际地位。在推动资本账户开放和汇率市场化的进程中，要不断推动人民币的国际化，提升人民币的国际地位，提高人民币货币的国际竞争力。争取挤进国际化货币的行列，能够在国际贸易和投资中发挥更大的作用，汇率制度不再钉住美元，而是更加弹性的浮动汇率制度，有利于更好隔绝外部的冲击，实行独立的货币政策。

（3）建立金融风险的预警机制。全球经济的一体化和金融市场的国际化，使得各国经济体更紧密地联系在一起，我们要建立科学的预警体系，防止别国的风险传播到国内。在当今的国际货币体系下，没有强制的货币制度的约束，各国的经济政策都追求自身的利益最大化，有内在扩张的冲动，可能导致外在的溢出效应，影响其他国家经济的稳定，我们要积极预防。这正如在高速路上行驶的汽车，在保证安全驾驶的条件下，还要防范被别的车辆撞上，积极防范外部风险的转移，维持本国经济的安全。

（4）积极争取国际货币协调的主动性。如果美国货币扩张，我国通过贸易和投资可获得美元储备，美国可以获得铸币税。为了稳定汇率，中央银行必须干预外汇市场，这就会导致货币供给上升，流动性增加。为了防止经济过热，中央银行必须采取紧缩性的货币政策，所有的调控压力全部落在我国中央银行的头上，而美国却不需要采取任何政策措施，这是货币地位的不对等所导致的。在布雷顿森林体系下，每当美元面临危机，其他国家都采取相应的政策，共同参与解决。因此我国人民币升值和流动性过剩，除了我国应该采取相应的宏观经济政策外，一些发达国家也应该采取相应的宏观经济政策的协调，我国以后要积极争取国际货币的协调。

（5）我们要善于吸取历史的经验教训。历史是一面镜子，要以史为鉴，防止历史的覆辙重演。日本的资产价格的泡沫和东南亚的货币危机，我们要积极吸取经验教训，在面临宏观金融风险的时候，要科学决策，防范外部投机冲击。

第二节　金融危机下国际金融体系的改革的困境

随着经济全球化和国际金融市场的迅速发展,各国之间的经济联系越来越紧密,一国经济的影响往往超越了自身的范围,对世界经济体的影响越来越大,如美国次贷危机爆发不仅仅对美国经济产生不利的冲击,对世界经济的打击也非常巨大,但是超越国家范围的金融决策、金融监管和金融协调却严重缺失或没有充分发挥应有的作用。美国次贷危机导致各国对国际金融体系的重新思考,许多国家提出要改革现有的国际金融体系,建立新的国家经济秩序,如欧盟 27 国领导人 2008 年 10 月 16 日在秋季首脑会议上呼吁对现行国际金融体系进行大刀阔斧的改革。笔者认为目前国际金融体系改革面临一定困境,主要体现在以下几个方面。

一是全球货币体系的本位制问题。美元是一国货币,又充当世界货币,作为一国货币,美国可以有独立的货币政策,但是作为世界货币,需要美国加强宏观经济政策的约束,这是美元双重身份面临的政策困境。在金本位制下,黄金充当世界货币的职能;在布雷顿森林体系下,美元代替黄金充当世界货币的功能,在这两种货币制度下,货币创造受到了一定的约束。布雷顿森林体系崩溃以后,尽管美元放弃了双挂钩,主要国家进入了浮动汇率时代,但是美元仍然发挥着世界货币的功能。由于放弃了美元和黄金挂钩,美元的创造力掌握在美国货币当局手里,货币创造有了更大的自由。美国为了刺激经济和解决金融困境,往往会采取扩张性的宏观经济政策,美元的供给不断增加,美元币值有不断下降的趋势。而对于一些发展中国家,便出现了一种进退两难的状况:为满足对外贸易和增加国际清偿力,希望增加持有美元;随着持有美元增加,美元供给过多导致美元贬值对该国的冲击就越大。这是当前国际货币体系的内在的不稳定性,其根本缺陷是美元的双重身份和美元币值的内在不稳定性,这种内在币值的不稳定性相当于美国对持有外汇储备的国家征收了一定的通货膨胀税。美元币值的稳定需要美国增强本国的政策约束,不能采取过度扩张的宏观经济政策使得美元走软,但是美元作为一国的主权货币,一旦遇到经济问题,美联储就有内在扩张的冲动,国内的目标是放在第一位,别国只能承担美元贬值的损失和风险。从当前的国际货币体系来看,美元充当国际货币,但全球没有一个统一的中央银行,货币政策是分散决策的,美联储只是美国的中央银行,国家经济目标是凌驾于全球经济目标之上的。目前没有哪一种货币能够完全替代美元,即使能够找到这样一种货币如现在普遍看好的欧元,但是这种货币仍然存在类似美元货币的问题,或者说我们现在还很难找到一种更加完美的国际货币体系,找到一种令人满意的国际主导货币。

　　二是全球的金融监管问题。金融创新和资本流动把全球的金融市场更紧密地联系在一起,但我们并没有一个超越国家的统一的监管机构和监管标准。全球金融市场的一体化有利于资金在全球范围内流动,每一个国家的金融市场都不是一个独立的隔离市场,是相互联系的,资金在各国金融市场上流动,促进资源在全球范围内的配置。但资金在全球金融市场流动的同时,金融风险也在金融市场上传播,一旦某一国出现金融动荡,金融风险会很快通过金融市场的资金流动迅速地传递到其他国家,也就是说金融市场不是独立的,金融风险也就无法隔离,各国都暴露在其他国家的金融风险冲击之下。如美国国内的金融风险迅速向世界其他国家金融市场的传递,次级抵押贷款市场危机不仅直接影响美国抵押贷款公司、私人股本基金及投资银行等,还波及整个世界金融市场。美国金融市场吸引了大量的国际资本,是欧洲美元、石油美元和亚洲美元等最主要的投资场所,许多国家的金融机构和投资者都持有美国的"两房"、投资银行,以及其他金融机构的债券和股份,如果这些金融机构倒闭,会给投资者带来巨大的损失,如雷曼兄弟公司的破产,给其他国家和中国等的金融机构投资都带来了一定程度的损失。经济扩张和金融扩张导致国家之间的经济和金融联系更加紧密,国家之间的经济风险和金融风险被绑架在一块,一损俱损,一荣俱荣。由于美国放松对次级贷款和金融创新的监管,发行了大量的次级贷和次级债来融通资金,房地产泡沫严重,一旦房地产价格下降,这些金融机构就会出现问题,美国的金融风险就会迅速向其他国家渗透和蔓延。因此在金融市场一体化的条件下,金融风险的防范并不只是一国的问题,它涉及全球金融市场的安全问题。怎样超越国界加强金融监管和风险防范是当今国际社会面临的又一个重要问题。

三是全球经济的失衡问题。一国经济的失衡导致世界经济的失衡,如美国经济的失衡导致全球经济的失衡和不稳定。美国是一个以消费为主的国家,消费是经济增长的主要拉动力量,美国的进口较多,美元资产流出国外,美国出现大量的贸易赤字,其他国家积累了大量的美元资产,而美国为了吸收这些资产,大量发行国债,形成了巨大的财政赤字,这就是美国的"双赤字现象"。美国的贸易赤字体现在其他国家就是国际收支的贸易盈余,如中国和日本等。从内外均衡的角度来看,美国储蓄少,消费多,中国储蓄多,消费少,中国总供给大于总需求,一部分供给通过出口来实现,形成了贸易收支的盈余。也就是说,中国的总供给一部分是用来满足国内需求;另一部分是用来满足国外消费者的需求如美国消费者的需求,这样美国获得实物资产,中国获得美元外汇,但是中国需要的一些高科技产品,美国又禁止向中国出口,这是中美贸易结构的矛盾。中国获得的美元外汇资产主要投资在美国国债和美国政府担保的机构债上,相当于中国把外汇储蓄借给美国人消费或投资,以获得投资收益,这本身并没有什么问题。但关键是各国获得的大量美元资产重新投资到美国,美国能否有效地吸收这些金融资产,从美国宏观经济均衡的角度来看,美国要保持一定的经济增长速度以便消费和投资增长能够吸收这些回流的资本,这样美国经济能够实现均衡增长,其他国家也能够获得投资的稳定收益。由于美元的过度扩张和流动性泛滥,回流的美元资产往往会超出美国实体经济的吸收能力,对这种过多投资的吸收往往是通过资产泡沫来实现的,也就是说,美国实体经济吸收不了的资本,必然会通过美国资产价格的膨胀来体现的，如 20 世纪 90 年代末美国互联网的泡沫和最近房地产泡沫都是经济失衡的反映。美国的国际收支失衡会导致世界经济的失衡，美国的贸易赤字和财政赤字是全球经济不稳定的重要因素。

上述困境是经济全球化和一体化下面临的重要问题，尽管世界各国都希望改革现有的国际金融体系，如法国总统萨科齐提出要建立新布雷顿森林体系，但怎样解决这些问题，仍然面临很大的困难。改革需要国际社会的共同努力和协调，需要各国领导人拿出足够的勇气和智慧解决人类社会共同面临的问题，前途是光明的，但道路是曲折的。

第三节　特别提款权面临的问题

2009 年 3 月，周小川行长撰文提出建立超国家的国际储备货币，并表示要发挥特别提款权的作用，引起了学者们的浓厚兴趣和国际社会的热议。美元储备货币存在的问题由来已久，尤其国家金融危机冲击下，美联储提出采取量化宽松政策收购美国国债，更引起市场人士的担心，美联储开动印钞机，意味着美元贬值和全球通货膨胀可能会再度发生。许多国家都希望能够改革长期以来美元主导的国际货币体系，此时周小川行长提出建立超主权的储备货币，迅速得到世界很多国家的响应和支持，如俄罗斯、巴西和联合国等新兴市场经济国家和国际社会都表示赞同中国的建议。

从理论的角度来看，改变美元主导国际货币主要有以下几种方式：一是用新的国际储备货币替代美元；二是创立超主权的储备货币替代美元；三是建立多元化的国际货币体系，建立相互制约、相互竞争的国际货币关系；四是建立全球单一货币体系，各国货币退出流通。

目前能否用其他国际货币替代美元主导地位，应该说仍然存在一定的困难，因为除了美元以外，其他货币如欧元、日元和英镑等目前还无法和美元抗衡，不能够替代美元，就算将来其中某一货币发展到能够替代美元主导货币，也无法从根本上改变国际货币体系，因为这几种国际货币也都和美元一样，都是一国主权货币，美元存在的缺点，在它们身上同样会存在，并不能从真正意义上改革国际货币体系。周小川提出要建立超国家的储备货币如特别提款权来替代美元，就是希望特别提款权能够克服一国货币作为国际储备货币的缺点，克服某一国货币存在的缺点，充分发挥超主权储备货币的作用。尽管周小川行长的建议在国际社会产生了巨大的反响，也得到了许多国家的赞同和认可，但笔者认为建立超国家的储备货币问题将是一个长期过程，其最终目标是要实现全球单一货币"世界元"，就像欧洲货币单位一样，为最终实现欧元服务。在浮动汇率制下建立超主权储备货币难以克服美元货币存在的问题。

一是在浮动汇率制下，超主权货币币值同样具有内在的不稳定性，无法克服美元汇率频繁波动问题。目前国际货币体系是浮动汇率体制主导，主要国家货币之间的汇率都是浮动汇率，在这样的情况下，特别提款权的币值也是不稳定的。特别提款权对美元的汇率主要包含 4 种货币，是 4 种货币对美元汇率的加权平均，其中美元占 40％，欧元占 40％，英镑和日元各占 10％，国际货币基金组织每天要确定特别提款权对美元汇率，然后再根据市场汇率，套算出特别提款权对其他货币的汇率，特别提款权对这些货币的汇率都是变动的，币值也是不稳定的。由于这些主要货币之间汇率都是浮动汇率，随着这些货币之间汇率的波动，特别提款权对这些货币汇率也将是频繁波动。除非全球重新采取固定汇率制度，否则特别提款权和其他国家货币之间汇率同样存在不稳定性，仍然不能够克服美元币值不稳定的问题，只不过把美元储备货币的问题转移到特别提款权身上。另外，特别提款权是人为创造的一种账面资产，它和美元的比价也是人为规定的，并不是市场化的汇率，难以真正起到调节市场的行为，国际汇率体系也会变得更加复杂化。

二是超主权储备货币面临如何满足各国对外清偿力，以及如何充分发挥储备货币的功能问题。特别提款权的创造是有限的，IMF 不是货币发行机构，只能有限地创造特别提款权。即使 IMF 能够以各国外汇储备作为准备发行特别提款权，但一旦 IMF 把这些外汇储备资产再投资到国际金融市场，全球货币会进一步扩张，仍然没有改变美元储备货币滥发的状况。如 20 世纪 60 年代末 70 年代初，国际货币体系改革就提出过"替代账户"方案，就是基金组织开设一个特别提款权存款账户，各国将各自"过剩"的美元按特别提款权与美元的比价折成特别提款权后存入该账户，它们的美元储备便变成了特别提款权储备，基金组织则将所得到的美元再投资于美国，购买美国政府的债券或国库券。由此可以看出，通过美元储备置换特别提款权，扩大特别提款权供给，美元滥发的问题仍然不能够解决，并且还面临特别提款权和美元的汇率和利率风险问题。此外，特别提款权不是任何一国的法定货币，也不能流通，仅仅依赖 IMF 的信用，难以充分发挥特别提款权的计价、支付和储藏功能。即使将来规定特别提款权能够充当国际贸易和投资的计价货币和结算货币，如果其他各国货币没有退出流通，特别提款权和其他国家货币之间汇率变动同样会导致国际金融市场和商品市场的大起大落，美元存在的问题在特别提款权身上同样存在，建立超主权储备货币的作用会大打折扣。

　　三是建立超主权储备货币，克服美元存在的问题，要建立固定汇率制，最终走向全球单一货币。建立超主权的储备货币的根本意义在于引领国际货币体系最终走向世界单一货币，彻底消除一国货币变动的影响，如欧洲货币单位就是欧洲货币联盟走向"欧元"的重要途径。欧洲货币单位类似于特别提款权，欧洲经济共同体每一国货币和欧洲货币单位挂钩，各国货币之间采取固定汇率制度。实际上，创立欧洲货币单位就是为维持稳定的欧洲货币体系服务的，欧洲货币单位是由德国马克、法国法郎、英国英镑、意大利里拉等货币加权组成的，欧洲经济共同体成员国使自己的货币与欧洲货币单位保持某一固定水平，并据此套算出各成员国之间的货币比价，它是固定汇率体系，为最终实现欧洲单一货币打下了良好的基础。值得指出的是，周小川行长的建议也激起了人们对"世界元"的探讨，建立超主权的储备货币设想有利于国际货币体系改革最终走向全球单一货币。实际上就是在美元、欧元、日元或将来的人民币、卢布等货币之间建立固定汇率制,然后确定与各国货币挂钩的超主权储备货币,最终走向全球的单一货币,这也是 1999 年诺贝尔经济学奖获得者"欧元之父"蒙代尔教授一直倡导的观点。因此周小川行长提出建立超主权的储备货币更是得到提倡建立世界货币的学者和组织的大力支持,希望把建立超主权储备货币作为创建全球单一货币的前站,最终实现全球单一货币。

　　应该说改革国际货币体系是许多国家的共识,但国际货币体系的改革涉及许多技术和制度设计安排,不可能一蹴而就。笔者认为短期内美元的主导货币地位不会改变。美国的综合国力仍然很强,美元的国际地位没有发生根本性的改变。虽然国际金融危机对美元有一定的不利影响,但是其他的货币都不具有挑战美元的实力,无法和美元争夺国际主导货币地位,美元将继续保持一定的垄断地位。当前我们应该提升管理和经营外汇资产的能力和水平。持有美元资产有风险,同样持有其他货币资产也会有风险。国际金融市场变幻莫测,美元的变化并不总是对我们不利,如 2008 年上半年美元贬值对我们不利,下半年美元升值和国际大宗商品价格下降对我们就有利,关键是提高对经济形势和国际金融市场的研判水平,抓住有利时机,促使我国外汇资产的保值增值。

第四节　建立多元化的国际货币体系

　　2008 年 11 月 15 日,在美国召开的国际金融峰会讨论了重建国际金融的新秩序,其中一项重要内容就是改革国际货币体系。现今美元主导的国际货币体系存在诸多弊端,如美元扩张导致全球流动性过剩;美元贬值导致持有美元外汇储备的国家资产缩水;美元滥发导致全球经济失衡等。实际上在布雷顿森林体系时期,由于美元面临的"特里芬难题"以及多次发生的美元危机,人们早就提出对美元本位制的改革设想,如有人建议建立"国际管理的通货本位制度",让国际货币基金组织

转化为世界中央银行，由它来创造并发行一种世界货币；有的建议回到
金本位时代，仍然用黄金作为计价的基础；有的建议改进金汇兑本位
制，建立黄金为基础的多种储备货币制度取代单一美元制；还有人建议
实行商品性储备通货本位制，选用一组在世界贸易中有代表性的商品，
确定储备货币与这组商品的比价等。尽管这些改革措施有利于削弱美
元的主导地位，但是这些措施要么没有现实的操作性；要么会导致新的
问题；要么无法平衡各国的利益等，最终都没有能够付诸实施。而最近
由于美国次贷危机对全球经济的打击，人们再次发现美元本位制的弊
端，都希望改革国际货币体系，摆脱美元束缚。但是笔者认为美元本位
制短期内仍难以撼动。

一是目前找不到一种合适货币替代美元。通常认为最有潜力替代
美元的可能是欧元，但是欧元实力还无法和美元抗衡，据统计，美元在
国际货币基金组织成员国外汇储备中约占 66％左右，欧元约占 24％左
右，美元仍然是主要的储备货币。同时美国是一个主权国家，而欧元区
是由主权国家形成的单一货币区，人们往往预期美国经济的决策效率
要高于欧元区，相比之下美元有更高的信誉。另外，即使欧元能够逐步
替代美元，美元存在的问题在欧元身上会同样存在，而且 2009 年年底
至 2010 年上半年爆发的欧洲主权债务危机更令人怀疑欧元能否真正
与美元抗衡。黄金可能替代美元吗？布雷顿森林体系崩溃以后，进入
牙买加体系，黄金已不再发挥计价、流通和清算等功能。实际上，黄金
作为国际货币存在一些固有的缺陷，黄金的存量及增长是有限的，不能
满足世界清偿力增长的需要，也不能适应各国国际收支调节需要。世
界经济的迅速发展需要一种比较灵活的清偿力供应机制和国际收支调
节机制，黄金本位制是无法适应的，应该说回到金本位制是不现实的。
特别提款权能否成为国际储备资产？特别提款权成为国际储备资产需
要提高国际货币基金组织的地位，如一国货币是依靠政府的国家信用
而强制流通的，因此提升特别提款权作用，必须扩大国际货币基金组织
的权威，目前国际货币基金组织的权威性仍然不够，离世界性中央银行
的距离还相当遥远。同时美元作为世界货币的作用要进一步下降，长

期以来美元是人们已习惯了的一种国际货币,如果它的计价、流通和储备功能未能下降,特别提款权成为主要储备资产就会遇到强劲的障碍。实际上,特别提款权本质上是国际货币基金组织创造的一种信用资产,并未成为实际流通的国际货币,即使特别提款权能够作为储备资产,也并不能限制美元外流,除非它真正转变成世界货币。

二是美元的主导地位仍然较强。由于次贷危机,美国经济陷入衰退的风险上升,经济前景令人担忧,美元应该走弱而不是走强,因为在经济下滑的情况下,美元资产的收益率会下降,对投资者的吸引力较弱。但从美元走势来看,随着 2008 年年底国际金融危机蔓延,美元指数一路攀升。为什么美元并没有像通常想象的那样大幅度贬值,反而不断走强呢? 实际上,美元的国际货币地位仍然较强,首先,尽管美国经济表现较差,但其他国家经济表现比美国更差。美元对欧洲货币升值主要是欧洲经济也深陷次贷危机之中,相比之下,美国的次贷危机风险已得到部分释放,而欧洲面临进一步加剧的风险,因此美元得到更大的支撑,更能获得投资者的青睐。其次,虽然美元面临贬值的风险,但是全球股票价格大幅度下跌,以美元计价的国际大宗商品价格下跌,黄金价格波动也较大,这些金融资产和商品的价格出现下跌,使得投资者偏向于美元资产,也就是说美元存在贬值的风险,但是这些金融资产价格下跌或大宗商品价格下跌给投资者会带来更大的风险和损失。因此这些资产和商品等都不是很好的避险工具,相比之下美国国债有美国的国家信用作为担保,是较好的避险工具,所以对美元资产需求的增加导致美元大幅度走强。尽管很多学者认为由于美国大量注入流动性,长期来看美元可能会贬值,但是目前而言,美元仍然是最好的保值资产,因为目前找不到一种比美元更安全的金融资产,在全球金融动荡中,美元仍然受到市场的青睐。

三是削弱美元地位会遭到美国的强烈反对。通常当美元的币值上升时,各国就会愿意接受美元,美元的国际货币作用便会得到增强;相反,若美元的币值下跌,美元充当国际货币功能就会遭到削弱,美元币值本身就是一个不断起伏的过程。但从长期看,决定美元信誉的主要因素是美国的政治经济实力、美国的国际贸易和投资地位、美国的对外清偿力等。尽管次贷危机对美国经济打击巨大，但从目前来看，美国的综合实力仍然处于领先地位，美国的政治、军事实力和国际竞争力并没有被削弱，在国际事务中有较强的话语权。最近国际金融体系改革仍然由美国牵头，在国际货币体系的改革中，美国仍然唱主角，仍将发挥主要作用，美国不会轻易放弃美元主导地位。另外，即使是在国际货币基金组织的框架内，削弱美元的国际货币地位也是很难的，按国际货币基金组织协议规定，重大问题须经全体成员国总投票权的 85％通过才能生效。而在国际货币基金组织内，美国拥有的投票权就达约占16.79％，因此任何重大改革没有美国同意都是无法实现的。

基于此，笔者认为目前改革国际货币体系的现实选择是建立多元化的国际货币体系，正如国务院总理温家宝 2008 年 10 月 28 日在莫斯科举行的第三届中俄经济工商界高峰论坛开幕式上强调指出的那样，"要加快推进多元化国际货币体系建设，努力发挥多种货币的作用，共同支撑国际货币体系的稳定"。积极推动储备货币的多元化、国际贸易交易货币的多元化、国际大宗商品计价货币的多元化，形成国际货币相互制约和相互竞争的机制，是国际货币体系改革方向。这不仅能够发挥多种货币的作用，同时对一国货币滥发将是一种无形约束，如果该国采取以邻为壑的政策，则该国货币将面临其他货币的竞争，虽然该国能够获得扩张货币的好处，但必然也会弱化其国际地位，也会丧失作为国际货币给其带来国际贸易和国际投资等的好处，这将有利于世界经济的平衡发展。倡导建立多元化的国际货币体系有利于平衡多方利益，符合国际金融体系的现实发展状况，容易得到各国的响应和支持。同时多元化国际货币体系有利于世界清偿力的增长和摆脱对美元的过分依赖，又能够保证世界清偿力获得比较充分的来源。值得指出的是多元化的国际货币体系也存在一些缺陷，如导致国际金融市场上的汇率风险增大，增加了各国宏观调控的难度和储备资产管理的复杂性等等，但尽管如此，建立多元化的国际货币体系可能是现实改革的最优选择。

真正能够削弱美元霸权地位的方式就是建立多元化国际货币体

系,摆脱对某一国货币的过度依赖,使投资者有更多的选择,有利于发挥"良币驱逐劣币"的功能。美元不会自动退出国际主导货币的舞台,美元的问题过去存在,现在存在,将来还会存在,我们应该做的是积极推进人民币的国际化,参与国际竞争,力争把人民币发展成为亚洲区域货币,发挥人民币在国际货币体系改革中的重要作用。

多元化的国际货币体系建立有利于形成若干个相互竞争、相互制约的国际区域货币如美元、欧元、人民币、日元和卢布等。进一步地,国际货币体系改革的理想方式是以后这几种主要国际货币之间实行固定汇率制,在此基础之上,建立超国家的储备货币,最终形成全球的单一货币,这也许是将来的一种发展方向。

第五节　实现人民币走出去战略

一、人民币币值坚挺:既有"危"又有"机"

2008 年年底,由于国际金融危机不断蔓延和加剧,全球陷入经济衰退,各国纷纷下调利率,其他货币也相应走软,而由于美元国债的避险功能,大量资金流向美国国债,对美元需求增加,美元对其他国家货币走强,相应地人民币对其他国家货币也升值。人民币对一篮子货币币值上升速度较快,人民币币值坚挺。

应该说 2008 年年底人民币有效汇率升值较快,说明人民币对 BIS确定的有效汇率一篮子货币中大多数货币都升值了,对中国的出口必然会产生不利影响。人民币是否需要对美元贬值呢? 人民币贬值未必能够有效促进出口,我们知道人民币贬值主要是提高出口商的价格竞争力,出口商能够利用人民币贬值的优势,压低价格扩大出口,但是由于我国出口的不是具有垄断地位的高新技术产品,而是劳动密集型产品和一些机电产品等,在国际市场上产品的议价能力较弱,往往是人民币贬值,国外进口商把价格压得更低,贬值并不能起到扩大出口或增加出口企业收入的作用。因此在当时的金融形势下,世界总需求下降,通过价格竞争刺激出口的效果较弱，同时也不利于我国产业政策的调整。当前扩大内需应该是应对外需下降的主要措施，而不是通过和其他发展中国家进行产品价格的竞争去增加出口。

笔者认为人民币汇率坚挺，有弊也会有利。有效汇率指数上升，虽然对出口有不利影响，但是人民币坚挺，有利于实施人民币走出去战略。

一是人民币汇率稳定有利于树立市场对人民币的信心。虽然我国人民币还不可以完全自由兑换，但是人民币在周边国家的影响却越来越大，和我们相邻的一些国家的边境贸易很多都是使用人民币来计价和结算，人民币的使用范围在不断增加。人民币币值稳定，周边国家对人民币的信心更足。我们知道，在布雷顿森林体系框架下，美元国际地位的迅速崛起也是如此。美元和黄金挂钩制度维系了美元币值的稳定和坚挺，美元相当于纸黄金，确定了市场对美元的信心，其他国家都愿意持有美元，使用美元，从而逐步确定了美元的国际货币地位，因此一种货币的崛起是和币值的坚挺相联系的。因为货币币值稳定，市场参与者都愿意持有该国货币，市场对该货币也会有信心，如果该货币币值持续下降，投资者都会抛出该国货币的金融资产。

二是人民币汇率稳定有利于发挥货币的计价、支付和贮藏功能，有利于推动以人民币计价的贸易和投资往来，有利于人民币向区域货币迈进。实际上，人民币的国际互换和人民币国际结算，都需要人民币汇率稳定或坚挺为基础，疲软的货币投资者是不愿意持有的。目前与我国实施货币互换的国家增多，这说明人民币的地位在不断提升，更多的国家愿意持有人民币。在国际金融危机形势恶化的情况下，中国和多个国家进行了货币互换，这既有利于这些国家金融市场和汇率的稳定，又有利于实现人民币走出去战略，促进国家之间贸易、投资的便利和国家经济政策之间的协调。此外，我国还积极开展人民币国际结算的试点工作，发挥人民币区域化计价、支付和贮藏功能。由于人民币币值一直坚挺，在中国和其他一些周边国家之间的贸易结算中，选用人民币计价将会越来越普遍。

　　三是人民币保持稳定,也体现了中国政府维持金融市场稳定的信心和决心。通常一国货币发挥国际货币的功能,政府不宜采取相机抉择的政策促使该国货币贬值,政府信用是货币信用的一个重要保证。金融危机期间,中国维持了人民币币值的稳定必然会提升人民币的国际信用,也有利于提升中国政府的国际信誉,如东南亚金融危机期间,我国维持人民币汇率不贬值赢得了国际社会的普遍赞誉。我国人民币国际化进程刚刚开始,维持人民币币值的稳定,必将有利于提升市场对人民币信用和政府信誉的信心。

　　总之笔者认为人民币币值保持稳定是国家汇率政策的一种战略,我们要抓住机遇,逐步提升人民币在国际经济交往中的地位,充分发挥人民币在国际贸易和投资中的计价、支付和贮藏功能,人民币必然是在人民币币值坚挺的过程中走向世界的。

二、实施人民币走出去战略

　　2009 年,我国国际收支双顺差,2009 年 12 月底,我国外汇储备已达到 23 991.52 亿美元。现在普遍担心的是外汇储备增长快,外汇占款大幅度增加,中央银行不断提高法定准备金率和大量发行央行票据进行冲销,冲销的压力较大;而且货币供应量的增长较快,通货膨胀上升的压力较大。尽管通过冲销对稳定汇率和货币供应量起着重要作用,但中央银行的冲销干预只是一种短期行为。冲销干预仍然面临一定问题:我国的冲销干预是被动的,如果外汇储备持续增加,中央银行必须持续干预外汇市场,同时不断在货币市场上回笼资金;由于持续干预,干预的成本不断上升;从理论上来说,如果资本内流是短期的,冲销干预是可行的,如果资本持续内流,冲销干预将影响中央银行货币政策的独立性。在 2009 年 10 月广交会上,企业用人民币结算的份额开始增加,来自中东、东南亚的客商都愿意用人民币结算。实际上,在人民币比较坚挺情况下,用人民币结算,能够规避汇率波动的风险。笔者认为目前人民币币值稳定和国际收支的盈余是我国经济发展中难得的机遇,我们应该鼓励人民币资金走出去,推动人民币的国际化战略。

　　笔者认为对外汇储备增加和流动性上升，我们不应该总是担忧。实际上，人民币升值和国际收支的盈余也是我国经济发展中难得的机遇，我们应该转变思路，鼓励人民币资金走出去，缓解目前的货币供应量和流动性增加问题，实施人民币的国际化战略。国际收支盈余导致储备货币流到中国，形成了中国外币流动性过剩，直接导致了我国本币流动性过剩，除了冲销干预等措施外，是否可以考虑让人民币走出去，逐步推动人民币的国际化。在当前的宏观经济形势下，人民币具备走出去的条件。人民币对美元汇率稳定，升值预期较强，人们更愿意接受人民币。人民币汇率稳定，有利于促进人民币充当中国和其他国家国际贸易和投资的货币交易功能。实际上早在 2009 年 4 月 8 日国务院就决定，在上海市和广东省的广州、深圳、珠海、东莞四个城市开展与港澳地区跨境贸易进行人民币结算试点，开展跨境贸易人民币结算试点被视为人民币走出去的开始。对于中国的进出口企业而言，能够规避汇率风险和节省汇兑成本，国际金融市场上主要货币汇率变动频繁，而用人民币结算，使中国进出口企业汇率风险变小，有利于促进中国进出口企业和其他国家的贸易和投资往来。对于国外的进出口企业而言，以人民币计价结算也是一个不错的选择，由于国际金融危机，主要国际货币面临贬值的风险，汇率风险较高。而人民币一直坚挺，币值稳定，人民币受到市场投资者的青睐。因此对中国企业而言，人民币币值稳定，可以防范汇率风险；对外国企业而言，人民币币值稳定，有利于防范美元贬值的风险。

　　第一，人民币升值，有利于促进人民币充当中国和其他国家国际贸易和投资的交易货币，发挥人民币的国际储备功能。目前我国周边地区人民币流通量较大，在人民币升值的条件下，人民币流通会进一步增加。我们可以和一些周边国家或其他一些发展中国家签订有关贸易和投资下的货币协议，推动人民币在贸易和投资方面的计价和交易功能，如从这些国家进口或对其投资，可以直接用人民币结算和支付。从某种意义上来说，这是一种双赢的策略，一方面有利于促进中国贸易和投资的便利化，也有利于推动中国和周边国家或其他国家在更大范围内进行经济往来；另一方面在人民币升值的条件下，这些国家接受人民币是合算的，有利于资产的保值增值，这些国家可以储备人民币作为本国外汇资产，对这些国家来说，在美元贬值的条件下，储备货币又多了一种选择。

第二，外汇储备充足，在人民币还不可以自由兑换的情况下，为人民币的国际媒介功能提供了足够的信用保证，也就是说，人民币虽然不是国际货币，但是我们有足够的国际储备货币支撑。在布雷顿森林体系条件下，战后美国储备了世界 2/3 的黄金，以黄金作为美元的固定锚，增强了美元的信用，其他国家货币才可能和美元挂钩，并愿意接受和储备美元资产，从而确定了美元的国际货币地位。笔者认为美元国际化借助了两个信用，即黄金的信用和美国国家信用，确立了美元的双挂钩制度，加速了美元的国际化和全球化。目前黄金已不是主要的储备货币，一些主要的国际货币充当了国际货币媒介和储备的功能如美元、欧元等，在某种意义上起到了当时黄金的作用和功能。由于我国外汇储备较高，人民币存在升值趋势，实际上也为我国人民币提供了足够的国际信用，也就是说，虽然人民币是不可自由兑换的，但我们有足够的外汇储备，能够保证人民币和其他国际货币的最终兑换，这也是人民币国际信用的一种保证。因此我国可以通过与一些相关国家商讨和签订人民币在这些国家境内使用及储备使用人民币、中国对这些国家的投资可以直接用人民币等，承诺对这些国家可以按照银行间外汇市场汇率把人民币资产最终兑换成国际货币美元或欧元。实际上，在人民币升值的条件下，其他国家储备人民币是合算的，使用人民币是有利的，同时又可以自由兑换成美元或欧元，这种措施应该是可行的。这样人民币流出，不会导致国内流动性的上升，又可以推动贸易和投资的发展。国际储备充足和人民币升值是推动人民币国际化的契机，我们要善于利用目前的经济优势，实施人民币走出去战略。

第三，加强区域经济合作，发挥人民币在东盟国家和东亚共同体的贸易和投资往来中的作用。2009 年 8 月 15 日，中国与东盟 10 国共同签署了中国—东盟自由贸易区《投资协议》，中国—东盟自贸区如期在

2010 年全面建成。随着中国和东盟地区自由贸易区的建成，中国和东盟国家之间的贸易和投资规模将进一步扩大，人民币在中国和东盟之间贸易和投资往来中将发挥越来越重要的作用。此外，2009 年，中日韩合作也不断加深，第二届中日韩领导人峰会发表的《中日韩合作十周年联合声明》中明确指出，三国致力于在开放、透明、包容原则基础上建设东亚共同体的长远目标，致力于区域合作。目前中日韩都支持东亚一体化建设，东亚能否建成向欧元区那样的单一货币区呢？笔者认为如果要建立亚元区，东亚国家的货币汇率首先要保持固定，各国都要放弃本国的货币政策。此外，亚洲国家之间彼此的信任度、经济发展的差异、社会制度差异等因素决定了建立亚元区的道路将是漫长的和不确定的，而 2010 年的欧洲主权债务危机也警示人们，单一货币区存在一些固有的缺陷。对中国来说，我们首先应该推动人民币的国际化，而不是向亚洲区域的固定汇率迈进，实际上，推动人民币国际化更现实，更有利于发挥人民币在区域合作中的作用。中国应该在加强和东盟国家、中日韩合作和东亚一体化的合作中推动人民币在贸易、投资和经济未来中计价、结算和储备货币的地位，把人民币发展为亚洲主要的区域货币。

第四，我国经济实力和国际竞争力不断提高，提升了人民币的国家信用。改革开放以来，我国经济保持高速增长，尽管受到美国次贷危机的影响，2009 年，我国经济增长率还是达到 11.9%。2010 年，我国国内生产总值将超过日本，上升到世界排名第二，我国经济的综合实力和国际竞争力显著提高，人民币的国家信用正逐步加强。因此我国应抓住这一有利条件，通过与一些相关国家进行磋商，促使两国贸易使用人民币结算和计价，以及中国对这些国家的投资可以直接用人民币等，这些国家可以持有人民币外汇储备，中国承诺对这些国家可以按照当天银行间外汇市场汇率把人民币资产最终兑换成美元。在 2010 年第一季度末，我国外汇储备约 2.4 万亿美元，其中美元资产占主要部分，中国能够保证外流人民币和美元之间的兑换。实际上，在人民币升值的条件下，其他国家储备人民币是合算的，使用人民币也是有利的，同时又可以自由兑换成美元,这种措施应该是可行的。即使将来人民币对美元贬值,投资者也可以通过远期外汇交易和套期保值交易规避汇率风险。

第五,大力发展我国的国债市场,为将来的人民币资金回流做准备,发达的金融市场有利于人民币的国际化。从美元的国际化来看,通过美元输出促进了美国贸易和投资的发展和便利化,其他国家聚集了大量的美元资产,世界上形成的石油美元、欧洲美元和亚洲美元,这些美元资产等将来又会回流到美国,为美国的发展继续提供充足的资金,而这些资金的回流主要是投资在美国的金融市场上,更多的是投资在美国的国债市场上。在我们努力推动人民币走出国门的时候,我们要大力发展资本市场,尤其是国内的国债市场,笔者认为这可能会是将来人民币回流主要的投资市场。从长期来看,随着人民币走出去,其他国家储备人民币资产会不断增加,除了满足日常经常项目和资本项目下的交易外,多余的人民币资产必须要寻求投资场所,我国的金融市场必须对这些协议国家的人民币资产开放,这样才有利于进一步推动人民币的国际化。目前我国国债市场浅薄,从债券余额、二级市场的交易量、二级市场的买卖价差和换手率等来看,缺乏一定的广度和深度,因此我国应加快完善国债市场基础建设,推动国债二级市场的发展。

应该说,第二次世界大战战后美国利用其强大的经济、政治和军事实力,建立了布雷顿森林体系,迅速完成了美元从国内货币向国际货币的过渡,确立了美元的国际货币地位。但中国仍然是发展中国家,人民币国际化进程必须是渐进的,逐步发挥人民币在国际经济往来中的计价、交易媒介和储藏功能,促进人民币的国际化。在目前的经济形势下,笔者认为人民币虽然不是完全自由兑换的货币,但是我们可以通过积极推动双边贸易、投资等方式更多地使用人民币计价和结算,促使人民币在这些国家自由兑换,并最终成为这些国家的储备货币。实际上,目前主要是推动人民币发挥双边贸易或直接投资等交易的货币功能,随着人民币地位不断提高,人民币应努力发展成为国际金融市场上主要的融资货币。人民币国际化不可能一蹴而就,应稳步推进,伴随中国经济实力的增强,人民币最终会走向世界。

　　总之，笔者认为在当前的宏观经济形势下，是人民币走出去的机遇期。我们要利用和周边国家或一些发展中国家良好的国际关系和经贸往来，积极加强货币合作，促进人民币的双边合作或多边合作，稳步推进，逐步推动人民币的区域化或国际化。

第六节　将人民币建设成区域化国际货币

一、不断支持香港人民币离岸业务的发展

　　早在 2003 年 6 月 29 日，《内地与香港关于建立更紧密经贸关系的安排》（即 CEPA 协议）正式签署。根据《安排》，内地同意从 2004 年 1 月 1 日起，对 273 类港货实行零关税，同时服务业进一步向香港开放，正是在这样的背景下，2003 年年底香港的人民币业务正式启动，香港银行可以开办人民币业务。目前香港人民币业务规模不断扩大，中央政府正通过多项措施促进香港人民币离岸业务的发展。2003 年 11 月 19 日，中国人民银行与香港金管局在北京签订人民币合作备忘录，中银香港是香港人民币业务清算行，清算行向香港各参与银行汇集每日人民币头寸，各银行包括清算行可以保留适量人民币以备存户提取，然后把多余的人民币存入中国人民银行深圳中心支行，这就是人民币资金的主要回流方式。而跨境贸易管理办法规定港澳人民币清算行可以按照中国人民银行的有关规定从境内银行间外汇市场、银行间同业拆借市场兑换人民币和拆借资金。一方面港澳人民币清算行可进入境内银行间外汇市场和银行间同业拆借市场，人民币可以在国内金融市场和港澳金融市场流动，便利人民币的跨境贸易结算；另一方面香港人民币离岸金融市场也有利于跨境贸易结算的更好地开展，扩大了资金流动的渠道。此外，笔者认为境内代理银行应该积极开拓在东盟的业务，配合跨境贸易的人民币结算业务，吸纳境外的人民币资金存款，为境外人民币资金提供存放和更多的投资渠道，促进人民币资金的境内外

循环。

第一,在香港进行跨境贸易的人民币结算试点,扩大人民币资金的流通,促进香港人民币离岸市场的建设。国务院 2009 年 4 月 8 日决定,在上海市和广东省的广州、深圳、珠海、东莞 4 个城市开展与港澳地区跨境贸易进行人民币结算试点。2009 年 7 月 2 日,央行公布了《跨境贸易人民币结算试点管理办法》,跨境贸易人民币结算试点正式启动。随后,中国银行(香港)有限公司 7 月 4 日宣布,该行将于 7 月 6 日起为人民币业务参加行提供人民币贸易清算服务,这标志着跨境贸易人民币结算进入实质运作阶段。香港是人民币主要离岸市场,有利于人民币资金境内外的合理流动,促进跨境贸易的发展。而跨境贸易管理办法规定港澳人民币清算行可以按照中国人民银行的有关规定从境内银行间外汇市场、银行间同业拆借市场兑换人民币和拆借资金,进一步拓宽了香港人民币业务的融资和投资渠道,香港的离岸人民币业务将得到进一步发展。一方面港澳人民币清算行可进入境内银行间外汇市场和银行间同业拆借市场,人民币可以在国内金融市场和港澳金融市场流动,便利人民币的跨境贸易结算;另一方面香港人民币离岸金融市场也有利于跨境贸易结算的更好地开展,扩大了资金流动的渠道,如境内或香港清算行给境外进口商提供融资或贸易信贷等,有利于跨境贸易和香港离岸人民币市场的发展。目前在香港人民币是只存不贷,资金的运用受到很大限制,笔者认为随着跨境贸易的试点,可适当放宽香港人民币贷款业务,扩大进出口商人民币资金的供给,推动跨境贸易人民币结算业务的发展。

第二,在香港发行人民币债券,促进人民币资金回流,推动了香港人民币离岸业务的持续发展。长期以来,中银香港一直是香港人民币业务清算行,清算行向香港各参与银行汇集每日人民币头寸,各银行包括清算行可以保留适量人民币以备存户提取,然后把多余的人民币存入中国人民银行深圳中心支行,这是人民币资金的主要回流方式。而现在国家扩大了人民币回流的渠道,如境内金融机构和境内外资金融机构在香港发行人民币债券,这将有利于香港人民币资金的投资和回流,促进香港人民币离岸业务的发展。2007 年 1 月 10 日,国务院同意内地金融机构在香港发行人民币金融债券筹集资金,如 2007 年 6 月 26 日,国家开发银行在香港发行约 50 亿元人民币债券,开启内地金融机构在香港发行人民币债券的业务。自 2007 年《境内金融机构赴香港特别行政区发行人民币债券管理暂行办法》发布以后,又有中国进出口银行、中国银行、建设银行和交通银行等内地银行获准赴香港发行人民币债券。这样赴港发行人民币债券的国内金融机构越来越多,融资规模也越来越大,香港人民币离岸业务得到迅速发展。此外,2008 年 12 月 14 日,国务院发布了《关于当前金融促进经济发展的若干意见》,允许在内地有较多业务的香港企业或金融机构,在港发行人民币债券,支持香港人民币业务的发展,如 2009 年 6 月 29 日,东亚银行中国有限公司宣布在香港发行东亚银行中国人民币零售债券;2009 年 6 月 25 日,汇丰银行中国有限公司已经在香港面向机构投资者发行了 10 亿元规模的 2 年期浮息人民币债券,因此香港人民币债券市场得到进一步支持和发展。2009 年,中央政府又在香港发行人民币国债,扩大了债券发行的品种,香港离岸市场的融资规模不断扩大,债券融资品种日益完善。在香港发行人民币国债,有利于人民币资金的运营,提高资金的使用效率,促进了香港人民币离岸业务的迅速发展。笔者认为国债投资安全,收益稳定,应逐步扩大国债发行的规模,推动香港人民币债券市场的进一步发展,加快香港人民币债券市场的建设。

　　香港人民币离岸业务的迅速发展,强化了香港作为国际金融中心的地位。2009 年,中央政府在香港发行人民币国债,香港人民币离岸业务得到进一步支持,将有利于人民币资金的回流,促进跨境贸易的人民币结算业务的发展,推动香港人民币离岸市场的发展,促进人民币国际化,提振内地和香港的经济。因此为进一步满足香港人民币业务发展需要,促进香港经济的发展,笔者认为应不断完善香港人民币业务,继续拓展香港人民币业务,使香港离岸人民币市场在强化内地和香港之间贸易、投资联系,发挥人民币的计价、支付和结算功能,促进中国和港澳、东盟等周边国家跨境贸易发展等方面,发挥越来越重要的作用。

二、关于跨境贸易中的几个主要问题

2009 年 7 月 2 日,中央银行公布了《跨境贸易人民币结算试点管理办法》,跨境贸易人民币结算试点开始正式启动。2009 年 7 月 6 日,交通银行、中国银行首笔跨境交易正式诞生,分别花落上海丝绸和上海电气;中国银行(香港)有限公司 2009 年 7 月 4 日已宣布,该行将于 7 月 6 日起为人民币业务参加行提供人民币贸易清算服务,这标志着跨境贸易人民币结算已正式进入实质运作阶段。2010 年 6 月 22 日,中国人民银行、财政部、商务部、海关总署、税务总局和银监会联合发布《关于扩大跨境贸易人民币结算试点有关问题的通知》,扩大跨境贸易人民币结算试点范围。此次试点扩大后,跨境贸易人民币结算试点地区由上海市和广东省的 4 个城市扩大到北京等 20 个省(自治区、直辖市);试点业务范围包括跨境货物贸易、服务贸易和其他经常项目人民币结算;不再限制境外地域,企业可按市场原则选择使用人民币结算。笔者认为稳步推进跨境贸易的发展,有几个主要问题值得关注。

一是资本账户开放问题。目前我国资本账户还没有完全开放,利率和汇率还没有完全市场化,必须对人民币资金的流动进行监督,防止资本的套汇或套利,同时还必须防范非法资金的流动。中央银行公布的管理方法强调人民币跨境收支应当具有真实、合法的交易基础,人民银行一方面通过现有的反洗钱及人民币存款账户管理制度对商业银行和试点企业加强监管;另一方面建立人民币跨境收付信息管理系统,对人民币跨境收付情况进行统计、分析、监测,这都有利于人民币资金境内外合理流动。此外,要稳步推进人民币自由兑换,人民币要成为重要的贸易结算货币,自由兑换非常重要,如果一国货币不能够自由兑换,货币的接受程度就会降低,境外持有人民币的意愿会下降,也不利于跨境贸易的进一步发展,因此我国应该稳步推进人民币的自由兑换。随着资本账户的逐步开放和金融的市场化改革,资本流动会不断增加,利率和汇率的变动将有利于遏制投机资本的套汇或套利,但是仍然要加强对非法资金流动进行监管。

二是境外人民币资金的来源。开展跨境贸易,境外的进口商必须

能够获得人民币资金,通常主要是国内银行向境外金融机构提供融资,向境外进出口商提供人民币贸易信贷,允许境外金融机构用主要国际货币购买一定数量的人民币资金等等。《管理办法》规定境内代理银行可以对境外参加银行开立的账户设定铺底资金要求,并可以为境外参加银行提供铺底资金兑换服务;境内代理银行可以依境外参加银行的要求在限额内购售人民币;境内代理银行可以为在其开有人民币同业往来账户的境外参加银行提供人民币账户融资,用于满足账户头寸临时性需求;境内结算银行可以在境外企业人民币资金短缺时按照有关规定逐步提供人民币贸易融资服务。还有出口获得的人民币资金可以存放境外,这些方法都有利于境外获得人民币资金。

以上是国外进口商人民币资金的一些主要来源途径。笔者认为除此之外,境外人民币资金来源还要求人民币跨境贸易要保持逆差。人民币跨境贸易是人民币国际化的开始,发挥人民币的国际贸易结算功能,要求人民币走出去。因此随着人民币跨境贸易结算的不断发展,应该有更多的人民币流出去,人民币跨境贸易结算必须保持逆差,而人民币流出的越多,人民币才能够更好地发挥国际结算的功能,获得的铸币税也会越多。此外,伴随跨境贸易人民币结算的试行,应加快推动对这些国家以人民币交易往来的直接投资。

三是人民币汇率要保持稳定或稳中有升。人民币要为跨境贸易发挥计价和结算功能,币值必须稳定。对于中国的进出口商而言,使用人民币进行结算,能够规避汇率变动的风险;但是对于和中国进行跨境贸易的港澳地区和东盟地区进出口商而言,则会面临汇率变动的风险,为了促进跨境贸易的平稳发展,人民币汇率必须保持相对稳定或人民币汇率稳中有升,这样对于国外居民而言,持有人民币的风险较小,人民币更能够获得国外市场的欢迎和认可。长期以来,我国人民币币值稳定,并且有升值的趋势,人们愿意接受人民币。目前国际金融市场上主要国际货币美元、欧元等汇率波动频繁,币值不稳定,进出口商面临很大的汇率风险,而人民币币值比较稳定,同时在国际金融危机中,中国经济受到的影响相对较小,宏观经济基本面支持人民币币值继续保持稳定,因此人民币作为贸易结算货币,容易被进出口商所接受。

三、用人民币购买 IMF 债券的重要意义

2009 年,中国以人民币购买 500 亿美元 IMF 债券,立即引起了市场的普遍关注,与以往不同的是,人们注重的不再是中国买多少 IMF 债券,而是此次中国用人民币支付 IMF 债券,意味着人民币作为支付手段得到了 IMF 的承认,人民币也再次成为人们关注的焦点。

实际上,早在 2009 年 6 月 5 日,中国国家外汇管理局负责人表示愿在安全、收益合理的范围内购买不超过 500 亿美元国际货币基金组织(IMF)发行的新债券,当时人们认为中国购买 IMF 债券主要是我国外汇储备投资的多元化,因为在中国的外汇储备中,70%左右是美元资产,我国美元外汇储备除了要购买美国债券以外,还可以通过购买 IMF 债券分散投资,分散风险。此次中央银行用人民币购买 IMF 债券,其意义则更进一步,其目的已不在外汇储备投资的多元化,而是在人民币国际化上,促进人民币走出去,逐步提升人民币的国际地位。

随着中国经济的持续发展和人民币不断走强,人民币的国际地位也日益提高,越来越得到周边国家和国际社会的承认。正是在这样的背景下,中国开始通过货币互换和启动跨境贸易人民币结算,让人民币走出去,实行人民币的区域化或国际化战略。如果人民币能够走出去,我国的对外支付能力将增强,中国就没有必要持有大量的美元外汇资产,这样既可以防范美元贬值的风险,又可以发挥人民币在国际贸易和投资中的作用。而此次用人民币购买 IMF 债券,可以进一步发挥人民币的国际支付功能,促进人民币走出去,尽管这一购买数量不大,但其意义深远。

IMF 愿意接受人民币支付,反映了国际社会对人民币的信心,人民币对美元汇率保持稳定,并且人民币还有进一步走强的趋势,尤其在美元贬值预期可能性加大的情况下,人民币币值稳定,更加会得到市场的欢迎,持有人民币可以保值增值,这可能也是 IMF 愿意接受人民币支付的原因。尤其是将来对国际收支有困难的国家提供人民币资金支

持,不会带来持有人民币贷款资金的缩水。IMF 接受人民币资金支付对人民币走出去是有促进作用的,一方面可以提高人民币的国际地位,增强市场对人民币的信心;另一方面 IMF 获得人民币资金,要把这些资金贷给国际收支困难的国家或汇率贬值的国家,这些国家获得人民币资金,可以缓解本国国际收支的压力。笔者认为受援国获得人民币资金用途主要体现在以下几个方面:一是从中国进口产品可以直接用人民币支付;二是可以弥补对中国的贸易逆差,也可以弥补该国对愿意接受人民币国家的贸易逆差;三是用人民币兑换其他货币如美元,可以稳定本国外汇市场和汇率;四是把人民币作为本国的外汇储备,有利于提振本国货币的信心。前两个方面要求人民币资金主要是贷给与中国贸易往来密切的国际收支困难的国家,人民币作为一种支付手段,可以缓解这些国家对中国的国际收支逆差;而后两个方面要求人民币能够自由兑换,受援国家可以获得需要的外币,提供外汇资金支持,稳定汇率和金融市场,因此在人民币不能够自由兑换的情况下,笔者认为可以允许一定比例的人民币在中国购买美元,扩大人民币的影响。

中国用人民币购买 IMF 债券,有利于发挥人民币的支付功能,促进人民币走出去,发挥人民币在国际金融交往中的重要作用。实际上,用人民币购买 IMF 债券和国家鼓励跨境贸易用人民币结算一样,都是促进人民币走出去,后者主要是人民币以贸易资金走出去,而购买 IMF 债券,人民币资金以 IMF 援助贷款形式走出去,都是实施人民币走出去战略。笔者认为为了使人民币走出去的各项业务稳步推进,我国还应进一步完善金融制度建设和金融市场发展,为人民币走出去创造良好的条件。

一是人民币的自由兑换问题。人民币走出去,人民币的自由兑换变得越来越迫切,无论是国内还是国外,人民币和主要国际货币之间的自由兑换将是推动人民币国际化的重要基础。如果人民币不能够和主要国际货币自由兑换,人民币的使用将主要局限于双边之间制度安排下的贸易和投资往来,如果贸易对方国持有人民币,只能够和中国进行贸易和投资往来,而和第三国的贸易投资往来不能够使用人民币,持有人民币的意愿将会下降。因此人民币不能够自由兑换,限制了人民币的使用范围,不利于人民币进一步走出去。二是人民币资金的回流问题。人民币走出去,怎样解决人民币资金回流问题将是一个重要问题。笔者认为短期内中国的银行在外的分支机构应该吸纳该国的人民币资金存款,为该国人民币资金提供存放和投资渠道,长期来看,国内的金融市场应该逐步对国外的人民币资金回流开放。在我们努力推动人民币走出国门的时候,我们要大力发展资本市场,尤其是国内的国债市场,为人民币的持有者创造良好的投资渠道,这可能会是将来人民币回流主要的投资市场。从长期来看,随着人民币走出去规模增大,其他国家储备的人民币资产会不断增加,多余的人民币资产必须要寻求投资场所,我国的金融市场必须对这些国家的人民币资产开放,这样才有利于进一步推动人民币的区域化或国际化。

四、2010 年稳步推进人民币国际化

中国—东盟自由贸易区 2010 年 1 月 1 日全面启动,中国—东盟自由贸易区成为发展中国家组成的最大自由贸易区,也为人民币国际化提供了重要舞台。笔者认为中国—东盟自由贸易区的建立将有利于发挥人民币作为区域货币的功能,促进中国—东盟国家的贸易和投资往来,为中国—东盟地区贸易一体化服务。

实际上,由于国际金融危机,西方主要发达国家先后陷入经济衰退,经济水平下滑,并且美国、英国和日本等为了刺激经济,宣布采取量化宽松政策,向市场大量注资,这些主要发达国家货币贬值的风险增加。而中国经济基本面健康,政府积极采取宏观经济措施促进经济增长,经济率先回升,人民币币值稳定。在国际金融危机的冲击下,国际货币体系改革成为各国关注的焦点,在二十国集团金融峰会上我国强调要促进国际货币体系多元化、合理化,中国政府的建议也为我国参与国际货币体系改革指明了方向,我国应加快推动人民币国际化进程,逐步提升人民币在国际经济往来中的影响力,发挥人民币在国际货币体系改革中的重要作用,共同支撑国际货币体系稳定。

　　随着中国经济的高速增长，我国经济综合实力不断提升，人民币的国际信用不断提高，人民币币值稳定，因此人民币走出去的条件也日益成熟。2009年，中国中央银行先后同韩国、中国香港地区、马来西亚、白俄罗斯、印度尼西亚和阿根廷的货币部门签署了货币互换协议签署协议，其货币互换总规模达到了6 500亿元人民币。货币互换一方面满足该国或该地区向市场提供所需货币的流动性，有利于稳定该国汇率和金融市场；另一方面也有利于双边开展以人民币计价和结算的贸易往来，促进双边贸易进一步发展。

　　货币互换和开展跨境贸易人民币结算试点被视为人民币走出去的开始，香港人民币离岸业务的开展有利于促进人民币的区域化和国际化，是实现我国人民币国际化战略的重要步骤。但随着中国—东盟自由贸易区的建立，要稳步推进人民币国际化的全部展开和可持续性，还要促进中国—东盟自由贸易区中人民币的地位和计价、结算和储备功能，提高人民币在东盟地区的国际货币地位。中国—东盟自由贸易区由中国和东盟10国组成，国内生产总值接近6万亿美元，贸易额达到4.5万亿美元，是全球第三大自由贸易区。目前人民币在东盟地区的影响力显著增强，中国与东盟国家的边境贸易、东盟国家之间的贸易很多都使用人民币作为结算货币，人民币越来越受到东盟国家的欢迎。使用人民币，有利于规避美元、欧元等货币贬值的风险，有利于发挥人民币在国际贸易往来中的计价和结算功能，促进中国和东盟国家的贸易往来。对于中国的进出口企业而言，能够规避汇率风险和节省汇兑成本，国际金融市场上主要货币汇率变动频繁，而用人民币结算，中国进出口企业汇率风险变小，有利于促进中国进出口企业和其他国家的贸易往来。对于东盟的进出口企业而言，以人民币计价结算也是一个不错的选择，由于国际金融危机，主要国际货币都面临贬值的风险。从长期来看，美元走软的可能性较大，而人民币一直坚挺，币值稳定，人民币一直受到市场投资者的青睐，人民币币值坚挺，适宜在中国—东盟贸易往来中发挥计价、支付和储藏功能。

　　当然人民币国际化也对中国金融发展和改革提出新的要求。首先要鼓励国内金融机构走出去。笔者认为应该鼓励国内金融机构在东盟建立分支机构，为当地的人民币金融业务发展服务。短期内中国的银行在外的分支机构应该吸纳该国的人民币资金存款，为该国人民币资金提供存放和投资渠道，从长期来看，国内的金融市场应该逐步对国外的人民币资金回流开放。其次是推动我国外汇管理体制的改革。目前我国人民币对美元汇率基本是钉住的，人民币对非美货币的汇率是套算汇率，人民币汇率的市场化程度仍有待进一步提高。随着中国—东盟双边贸易额的不断上升，对方国的货币和人民币之间的汇率在该国将变得越来越重要，该国确定本国货币和人民币汇率的基础将取决于中国市场人民币对主要国际货币的汇率，因此提高我国人民币汇率市场化的水平将有利于对方国确定本国货币对人民币汇率的市场水平，有利于形成市场均衡的国内外汇率水平，防止套汇和套利。最后促进人民币资金走出去，要推动中国对东盟国家的人民币直接投资；通过国内银行向国外进出口商提供人民币贸易信贷；允许该国用主要国际货币购买一定数量的人民币资金等。

第七节　人民币国际化的几点重要影响

我国同多国进行货币互换，并积极开展跨境贸易人民币结算试点工作，人民币国际化迈出关键步伐。笔者认为人民币国际化的推进将影响中国的宏观经济运行，推动中国金融市场建设，主要体现在以下几个方面。

一是对国际收支的影响。长期以来我国国际收支呈现双顺差，外汇储备持续增加，随着人民币国际化的推进，人民币走出去，国外进出口商持有的人民币资产将增加，意味着中国国际收支盈余会下降或国际收支出现逆差，对方国会出现国际收支盈余。从贸易项目的角度来看，如果以人民币结算，人民币走出去，我国贸易收支逆差，国外持有的人民币越多，贸易收支的逆差越大（当然这是假定所有贸易均以人民币结算，如果还有以其他货币结算，人民币走出去未必会导致贸易收支的逆差）。随着人民币走出去增加，中国的贸易盈余会下降，但这可以获得铸币税，国外实际资源流入，有利于中国的经济增长。从资本项目来看，人民币计价和结算，有利于国内企业走出去，在海外建立分支机构或进行兼并收购，从事跨国投资、生产和销售。跨国投资增加，资本项目也会出现逆差，当然这也要依赖于流入的资本和流出资本的比较，如果人民币净流出的多，而其他货币流进的少，则资本项目逆差，相反资本项目顺差。不管怎样，从总体上来看，随着人民币走出去的规模越来越大，国际收支会恶化，但国外实际资源内流将增加，只要对外债务在可控范围内，国际收支恶化本身并不是一件坏事。

二是对我国基础货币的影响。长期以来我国基础货币增加主要源于外汇占款的不断增加，资产方的外汇占款的增加，意味着负债方基础货币也会增加，为了防止基础货币过快增长，央行提高法定准备金率或通过发行票据进行冲销。从我国央行的资产负债表来看，我国通过国债买卖和票据再贴现调节基础货币规模较小，并不是货币供给的主要来源。如果我国国际收支顺差下降，基础货币供给的主要渠道将逐步转变到依赖公开市场业务和再贴现业务来完成，外汇占款对基础货币的影响将下降。货币互换和跨境贸易人民币结算都会导致我国的外汇占款下降，我国的外汇储备会有所下降，人民币走出去，外汇占款支撑基础货币的格局将有所改变。

三是对我国内外均衡和金融市场化改革的影响。人民币输出对我国的内外均衡也会产生重要影响，中国经济增长方式主要依赖于出口和投资。由于受金融危机的冲击，外需下降，中国正在努力转变经济增长方式，摆脱对外需的过度依赖。人民币输出能够促进中国经济增长方式的改善，人民币输出越多，国际收支的盈余越低，中国经济增长更多地要依赖内需拉动经济增长，人民币国际化和经济增长方式的转型是相互影响、相互促进的。此外，人民币国际化对中国金融市场化改革提出了新要求，人民币跨境流通会影响中国金融市场资金供给和需求，进而会影响中国的汇率、利率、物价和金融资产价格水平等，因此要推进中国的汇率、利率和价格水平的市场化改革,否则就难以规避套汇套利的风险,人民币输出的风险将加大,人民币国际化的进程可能会受阻。

随着人民币走出去,我国的国际收支盈余可能会下降,货币供给和经济增长方式也会转变,同时对金融市场化改革和金融市场发展也提出了更高的要求。人民币国际化对中国经济的影响将逐步体现,要正确看待这一变化,稳步推进人民币国际化。

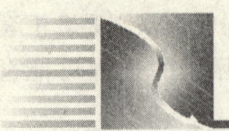

参 考 文 献

［1］巴曙松,吴博,朱元倩.汇率制度改革后人民币有效汇率测算及对国际贸易、外汇储备的影响分析[J].国际金融研究,2007(4).

［2］巴曙松.流动性过剩的控制与机遇[J].资本市场,2007(Z1).

［3］北京大学中国经济研究中心宏观组.人民币的有效汇率估计[J].财贸经济,1999(11).

［4］丁志杰,张薇薇.一篮子货币构造及其在汇率管理中应用[J].金融与经济,2007(2).

［5］李亚新,余明.关于人民币实际有效汇率的测算与应用研究[J].国际金融研究,2002(10).

［6］李扬.抑制流动性过剩财政政策应发挥更大作用[N].第一财经日报,2006-12-21.

［7］陆前进,等,著.宏观经济平稳运行和内外均衡控制研究——基于流动性过剩影响机制的分析[M].上海:立信会计出版社,2008.

［8］陆前进,卢庆杰.中国货币政策传导研究[M].上海:立信会计出版社,2006.

［9］陆前进.应尽快推出人民币汇率指数[N].证券时报,2008-9-2.

［10］陆前进.人民币汇率波动幅度的两点探讨[N].上海证券报,2009-6-5.

［11］陆前进.有效汇率更有参考价值[N].中国证券报,2009-6-10.

［12］F·S·米什金. 货币金融学［M］. 北京：中国人民大学出版社,1998.

［13］摩根斯坦利研究部. 人民币汇率机制会如何演变［N］. 中国证券报,2009－7－2.

［14］宿玉海,于海燕. 人民币一篮子货币最优权重模型的构建［J］. 国际金融研究,2007(7).

［15］王相宁,甘燕. 比较和分析不同计算法中的人民币有效汇率［J］. 运筹与管理,2005(8).

［16］威廉姆森. 钉住一篮子货币如何运转［J］. 国际经济评论,2009(1－2).

［17］小川英治,姚枝仲. 论钉住一篮子货币的汇率制度［J］. 世界经济,2004(6).

［18］谢科进,费新. 人民币汇率对一篮子货币参考程度的实证分析［J］. 世界经济与政治论坛,2006(6).

［19］谢平,焦瑾璞. 中国货币政策争论［M］. 北京：中国金融出版社,2002.

［20］余永定. 不应以人民币贬值等措施刺激出口［N］. 上海证券报,2009－1－6.

［21］赵进文,高辉,褚云皓. 人民币参考篮子货币的测定与实证分析［J］. 财经研究,2006(1).

［22］张斌. 人民币汇率制度选择：钉住美元还是一篮子货币［J］. 国际经济评论,2003(1－2).

［23］章和杰. 人民币有效汇率指数的构造及权重的确定［J］. 当代财经,2005(3).

［24］张曙东. 人民币有效汇率或继续升值［N］. 中国证券报,2008－11－20.

［25］朱人木,赵鹏远. 关于人民币参考篮子货币的实证分析［J］. 经济论坛,2009(4).

［26］Bank of Japan. Explanation of the effective exchange rate (nominal, real)[J]. Research and Statistics Department，2005 (January).

[27] Bayoumi T J Lee, S Jayanthi. New rates from new weights[R]. IMF Working Paper WP/05/99, 2005, May.

[28] ECB. Effective exchange rates. ECB Monthly Bulletin — Euro area statistics methodological notes [R]. European Central Bank，2004.

[29] ECB. Update of the overall trade weights for the effective exchange rates of the euro and computation of a new set of euro indicators[R]. Monthly Bulletin, 2004(September)：69－72.

[30] Hargreaves D, B White. Measures of New Zealand's effective exchange rate[R]. Reserve Bank of New Zealand Bulletin, 1999, 62.

[31] Leahy Michael P. New Summary Measures of the Foreign Exchange Value of the Dollar[R]. Federal Reserve Bulletin, 1998(October)：811－818.

[32] Loretan M. Indexes of the foreign exchange value of the dollar [R]. Federal Reserve Bulletin, 2005(Winter).

[33] Lynch B, S Whitaker. The new sterling ERI[R]. Bank of England Quarterly Bulletin, 2004(Winter).

[34] Marc Klau, San Sau Fung. The new BIS effective exchange rate indices[R]. BIS Quarterly Review, 2006(March)：51－65.

[35] Turner P, J Van't dack. Measuring international price and cost competitiveness [R]. BIS Economic Papers, 1993, 39 (November).

[36] White Bruce. The trade weighted index (TWI) measure of the effective exchange rate[R]. Reserve Bank of New Zealand Bulletin, 1997：121－132.

[37] Zanello Alessandro, Dominique Desruelle. A Primer on the

IMF's Information Notice System[R]. IMF Working Paper WP, 1997, 71.

[38] Branson W H, Katseli-Papaefstratiou L T. Currency basket and real effective exchange rates [R]. NBER Working Paper, 1981, 666.

[39] Daniels J P, Toumanoff P G, Marc von der Ruhr. Optimal Currency Basket Pegs for Developing and Emerging Economies [J]. Journal of Economic Integration, 2001, 16(1): 128 – 145.

[40] Edison H J, Vardal E. Optimal currency basket in a world of generalized floating: An application to the Nordic countries[J]. International finance discussion papers, 1985, 266(October).

[41] Hsiang-ling H. Choice of currency basket weights and its implications on trade balance [J]. International Review of Economics and Finance, 2000(9): 323 – 350.

[42] Iwan J Azis, Nattapong Puttanapong. A regional trend towards a basket peg system[J]. Int. J. Trade and Global Markets, 2008, 1(2): 144 – 162

[43] Leahy Michael P. New Summary Measures of the Foreign Exchange Value of the Dollar[R]. Federal Reserve Bulletin, 1998(October): 811 – 818.

[44] Loretan M. Indexes of the foreign exchange value of the dollar [R]. Federal Reserve Bulletin, 2005(Winter).

[45] Marc Klau, San Sau Fung. The new BIS effective exchange rate indices[R]. BIS Quarterly Review, 2006(March): 51 – 65.

[46] Ogawa Eiji, Shimizu Junko. Stabilization of effective exchange rates under common currency basket systems[J]. Journal of the Japanese and International Economies, 2006(20): 590 – 611.

[47] Turnovsky S J. A determination of the optimal currency basket [J]. Journal of International Economies, 1982(12): 333 – 354.

[48] Williamson John. A Currency Basket for East Asia, Not Just China [R]. Policy Briefs In International Economics, 2005 (August).

[49] Yoshino Naoyuki, Kaji Sahoko, Suzuki. The basket peg, dollar peg, and floating: A comparative analysis [J]. Journal of the Japanese and International Economies, 2004, 18: 183 - 217.

主要网站：

www. pbc. gov. cn

www. safe. gov. cn